1930 Census Johnson County Tennessee

Volume II

Town of Mountain City & Districts 1, 2, 3, 7, 8 & 9

Alphabetized and Indexed

Copyright 2002
by
Charles Herman Tester
All Rights Reserved
The Library of Congress Copyright Office
United States Copyright Office # TXu 1-143-429
October 21, 2002

ISBN 978-0-6152-4152-4

This compilation is from the 15th Federal Census of the Population, 1930; the 10th such enumeration of Johnson County. The census 'takers' or enumerators spell as they chose and as a result there are many creative and incorrect spelling of names. Sometimes the hand- was difficult to read. However, with very limited space to write and little training, these enumerators successfully completed a readable and reliable body of work.

The 1930 Census format was extensive and totaled 32 questions concerning citizenship, education, occupation and military service as well as the usual place of abode, names, relationships and age. The eight columns in this compilation are 1-number assigned each family in order of visit by the enumerator 2-surname and given name of each individual living in this household on April 1, 1930 3-relationship of each individual to the head of the family 4-age of each listed individual at last birthday (those less than one year of age are listed as '0' 5-place of birth of listed individual 6-place of birth of father of listed individual 7-place of birth of mother of listed individual 8-occupation as listed for each working individual/all others listed 'none' in the occupation question

Special Thanks to Nancy and Roland Tester

Mountain City

Family #	Name	Relation	Age	I	F	M	Occupation
1	Butler, Samuel D.	head	72	TN	VA	TN	
	Butler, Lelia	wife	65	TN	NC	TN	
	Butler, Walter D.	son	34	TN	TN	TN	farmer
	Butler, Freddie	dauinlaw	34	TN	TN	TN	
	Butler, Ernestina	grdau	9	TN	TN	TN	
	Butler, Samuel L.	grson	6	TN	TN	TN	
2	Butler, Gwin R.	head	43	TN	TN	TN	mail carrier
	Butler, Gertrude	wife	45	TN	TN	TN	
	Butler, Gaines L.	son	16	TN	TN	TN	
	Butler, Gertrude	daughter	13	TN	TN	TN	
	Butler, Robert	son	6	TN	TN	TN	
3	Hawkins, Burt S.	head	43	TN	TN	TN	mgr feed store
	Hawkins, Belle	sister	53	TN	TN	TN	
4	Pless, Josiah Parker	head	71	NC	NC	NC	
	Pless, Elizabeth	wife	66	NC	NC	NC	
5	Fuller, Selmer	head	46	NC	NC	TN	slsmn hardware
	Fuller, Rosa L.	wife	48	TN	TN	TN	
6	Smyth, Shelton	head	44	TN	TN	TN	physician
	Smyth, Mary E.	wife	44	NY	NY	CD	
	Smyth, Emmaline	daughter	14	TN	TN	NY	
7	Murphy, Julia	head	53	TN	TN	TN	
	McCanless, James	soninlaw	37	NC	NC	NC	contractor hwy
	McCanless, Mary	daughter	31	TN	TN	TN	
	McCanless, Jimmy	grson	4	TN	NC	TN	
	Bass, Dorthea	grdau	15	TN	TN	TN	
	McQueen, Katie	servant	25	TN	TN	TN	family servant
8	Oster, George	head	65	PA	PA	GR	engineer rr
	Oster, Iris	wife	64	PA	PA	KY	
9	Davis, William	head	56	TN	VA	TN	carpenter
	Davis, Belle	wife	48	TN	TN	TN	
	Davis, Joseph	son	19	TN	TN	TN	
	Davis, Jessie	son	14	TN	TN	TN	
	Davis, Robert	son	9	TN	TN	TN	
	Adelphia, James	boarder	50	NC	NC	NY	carpenter
	Harris, Fred	boarder	38	NC	NC	NC	carpenter
	Russell, Reid	boarder	23	NC	NC	NC	carpenter
	Russell, Cary Ruby	boarder	25	NC	NC	NC	
10	Hawkins, Wm.W.	head	48	TN	TN	TN	mrchnt dry goods
	Hawkins, Cora L.	wife	41	TN	TN	NC	
	Hawkins, Fred G.	son	21	VA	TN	TN	slsmn dry goods
	Hawkins, Della M.	daughter	19	VA	TN	TN	
	Hawkins, Lena M.	daughter	17	TN	TN	TN	
	Hawkins, Louise	daughter	16	TN	TN	TN	
	Hawkins, Wm. Jr.	son	13	TN	TN	TN	
	Hawkins, Malcomb	son	5	TN	TN	TN	

Family #	Name	Relation	Age	I	F	M	Occupation
	Warden, Earl	boarder	25	TN	TN	NC	slsmn dry goods
11	Matney, Wm. W.	head	78	TN	TN	TN	salesman
	Matney, Sallie D.	wife	63	TN	TN	TN	
	Matney, Annie	daughter	43	TN	TN	TN	art teacher
	Donnelly, Clarence	boarder	41	TN	TN	TN	lawyer
12	Grayson, John L.	head	42	TN	TN	NC	lawyer
	Grayson, Bess	wife	39	TN	TN	NC	
	Grayson, Rebecca K.	daughter	0	TN	TN	TN	
13	Byrd, George T.	head	59	GA	GA	GA	church clergy
	Byrd, Bertha	wife	51	TN	TN	TN	
	Byrd, Wm. Vincent	son	33	GA	GA	GA	church clergy
14	Donnelly, Thomas	head	64	TN	TN	VA	dentist
	Donnelly, Cora	wife	56	TN	TN	NC	
	Donnelly, Ruth C.	daughter	25	TN	TN	TN	
	Donnelly, Harrison	son	25	TN	TN	TN	farmer
	Donnelly, Mary L.	daughter	24	TN	TN	TN	public school tchr
	Donnelly, Lowery	son	21	TN	TN	TN	
	Donnelly, Lucy	daughter	19	TN	TN	TN	
	Donnelly, Elizabeth	mother(wd)	84	NC	NC	NC	
15	Lawson, John	head	31	TN	TN	TN	church clergy
	Lawson, Hattie	wife	27	TN	TN	TN	
	Lawson, James	son	11	TN	TN	TN	
	Lawson, Dewey	son	7	TN	TN	TN	
	Lawson, Doris	daughter	1	TN	TN	TN	
	Reece, Nelia M.	boarder	27	TN	TN	TN	missionary
16	Farris, Maurice	head	46	TN	TN	TN	railroad agent
	Farris, Nora Mae	wife	50	TN	TN	TN	
	Farris, Annie	daughter	22	TN	TN	TN	
	Farris, Lelya	daughter	20	TN	TN	TN	
	Farris, Louise	daughter	17	TN	TN	TN	
	Farris, Maurice	son	15	TN	TN	TN	
	Farris, Mary Ruth	daughter	13	TN	TN	TN	
	Farris, Nora Faye	daughter	10	TN	TN	TN	
17	Smythe, John W.	head	57	TN	TN	TN	mgr dry goods
	Smythe, Kate Murphy	wife	42	TN	TN	TN	public school tchr
	Smythe, Margaret	daughter	21	TN	TN	TN	public school tchr
	Smythe, John W.	son	19	TN	TN	TN	slsmn dry goods
	Smythe, Katherine	daughter	17	TN	TN	TN	
	Smythe, Walter	son	15	TN	TN	TN	
	Smythe, Julia	daughter	12	TN	TN	TN	
	Smythe, Josephine	daughter	7	TN	TN	TN	
	Smythe, Raleigh	son	4	TN	TN	TN	
	Wills, Ann	boarder	20	TN	TN	TN	music teacher
18	Smythe, R. Clifford	head	73	TN	TN	TN	county court clrk
	Smythe, Inez Ingram	wife	66	NC	NC	NC	

Family #	Name	Relation	Age	I	F	M	Occupation
	Smythe, Frank J.	son	32	TN	TN	NC	railroad asst agt
	Smythe, Justin W.	son	28	TN	TN	NC	slsmn drug store
	Smythe, Gertrude	daughter	24	TN	TN	NC	
19	Butler, James R.	head	42	TN	TN	TN	physician
	Butler, Pearl M.	wife	31	VA	VA	VA	
	Butler, Jimmy R.	son	9	TN	TN	VA	
	Butler, Katherine	daughter	5	TN	TN	VA	
	Butler, John L.	son	4	TN	TN	VA	
	Mock, Ina Belle	servant	16	VA	TN	VA	family servant
	Wilson, Stacy	boarder	38	TN	TN	TN	mgr filling station
20	Wills, Oscar	head	45	TN	TN	TN	mgr garage
	Wills, Lena	wife	45	TN	TN	TN	
21	Church, Willard	head	57	TN	NC	TN	
	Church, Ada	wife	54	NC	NC	NC	
22	Forrester, Charlie	head	35	TN	TN	TN	laborer
	Forrester, Bertie	wife	38	TN	TN	TN	
	Forrester, Ella	daughter	8	TN	TN	TN	
	Forrester, Clyde	son	7	TN	TN	TN	
23	Stout, Allen	head	58	TN	NC	TN	owner jewelry shop
	Stout, Lizzie	wife	32	NC	NC	NC	
	Stout, Ralph	son	9	TN	TN	TN	
	Stout, Eleanor	daughter	7	TN	TN	TN	
24	Love, William G.	head	56	TN	NC	TN	mgr truck farm
	Love, Rebecca	wife	53	TN	TN	TN	
25	Nave, Wheeler I.	head	51	TN	TN	TN	lumber dealer
	Nave, Parlee D.	wife	46	TN	TN	TN	
	Nave, Mary Lynn	daughter	21	TN	TN	TN	
	Nave, Kathleen	daughter	18	TN	TN	TN	
	Nave, Dick	son	16	TN	TN	TN	
	Nave, Hal	son	12	TN	TN	TN	
26	Davis, David R.	head	63	TN	VA	TN	bank president
	Davis, Orphie	wife	60	TN	TN	TN	
	Davis, Sallie	gr dau	23	TN	TN	NC	public school tchr
27	Mottern, Arthur	head	40	TN	TN	TN	salesman dry goods
	Mottern, Mollie R.	wife	36	TN	TN	TN	
	Mottern, Justin	son	17	TN	TN	TN	
	Mottern, Hollie	daughter	15	VA	TN	TN	
	Mottern, Mollie	daughter	9	OR	TN	TN	
	Mottern, Bettie	daughter	6	OR	TN	TN	
28	Wilson, Roy	head	31	TN	TN	TN	mgr picture show
	Wilson, Pollie	wife	24	VA	TN	TN	
	Wilson, Ruby	daughter	8	VA	TN	VA	
	Wilson, Robert	son	4	VA	TN	VA	
29	Brown, William	head	72	NC	NC	NC	
	Brown, Mary	wife	57	TN	TN	VA	

Family #	Name	Relation	Age	I	F	M	Occupation
	Brown, Massie	daughter	21	TN	NC	TN	
	Brown, Annie	daughter	15	TN	NC	TN	
	Blackburn, Randy	boarder	21	NC	NC	NC	mail carrier
30	Atwood, David F.	head	48	TN	TN	TN	manager garage
	Atwood, Victoria R.	wife	41	NC	NC	NC	
	Atwood, Mary	daughter	21	TN	TN	NC	sandwich sh owner
	Atwood, Rondal	son	21	TN	TN	NC	mechanic garage
	Atwood, Rupert	son	19	NC	TN	NC	
	Atwood, Halbert	son	17	NC	TN	NC	
	Atwood, Ford	son	14	NC	TN	NC	
	Atwood, Wilson	son	12	NC	TN	NC	
	Atwood, Blake	son	10	NC	TN	NC	
	Atwood, I.U.	son	8	TN	TN	NC	
	Atwood, David F.Jr.	son	5	TN	TN	NC	
	Atwood, Bettie	daughter	2	TN	TN	NC	
31	Branch, Scott	head	40	NC	NC	NC	mechanic garage
	Branch, Louise Irene	wife	21	TN	TN	TN	
	Branch, Mary	daughter	0	TN	NC	TN	
32	McCann, Elizabeth	head	77	TN	TN	TN	
	Dickson, Robert	soninlaw	60	PA	PA	PA	carpenter
	Dickson, Sallie	daughter	52	TN	TN	TN	
	Dickson, Adamae	gr dau	11	TN	TN	TN	
	Pierce, Clarence	nephew	24	TN	TN	TN	fireman chair fct
33	Nichols, Walter	head	47	NC	NC	NC	laborer state hwy
	Nichols, Elsie	wife	28	TN	TN	TN	
34	Morefield, Ham	head(wd)	65	TN	TN	VA	laborer odd jobs
	Morefield, Victoria	daughter	35	TN	TN	VA	
	Morefield, Martisha	sister	73	TN	TN	VA	
	Morefield, Sarah	sister	71	TN	TN	VA	
35	Nave, ErnestEdward	head	37	TN	TN	TN	mail carrier
	Nave, Margaret	wife	36	TN	TN	TN	
	Nave, Shelton	son	13	TN	TN	TN	
	Nave, Adlee	daughter	12	TN	TN	TN	
	Nave, Ella	daughter	8	TN	TN	TN	
	Nave, Louise	daughter	5	TN	TN	TN	
	Nave, Cratie	daughter	3	TN	TN	TN	
36	Butler, Edward E.	head	66	TN	TN	TN	bank president
	Butler, Ella	wife	63	NC	NC	NC	
	Butler, Roddie R.	son	30	TN	TN	NC	farm manager
	Butler, Juanita	dauinlaw	20	TN	TN	TN	
37	Madron, Karl D.	head	30	TN	TN	NC	county sheriff
	Madron, Hassie	wife	23	NC	NC	TN	
	Madron, Betty Jo	daughter	1	TN	TN	NC	
38	Wagner, Charles M.	head	59	TN	TN	TN	collector
	Wagner, Sara Eliza	wife	51	VA	VA	VA	

Family #	Name	Relation	Age	I	F	M	Occupation
	Wagner, Edith	daughter	25	TN	TN	VA	
	Wagner, Kathleen	daughter	19	TN	TN	VA	
39	Blevins, Arthur E.	head	46	TN	TN	NC	lumber dealer
	Blevins, Vergie A.	wife	44	TN	TN	TN	
	Blevins, John	son	18	TN	TN	TN	
	Blevins, Cletha	daughter	16	TN	TN	TN	
40	McCain, James P.	head	64	PA	PA	PA	shp clrk feed mill
	McCain, Elva	wife	64	PA	IR	PA	
	Pless, Anna Evelyn	grdau	28	TN	TN	TN	
	Pless, Quincy E.	gsoninlaw	34	NC	NC	NC	railroad brakeman
	Pless, James	ggrson	8	TN	NC	TN	
	Pless, Quincy	ggrson	6	TN	NC	TN	
	Pless, Elmer	ggrson	0	TN	NC	TN	
41	Sutherland, Wiley R.	head	38	TN	TN	VA	farm manager
	Sutherland, Irene	wife	32	TN	TN	TN	
	Sutherland, Nancy	daughter	11	TN	TN	TN	
	Sutherland, Joseph	son	3	TN	TN	TN	
	Horn, Euina	servant	17	TN	TN	TN	family servant
42	Mitchell, George	head	52	TN	TN	TN	bank janitor
43	Stout, Grady J.	head	28	TN	TN	TN	shoe repair shop
	Stout, Queen V.	wife	21	TN	TN	TN	
	Stout, Richard J.	son	3	TN	TN	TN	
	Stout, Bettie Sue	daughter	0	TN	TN	TN	
44	Shoun, Rosecrance	head	45	TN	TN	TN	railroad conductor
	Shoun, Mamie D.	wife	41	VA	VA	TN	
	Shoun, Forrest	son	18	TN	TN	VA	
	Shoun, Paul	son	15	TN	TN	VA	
	Shoun, Margie L.	daughter	10	TN	TN	VA	
45	Adams, Eliza	head(wd)	73	TN	VA	TN	
	Adams, Rhoda	daughter	31	TN	TN	TN	telephone operator
	Adams, Mary M.	daughter	45	TN	TN	TN	
46	Duncan, Thomas G.	head	29	NC	NC	NC	salesman dry goods
	Duncan, Beulah R.	wife	26	TN	TN	NC	
47	Adams, Glenn	head	34	TN	TN	TN	
	Adams, Buna M.	wife	32	TN	TN	TN	
	Adams, Jean D.	daughter	3	TN	TN	TN	
48	Stout, Joe	head	26	TN	TN	TN	sign painter
	Stout, Georgia	wife	27	TN	TN	TN	
	Stout, Avalon	daughter	4	TN	TN	TN	
	Stout, Mary	daughter	2	TN	TN	TN	
49	Sammons, Swim	head	47	NC	NC	NC	carpenter
	Sammons, Emma	wife	49	TN	TN	TN	
50	Flanigan, Matt	head	61	VA	VA	VA	farmer
	Flanigan, Sallie	wife	50	NC	NC	NC	
51	Dunn, McKinley	head	33	TN	TN	TN	farm laborer

Family #	Name	Relation	Age	I	F	M	Occupation
	Dunn, Julia	wife	27	TN	TN	TN	
	Dunn, William	son	2	TN	TN	TN	
	Dunn, Dorthy	daughter	0	TN	TN	TN	
	Dunn, Howard	son	0	TN	TN	TN	
52	Brooks, H. Alex	head	33	TN	TN	TN	railroad brakeman
	Brooks, Blanch W.	wife	30	NC	NC	NC	
	Brooks, Edna Ruth	daughter	10	TN	TN	NC	
	Brooks, Ralph	son	8	TN	TN	NC	
	Brooks, Ernest	son	5	TN	TN	NC	
	Brooks, Mary	daughter	2	TN	TN	NC	
	Brooks, May	daughter	0	TN	TN	NC	
53	Dishman, Loy	head	36	TN	TN	TN	farm laborer
	Dishman, Rosa B.	wife	37	NC	VA	TN	
	Dishman, Glenn	son	7	TN	TN	NC	
	Dishman, Davis	son	6	TN	TN	NC	
	Dishman, Frank	son	2	TN	TN	NC	
54	Curd, William	head	36	TN	TN	TN	
	Curd, Pearl	wife	20	TN	TN	TN	
	Curd, Roddie	son	1	TN	TN	TN	
55	Wilson, Joe H.	head	28	TN	TN	TN	farmer
	Wilson, Hazel B.	wife	24	NC	NC	NC	
	Wilson, Oscar H.	cousin	21	TN	TN	TN	public school tchr
	Robinson, Luther	boarder	25	NC	NC	NC	public school tchr
56	Isaacs, Jack	head	55	NC	NC	TN	farmer
	Isaacs, Mary	wife	41	NC	NC	NC	
	Isaacs, George	son	15	TN	NC	NC	
	Isaacs, Grayson	son	9	TN	NC	NC	
	Isaacs, Minnie	daughter	11	TN	NC	NC	
	Isaacs, Lucille	daughter	22	NC	NC	NC	home laundress
	Isaacs, Glen	gr son	2	TN	TN	NC	
	Swift, Joshua	gr father	78	NC	NC	TN	
57	Boren, Charlie	head	66	VA	VA	VA	farmer
	Boren, Inez	wife	29	TN	TN	NC	
58	Reeves, Lee	head	62	TN	TN	NC	general laborer
	Reeves, May	wife	53	TN	TN	NC	home laundress
	Reeves, Robert	son	14	TN	TN	TN	
	Reeves, Walter	son	10	TN	TN	TN	
59	Reeves, Luther	head	23	TN	TN	TN	chair fctry laborer
	Reeves, Alleta	wife	19	GA	GA	GA	
60	Mock, David	head	50	TN	NC	NC	general laborer
	Mock, Cynthia	wife	45	TN	NC	TN	home laundress
	Mock, Annie	daughter	3	TN	TN	TN	
	Mock, Elizabeth	daughter	7	TN	TN	TN	
61	Stout, Philip	head(wd)	75	TN	TN	TN	farmer
	Stout, Dana B.	son	31	TN	TN	TN	consruction worker

Family #	Name	Relation	Age	I	F	M	Occupation
	Stout, Margaret	dauinlaw	25	TN	TN	TN	
	Stout, D. B.	gr son	6	TN	TN	TN	
	Stout, Gemtina	relative	63	TN	TN	TN	
62	Pennington, Claude	head(wd)	47	NC	VA	NC	odd job laborer
	Pennington, Mable	daughter	15	TN	NC	NC	
63	Reece, F. Eliza	head(wd)	60	TN	TN	TN	
	Reece, Mark F.	son	22	TN	TN	TN	public school tchr
	Reece, D. B. Jr.	son	17	TN	TN	TN	
64	Church, Ivan	head	22	NC	NC	NC	slsm hdw store
	Church, Vera B.	wife	19	NC	NC	NC	
	Church, Melvin	son	0	NC	NC	NC	
65	Ray, Joseph Todd	head	51	NC	NC	NC	mfg essential oils
	Ray, Bessie	wife	36	NC	NC	NC	
	Ray, Margaret	daughter	17	TN	NC	NC	
	Ray, Mary	daughter	16	TN	NC	NC	
	Ray, Boyd	son	12	NC	NC	NC	
66	Kent, J. D.	head	63	VA	VA	VA	railroad conducter
	Kent, Beatrice	wife	61	VA	VA	VA	
	Kent, Lillian	daughter	39	VA	VA	VA	music teacher
67	Donnelly, Hugh	head	35	TN	VA	TN	lawyer
	Donnelly, Rebecca	wife	30	PA	PA	PA	
68	Muse, Joseph	head	63	VA	VA	VA	mgr hdw store
	Muse, Margaret	wife	43	TN	TN	TN	
	Muse, Lucille	daughter	18	TN	VA	TN	
	Muse, Dorothy	daughter	12	TN	VA	TN	
	Muse, J. Charles	son	7	TN	VA	TN	
	Muse, Mentora	relative	76	VA	VA	VA	
69	Lewis, Thomas	head	46	VA	VA	TN	odd job laborer
	Lewis, Rosa	wife	45	TN	VA	TN	
70	Arnold, Dee	head	31	TN	TN	TN	farmer
	Arnold, Dora	wife	30	TN	TN	TN	
	Arnold, Walter	son	3	TN	TN	TN	
	Arnold, Helen	daughter	7	TN	TN	TN	
71	Wilson, John K.	head	74	TN	TN	TN	farmer
	Wilson, Laura	wife	52	TN	TN	TN	
	Wilson, Kate	daughter	21	TN	TN	TN	
	Wilson, Hattie	daughter	18	TN	TN	TN	
	Wilson, John K. Jr.	son	16	TN	TN	TN	
	Wilson, Gary	son	13	TN	TN	TN	
	Wilson, Mary	daughter	13	TN	TN	TN	
	Wilson, Isaac	son	9	TN	TN	TN	
72	Wilson, Jerry	head	69	TN	TN	TN	farmer
	Wilson, Nora Elliot	wife	59	NC	NC	NC	
	Wilson, Blanch	daughter	42	TN	TN	NC	
	Wilson, Annie	dau (wd)	35	TN	TN	NC	

Family #	Name	Relation	Age	I	F	M	Occupation
	Wilson, Helen	gr dau	8	TN	NC	TN	
	Wilson, James	gr son	7	TN	NC	TN	
	Wilson, George	gr son	2	TN	NC	TN	
73	Johnson, James	head	54	TN	TN	TN	farm manager
	Johnson, Eva	wife	48	TN	TN	TN	
74	Tucker, Lee	head	21	TN	TN	TN	farm laborer
	Tucker, Haley	wife	19	TN	TN	TN	
	Tucker, Edward	son	0	TN	TN	TN	
	Brown, Thomas	boarder	35	NC	TN	NC	corn mill laborer
	Barry, Alex T.	fthinlaw	71	TN	VA	TN	
75	Jones, Park	head	28	TN	TN	TN	garage manager
	Jones, Beatrice	wife	29	FL	AL	AL	
	Jones, Margie	daughter	2	TN	TN	FL	
76	McDade, Eugene	head	53	TN	NC	TN	mgr furniture store
	McDade, Hattie	wife	50	TN	NC	TN	
77	Lefler, Joe Thomas	head	62	TN	NC	NC	
	Lefler, Hanna	wife	50	VA	VA	VA	
78	Wilson, Milton	head	59	TN	TN	TN	retired electrician
	Wilson, Laura	wife	57	TN	TN	TN	
	Wilson, Ernest	son	22	TN	TN	TN	public school tchr
79	Smyth, William	head	70	TN	TN	TN	slsm drug store
	Smyth, Etta	wife	62	TN	TN	TN	
	Wills, Iris	dau (wd)	38	TN	TN	TN	slsm drug store
	Wills, Wilma	gr dau	15	TN	TN	TN	
	Phillips, Robert	boarder	30	NC	NC	NC	hwy engineer
80	Muse, William	head	52	VA	VA	VA	railroad engineer
	Muse, Mary	wife	48	VA	VA	VA	
	Muse, James	son	16	CN	VA	VA	
	Muse, William	son	14	CN	VA	VA	
	Muse, Marjorie M.	daughter	21	CN	VA	VA	
	Muse, John (Jack)	son	7	CN	VA	VA	
81	Donnelly, Alice	head	64	TN	TN	TN	mlnry dress shop
	Donnelly, Isaac	brother	69	TN	TN	TN	slsm grocery store
	Murphy, Mary Alice	niece	22	TN	TN	TN	public school tchr
	Murphy, Frank	nephew	28	TN	TN	TN	gas & oil driller
	Bentley, Alethia	boarder	18	TN	TN	TN	
82	Jennings, F.C.	head(wd)	80	TN	VA	TN	
	Smyth, Ann Rebecca	sis in law	64	TN	VA	TN	
83	Allen, Walter	head	72	TN	TN	TN	
	Allen, Rachel	wife	71	TN	TN	TN	
84	Richardson, Lee	head	37	TN	TN	TN	railroad engineer
	Richardson, Hazle	wife	35	TN	TN	TN	
	Richardson, Roslee	daughter	17	TN	TN	TN	
	Richardson, William	son	15	TN	TN	TN	
	Richardson, Haynes	son	14	TN	TN	TN	

Family #	Name	Relation	Age	I	F	M	Occupation
	Richardson, Edna	daughter	11	TN	TN	TN	
	Richardson, Mary	daughter	9	TN	TN	TN	
	Richardson, Joe	son	6	TN	TN	TN	
	Richardson, Neal	son	3	TN	TN	TN	
	Richardson, June	daughter	0	TN	TN	TN	
	Holloway, Nina	boarder	14	TN	TN	TN	
85	Johnson, Ida	head(wd)	43	NC	NC	NC	mgr restaurant
	Johnson, Mack	son	14	TN	TN	NC	
	Johnson, Elizabeth	daughter	12	TN	TN	NC	
	Johnson, James	son	6	TN	TN	NC	
	Johnson, Henry	bro in law	29	TN	TN	TN	odd job laborer
	Johnson, Grady	bro inlaw	23	TN	TN	TN	chair fctry laborer
	Johnson, Lily	sis in law	19	TN	TN	TN	sales produce store
86	Ellis, Thomas	head	29	TN	NC	NC	coal miner
	Ellis, Ida	wife	24	TN	TN	TN	
	Ellis, Mae	daughter	8	TN	TN	TN	
	Ellis, Billy	son	5	WVA	TN	TN	
	Ellis, Thomas	son	3	WV	TN	TN	
	Ellis, Louise	daughter	2	TN	TN	TN	
	Johnson, Smith	fathinlaw	70	TN	TN	TN	chair fctry laborer
87	Price, Marion	head	43	NC	NC	NC	odd job laborer
	Price, Myrtle	wife	30	TN	TN	NC	
	Price, Edna	daughter	12	TN	NC	TN	
	Price, Edgar	son	9	TN	NC	TN	
	Price, Robert	son	2	TN	NC	TN	
88	Widner, Walter	head	59	VA	VA	VA	physician
	Widner, Della	wife	53	VA	VA	VA	
	Widner, Dewey	son	32	VA	VA	VA	odd job laborer
	Widner, Sibert	son	30	TN	VA	VA	mgr filling station
	Widner, Curtis	son	29	TN	VA	VA	house painter
	Widner, Walter	son	28	TN	VA	VA	sales drug store
	Widner, Stuart	son	18	TN	VA	VA	waiter restaurant
	Widner, Gladys	daughter	14	TN	VA	VA	
	Widner, Virginia	dauinlaw	19	NC	NC	NC	
89	Murphy, Hugh	head	43	TN	TN	TN	mgr general store
	Murphy, Margaret	wife	46	TN	TN	TN	
	Murphy, Evelyn	daughter	22	TN	TN	TN	
	Murphy, Lillian	daughter	19	TN	TN	TN	
	Biggs, Ella Sue	daughter	16	TN	TN	TN	
	Murphy, Eugene	son	10	TN	TN	TN	
	Murphy, Louise	daughter	8	TN	TN	TN	
	Biggs, James	soninlaw	19	TN	TN	TN	engineer state hwy
90	Smyth, Stanley	head	76	TN	TN	VA	county clerk & mst
	Smyth, Lilly	wife	58	TN	TN	TN	
91	Jenkins, Carrie Cole	head(wd)	67	TN	TN	TN	

Family #	Name	Relation	Age	I	F	M	Occupation
	Cole, Winnie	niece	27	TN	TN	TN	public school tchr
	Mains, Argus	boarder	36	TN	TN	TN	public school tchr
	Mains, Beatrice C.	boarder	35	NC	NC	NC	public school tchr
92	Seacrist, A. W.	head	33	WI	GR	WI	mgr shoe factory
	Seacrist, Nellie	wife	33	WI	WI	WI	
93	Williams, Oscar	head	33	NC	NC	NC	blksmth shoe fctry
	Williams, Gladys	wife	19	TN	NC	NC	
	Ellison, Sallie	servant	19	NC	NC	NC	family servant
94	Reece, James	head	34	NC	NC	NC	laborer
	Reece, Cora	wife	37	TN	NC	TN	laundress at home
	Reece, Bessie	daughter	15	TN	NC	TN	
	Pennel, Roy	boarder	17	NC	NC	NC	odd job laborer
95	Adams, Stanley	head	47	TN	TN	TN	carpenter
	Adams, Lilly	wife	46	TN	TN	TN	
	Adams, Virginia	daughter	18	TN	TN	TN	
	Adams, Robert	son	15	TN	TN	TN	
	Adams, Elizabeth	daughter	11	TN	TN	TN	
	Adams, James	son	8	TN	TN	TN	
	Adams, Donnie	son	5	TN	TN	TN	
96	Powell, Webb	head	42	TN	TN	TN	slsm grocery store
	Powell. Minnie	wife	38	TN	TN	TN	dressmker at home
	Powell, Homer E.	son	14	TN	TN	TN	
	Powell, Lena Irene	daughter	8	TN	TN	TN	
	Powell, Mary Juanita	daughter	3	TN	TN	TN	
	Snyder, Charlotte	mthinlaw	76	NC	NC	NC	
97	Warren, Emory	head	34	NC	NC	NC	oprtr steam shovel
	Warren, Emma	wife	38	TN	TN	TN	
	Warren, Frank Earl	son	10	TN	NC	TN	
	Warren, Ruby	daughter	8	TN	NC	TN	
	Warren, James	son	7	TN	NC	TN	
	Snyder, Mary R.	mthinlaw	63	TN	NC	NC	
98	Lewis, Rufus	head	59	NC	NC	NC	lumber inspector
	Lewis, Nannie	wife	41	TN	TN	TN	
	Lewis, Hugh	son	22	TN	NC	TN	highway mechanic
	Lewis, Margaret	daughter	20	TN	NC	TN	
	Lewis, Wilson	son	19	TN	NC	TN	mchnst cloth mills
	Lewis, Ross	son	17	TN	NC	TN	
	Lewis, Harry	son	12	TN	NC	TN	
	Lewis, Lucille	daughter	12	TN	NC	TN	
	Lewis, Billy	son	10	TN	NC	TN	
	Lewis, Lawson	son	4	TN	NC	TN	
99	Allen, Mary	head	54	TN	TN	TN	
	Jenkins, Nancy	boarder	18	TN	TN	TN	
100	Steagall, Ernest	head	46	NC	NC	NC	coal miner
	Steagall, Callie	wife	42	NC	NC	NC	

Family #	Name	Relation	Age	I	F	M	Occupation
	Steagall, Emory	son	25	NC	NC	NC	odd job laborer
	Steagall, Edgar	son	16	NC	NC	NC	chair fctry laborer
	Steagall, Wayne	son	14	NC	NC	NC	
	Steagall, Margaret	daughter	12	NC	NC	NC	
	Steagall, Lillian	daughter	10	NC	NC	NC	
	Steagall, J. C.	son	3	NC	NC	NC	
101	Spiva, Cora Lee	head(wd)	38	NC	NC	NC	laundress at home
	Ashley, Margaret	dau (wd)	20	TN	TN	NC	
	Ashley, Margaret	gr dau	5	TN	TN	NC	
102	Combs, Manuel	head	35	TN	NC	NC	odd job laborer
	Combs, Clara	wife	29	TN	TN	TN	
	Combs, Henry	son	13	TN	TN	TN	
	Combs, Robert	son	8	TN	TN	TN	
	Combs, Mary	daughter	5	TN	TN	TN	
	Combs, Paul	son	4	TN	TN	TN	
	Combs, Margaret	daughter	1	TN	TN	TN	
103	Jones, James E.	head	55	VA	VA	VA	town recorder
	Jones, Eula Wilson	wife	42	TN	TN	TN	
	Jones, Fred	son	22	TN	VA	TN	bank cashier
	Jones, John	son	17	TN	VA	TN	
	Jones, Robert	son	15	TN	VA	TN	
	Jones, Paul	son	10	TN	VA	TN	
	Jones, James W.	son	4	TN	VA	TN	
	Jones, Edward	son	4	TN	VA	TN	
	Jones, Herbert	son	2	TN	VA	TN	
	Ward, Fred	boarder	16	TN	TN	TN	
104	Smyth, Thomas	head	48	TN	TN	TN	mgr drygoods store
	Smyth, Evelyn	wife	44	TN	TN	TN	sls dry goods store
105	Waugh, Mattie	head(wd)	44	TN	TN	TN	mgr restaurant
	Waugh, Dick A.	son	14	TN	TN	TN	
	Brumley, Robert	boarder	47	TN	TN	TN	sls dry goods store
	Burleson, Mack	boarder	23	TN	TN	TN	trader dry goods
106	Winters, Lenoir G.	head	36	NC	NC	NC	barber
	Winters, Annie F.	wife	32	TN	TN	TN	opratr telphone co
	Wilson, Nancy	sis in law	19	TN	TN	TN	opratr telephone co
	Wilson, Tom	bro in law	19	TN	TN	TN	waiter restaurant
107	Wilson, Jessie	head(wd)	46	TN	NC	TN	
	Wilson, Geneva	daughter	19	TN	TN	TN	
	Wilson, Robert	bro in law	54	TN	NC	TN	odd job laborer
108	Gentry, Robert	head	46	TN	TN	TN	carpenter
	Gentry, Rebecca	wife	44	TN	NC	TN	
	Gentry, Robert	son	19	TN	TN	TN	
	Gentry, Parlee Sara	daughter	16	TN	TN	TN	
	Gentry, Carl	son	14	TN	TN	TN	
	Gentry, Jack	son	10	TN	TN	TN	

Family #	Name	Relation	Age	I	F	M	Occupation
109	Ellis, Rildy	head(wd)	42	NC	NC	NC	laundress at home
	Ellis, Walter	son	20	NC	NC	NC	odd job laborer
	Ellis, Rachel	daughter	18	NC	NC	NC	
	Ellis, Cora	daughter	15	NC	NC	NC	
	Ellis, Grace	mthinlaw	84	NC	NC	NC	
110	Kirby, Wade	head	53	NC	NC	NC	odd job laborer
	Kirby, Rose	wife	43	NC	NC	NC	
	Kirby, Mary	daughter	16	VA	NC	NC	
111	Reece, Conor M.	head	37	TN	TN	TN	laborer state hwy
	Reece, Rosa	wife	39	TN	TN	TN	
	Reece, Kermit	son	13	TN	TN	TN	
	Hardin, Thomas	boarder	21	TN	NC	TN	
	Thomas, Lane	boarder	18	TN	NC	NC	
	Thomas, May	boarder	16	TN	NC	NC	
112	Potter, Joseph S.	head	61	TN	TN	NC	carpenter
	Potter, Titia	wife	59	TN	TN	TN	
	Potter, Oscar	cousin	24	NC	TN	NC	carpenter helper
	Branch, Ora	servant	23	TN	TN	TN	family cook
	Branch, Ben	boarder	38	TN	TN	TN	
	Meral, Edd	boarder	30	GA	GA	GA	engineer state hwy
	Huskins, Chester	boarder	22	TN	TN	TN	bkpr state hwy ofc
113	McQueen, Smith	head	45	TN	TN	TN	manager cafe
	McQueen, Vadie	wife	44	TN	TN	TN	
	Jackson, Rudd	boarder	66	TN	TN	TN	trader dry goods
114	Smyth, Wade	head	35	TN	TN	TN	bank cashier
	Smyth, Kathleen	wife	35	TN	NC	TN	
115	Vaught, John D.	head(wd)	54	VA	VA	VA	carpenter
	Vaught, Mary	daughter	24	TN	VA	NC	
	Vaught, Ray	son	19	VA	VA	NC	carpenter helper
	Vaught, Violet	daughter	16	VA	VA	NC	
	Vaught, John	son	12	VA	VA	NC	
116	Jones, Shelton	head	28	TN	VA	VA	odd job laborer
	Jones, Daisy	wife	28	NC	NC	NC	
	Jones, Mandy	mother	64	VA	TN	TN	
117	Donnelly, Carrie	head(wd)	52	TN	TN	TN	
	Machamer, Pauline	daughter	30	TN	TN	TN	
	Cox, Janice	daughter	27	TN	TN	TN	
	Machamer, Roy	son inlaw	37	TN	TN	TN	cmrshl trucker
	Cox, Robert	son inlaw	27	TN	TN	TN	public school tchr
	Cox, Dickie	gr son	4	TN	TN	TN	
118	Barry, Julia	head(wd)	54	TN	TN	TN	truck farmer
	Wagner, Noah	father(wd)	86	TN	TN	TN	
119	Johnson, Oma Payne	head(wd)	47	TN	TN	TN	
	Johnson, Georgia M.	daughter	24	TN	TN	TN	public school tchr
	Johnson, Orville	son	20	TN	TN	TN	

Family #	Name	Relation	Age	I	F	M	Occupation
120	Jenkins, Effie	head(wd)	46	NC	NC	TN	farm manager
	Jenkins, May	daughter	13	TN	TN	NC	
	Jenkins, Ellarae	daughter	10	TN	TN	NC	
	Jenkins, Jewell	daughter	5	TN	TN	NC	
121	Holtzhouser, Rachel	head(wd)	71	NC	NC	TN	
	Horn, Julia	niece	26	TN	TN	TN	public school tchr
122	Nave, David	head	62	TN	TN	TN	truck farmer
	Nave, Amelia	wife	56	NC	NC	TN	
	Nave, Artie	daughter	17	TN	TN	NC	
	Nave, Ruth	daughter	15	TN	TN	NC	
123	Anderson, Hugh	head	29	TN	TN	TN	clothes presser
	Anderson, Clara	wife	22	TN	TN	TN	
	Anderson, Caton	son	3	TN	TN	TN	
	Anderson, Iris	daughter	1	TN	TN	TN	
	Anderson, Samuel	son	0	TN	TN	TN	
124	Parks, A. R.	head	40	TN	TN	TN	barber
	Parks, Mollie	wife	55	TN	TN	TN	
125	Miller, Haggai M.	head	49	NC	NC	NC	postmaster
	Miller, Maude Shoun	wife	41	TN	TN	NC	
	Miller, Hayden	son	23	TN	NC	TN	postal employee
	Miller, Homer	son	9	TN	NC	TN	
	Shoun, Buelah	niece	16	TN	TN	VA	
	Shoun, Isaac M.	fthinlaw	67	TN	TN	TN	truck farmer
	Neatherly, Marjorie	boarder	17	TN	TN	TN	
126	Love, Mary	head(wd)	30	NC	NC	NC	
	Love, Ople	daughter	12	TN	TN	NC	
	Love, Virginia	daughter	11	TN	TN	NC	
	Love, Edith	daughter	9	TN	TN	NC	
	Love, Edna	daughter	5	TN	TN	NC	
	Love, Geter E. Jr.	son	3	TN	TN	NC	
	Wilson, Emma	sister	29	TN	NC	NC	
	Wilson, Carson	nephew	9	TN	TN	TN	
	Wilson, Wayne	nephew	3	VA	TN	TN	
	Howard, Edna	boarder	17	TN	TN	TN	
127	Holcom, Branson	head	52	NC	NC	NC	taxi driver
	Holcom, Laura	wife	68	NC	NC	NC	
128	Greever, James	head	41	TN	TN	TN	bank cashier
	Greever, Mattie	wife	38	TN	TN	NC	
	Greever, Clarence	son	14	TN	TN	TN	
	Greever, Evelyn	daughter	11	TN	TN	TN	
	Greever, Stedman	son	3	TN	TN	TN	
	Dykes, Oscar	boarder	25	TN	TN	TN	engineer state hwy
	Dykes, Ruth	boarder	25	TN	TN	TN	
	Dykes, Adelia	boarder	2	TN	TN	TN	
	Allen, Georgia	servant	16	TN	TN	TN	family dishwasher

Family #	Name	Relation	Age	I	F	M	Occupation
	Farthing, Abner	boarder	22	NC	NC	NC	high school tchr
129	Murphy, Elbert	head	45	TN	VA	TN	mgr telephone co
	Murphy, Elsie	wife	42	TN	TN	TN	
	Murphy, Ralph	son	21	TN	TN	TN	asst mgr phone co
	Murphy, Katie	daughter	19	TN	TN	TN	public school tchr
	Murphy, John	son	10	TN	TN	TN	
	Murphy, Helen	daughter	7	TN	TN	TN	
130	Wilson, Mark G.	head	26	TN	TN	TN	mgr pole yard
	Wilson, Marie	wife	20	NC	NC	NC	
	Wagner, Glenn	boarder	18	TN	TN	TN	bridge carpenter
	Morefield, J. A.	boarder	21	TN	TN	TN	brick layer
131	Williams, O. M.	head	43	VA	VA	VA	railroad agent
	Williams, Sallie	wife	47	VA	VA	VA	
	Williams, Walter	son	14	TN	VA	VA	
132	Grindstaff, Louise	head(wd)	63	TN	TN	TN	
	Stalcup, Burnie	dau (wd)	39	TN	TN	TN	
	Stalcup, Stacy	son	35	TN	TN	TN	chemistry teacher
	Stout, Mary	daughter	21	TN	TN	TN	
	Stout, Edward	gr son	2	TN	TN	TN	
	Stout, Doris	gr dau	0	TN	TN	TN	
133	Gordon, William	head	35	WV	IR	IR	church clergy
	Gordon, Maud	wife	32	VA	VA	VA	
	Gordon, Mildred	daughter	13	VA	WV	VA	
134	Garland, Edgar	head	33	TN	TN	TN	lawyer
	Garland, Maud	wife	32	TN	TN	TN	
135	Greever, William L.	head	63	TN	TN	TN	truck farmer
	Greever, Ivalee S.	wife	58	TN	TN	TN	
	Wilson, Wayne	boarder	15	TN	TN	TN	
136	Wilson, Carl H.	head	32	TN	TN	TN	mgr drug store
	Wilson, Blanch G.	wife	30	TN	TN	TN	
	Wilson, Charlotte R.	daughter	7	TN	TN	TN	
137	Clark, David D.	head	60	VA	IR	OH	mgr picture show
	Clark, Dusinia	wife	63	PA	PA	PA	
138	Cress, Clarence	head	33	TN	TN	TN	carpenter
	Cress, Blanch	wife	24	TN	TN	TN	
	Sproles, Elizabeth	boarder	37	TN	TN	TN	
139	Wilson, Tyler	head	41	TN	TN	TN	farmer
	Wilson, Anna	wife	35	TN	TN	TN	
	Wilson, J. T.	son	13	TN	TN	TN	
	Wilson, Mable	daughter	11	MD	TN	TN	
	Wilson, Mary	daughter	7	TN	TN	TN	
	Wilson, Frances	daughter	5	TN	TN	TN	
140	Fritts, Joseph	head	41	TN	TN	TN	farmer
	Fritts, Nancy	wife	39	TN	TN	TN	
	Fritts, Emma	daughter	13	TN	TN	TN	

Family #	Name	Relation	Age	I	F	M	Occupation
	Fritts, J. M.	son	10	TN	TN	TN	
	Fritts, Doris	daughter	9	TN	TN	TN	
141	McElyea, Arthur	head	21	NC	NC	NC	farmer
	McElyea, Bonnie	wife	19	TN	TN	TN	
	McElyea, Ettie	sister	26	TN	NC	NC	
	McElyea, Roy	brother	15	TN	NC	NC	
	McElyea, May	sister	14	TN	NC	NC	
	McElyea, Ross	brother	12	TN	NC	NC	
	McElyea, Fred	brother	10	TN	NC	NC	
	McElyea, Edna	niece	4	TN	NC	NC	
	McElyea, Ruth	niece	3	TN	NC	NC	
	McElyea, John	nephew	0	TN	NC	NC	
142	Shoun, Carl	head	34	TN	TN	TN	farmer
	Shoun, Winnie	wife	32	TN	TN	TN	
	Shoun, Dot	daughter	6	TN	TN	TN	
	Honeycutt, Robert	boarder	18	NC	NC	NC	teamster state hwy
	Scaggs, Ernest	boarder	19	VA	VA	VA	
	Stafford, Dick	boarder	35	NC	NC	NC	teamster state hwy
	Mills, Charlie	boarder	22	NC	NC	NC	teamster state hwy
143	Walsh, Dana	head	20	TN	TN	TN	farm laborer
	Walsh, Roslee	wife	18	TN	TN	TN	
	Walsh, Ruth	daughter	1	TN	TN	TN	
	Walsh, Carrie	daughter	4	TN	TN	TN	
144	Absher, Ezekial	head	65	TN	TN	TN	house painter
	Absher, Laura	wife	44	TN	TN	TN	
	Absher, James	son	15	TN	TN	TN	
	Absher, Charles	son	13	TN	TN	TN	
	Absher, Dorthy	daughter	7	TN	TN	TN	
	Absher, Ruth	daughter	6	TN	TN	TN	
	Absher, Ruby	daughter	3	TN	TN	TN	
145	Potter, Reece	head	44	NC	NC	NC	truck farmer
	Potter, Lura	wife	37	TN	NC	NC	
146	Gentry, Sam	head	27	TN	TN	TN	mgr grocery store
	Gentry, Reba	wife	20	TN	TN	VA	
	Shupe, Margaret	cook	23	TN	TN	TN	hotel cook
	Musgrave, Sam	boarder	23	TN	TN	TN	taxi driver
	Medilemtia, Sam	boarder	49	MI	EN	FR	meatcutter groc sto
	Neatherly, Smith	boarder	40	TN	TN	TN	railroad brakeman
	Sproles, G. B.	boarder	19	TN	VA	TN	truck driver st hwy
	Horner, Forrest	boarder	23	NC	NC	NC	house painter
	Arnold, Ruby	boarder	20	TN	TN	TN	opr clothes factory
	Arney, Nell	boarder	20	TN	TN	TN	opr clothes factory
	Dugger, Thomas	boarder	45	TN	TN	TN	carpenter
	Timbs, Joe	boarder	35	NC	NC	NC	carpenter
	Madron, Paul	boarder	31	TN	TN	NC	dentist

Family #	Name	Relation	Age	I	F	M	Occupation
147	Wilcox, John M.	head	54	NC	NC	TN	truck farmer
	Wilcox, Maggie	wife	38	NC	NC	NC	
	Potter, Glen	broinlaw	17	TN	NC	TN	odd job laborer
	Potter, Daniel B.	grfinlaw	81	NC	NC	TN	
148	Patrick, Willis	head	71	NC	NC	TN	carpenter
	Patrick, Annabel	daughter	37	TN	NC	TN	
149	Horn, Julia	head(wd)	80	NC	NC	NC	
	Horn, Maude	daughter	35	TN	NC	NC	
	Horn, Paul	son	29	TN	NC	NC	church clergy
150	Wamkins, Edward	head	39	TN	TN	TN	barber
	Wamkins, Lake	wife	36	VA	VA	VA	
	Wamkins, Robert	Son	18	TN	TN	VA	
	Wamkins, Francis	daughter	10	TN	TN	VA	
	Wamkins, Samuel	son	5	TN	TN	VA	
	Wamkins, Elmer	son	3	TN	TN	VA	
151	Morley, Lafayette B.	head	59	TN	TN	TN	farm manager
	Morley, Melissa Mc	wife	57	TN	TN	TN	
	Morley, Anna Ruth	daughter	25	TN	TN	TN	public school tchr
	Morley, Minnie	daughter	21	TN	TN	TN	
	Morley, Mildred	daughter	19	TN	TN	TN	
	Morley, Dwight	son	16	TN	TN	TN	
	Morley, Evelyn	daughter	13	TN	TN	TN	
152	Stout, Fate	head	63	TN	NC	NC	odd job laborer
	Stout, Julia	wife	61	TN	NC	NC	
153	Williams, Clyde	head	32	TN	VA	VA	odd job laborer
	Williams, Carrie	wife	25	TN	TN	NC	
	Williams, Mary	daughter	2	TN	TN	TN	
	Williams, Sallie	daughter	0	TN	TN	TN	
154	Dickens, Asburry	head	50	NC	NC	NC	carpenter
	Dickens, Rosie	wife	50	NC	NC	NC	
	Dickens, Daniel	son	28	TN	NC	NC	odd job laborer
155	Allen, Garfield	head	23	NC	NC	NC	farm laborer
	Allen, Verna D.	wife	21	TN	NC	NC	
	Allen, James	son	4	TN	NC	TN	
	Allen, Margaretta	daughter	0	TN	NC	TN	
156	McQueen, Thomas	head	54	TN	TN	TN	electrician
	McQueen, Cora	wife	28	NC	TN	TN	
	McQueen, Fred	son	4	TN	TN	NC	
	McQueen, Harold	son	2	TN	TN	NC	
	McQueen, Grace	daughter	5	TN	TN	NC	
	Wagner, Sindy	gminlaw	92	TN	VA	VA	
157	Valentine, Lafayette	head	46	TN	NC	NC	public school tchr
	Valentine, Ora	wife	37	TN	TN	TN	public school tchr
	Valentine, Brice	son	8	TN	TN	TN	
	Valentine, Helen	daughter	5	TN	TN	TN	

Family #	Name	Relation	Age	I	F	M	Occupation
	Valentine, Fay	daughter	3	TN	TN	TN	
158	Horton, Fonzil	head(wd)	34	NC	NC	TN	odd job laborer
	Horton, Laurie	daughter	8	TN	NC	TN	
	Horton, Elizabeth	daughter	4	TN	NC	TN	
	Maxwell, Reuben	fthinlaw	81	NC	NC	TN	odd job laborer
159	Williams, Sallie	head(wd)	64	VA	VA	VA	
	Williams, Eva	daughter	26	KY	VA	VA	off job laborer
	Williams, Billy	gr son	6	TN	TN	KY	
160	Widby, David	head	22	TN	TN	TN	odd job laborer
	Widby, Trula	wife	19	VA	NC	VA	
	Widby, Genilee	daughter	0	TN	TN	VA	
161	Vaught, Robert	head	31	TN	TN	TN	table fctry laborer
	Vaught, Annie	wife	37	TN	TN	TN	
	Vaught, Herb	son	16	TN	TN	TN	odd job laborer
	Vaught, James	son	4	TN	TN	TN	
	Vaught, Dorthy	daughter	2	TN	TN	TN	
	Vaught, Phyllis	daughter	0	TN	TN	TN	
	Vaught, Sirena	mother	62	TN	TN	TN	
162	Mock, William	head	48	NC	VA	NC	city policeman
	Mock, Jennie	wife	48	TN	NC	NC	laundress at home
	Mock, Willie	son	23	TN	NC	TN	odd job laborer
163	Parks, James	head	48	TN	TN	TN	odd job laborer
	Parks, Lillie	wife	34	TN	TN	TN	laundress at home
164	Glenn, Myrtle G.	head(wd)	45	VA	VA	TN	
	Glenn, Maude	daughter	24	NC	NC	VA	
	Glenn, Trula	daughter	22	NC	NC	VA	bkkpr dept store
	Glenn, Lula	daughter	17	MO	NC	VA	
	Glenn, Goldia	daughter	12	TN	NC	VA	
	Glenn, James R.	son	8	TN	NC	VA	
165	Turner, Samuel R.	head	49	TN	TN	TN	odd job laborer
	Turner, Ada	wife	47	NC	NC	NC	
	Turner, Norton	son	24	TN	TN	NC	odd job laborer
	Turner, Elizabeth	daughter	19	TN	TN	NC	
	Turner, Samuel S.	son	16	TN	TN	NC	cook restaurant
	Turner, Valica	daughter	14	TN	TN	NC	
	Turner, Rodie	son	12	TN	TN	NC	
	Turner, L. D.	son	9	TN	TN	NC	
166	McKinney, Roy	head	55	TN	TN	TN	laborer state hwy
	McKinney, Georgia	wife	53	TN	TN	TN	
	McKinney. Eula	daughter	21	TN	TN	TN	public school tchr
167	Russaw, George	head	42	NC	NC	NC	odd job laborer
	Russaw, Mary	wife	36	TN	NC	TN	
	Russaw, GeorgieMae	daughter	22	TN	NC	TN	cook private family
	Russaw, Golden	daughter	20	TN	NC	TN	
	Russaw, Ara Lue	gr dau	5	TN	TN	TN	

Family #	Name	Relation	Age	I	F	M	Occupation
	Russaw, Lowrance	gr son	3	TN	TN	TN	
	Russaw, George R.	gr son	4	TN	TN	TN	
	Russaw, Lee	gr dau	8	TN	TN	TN	
168	Taylor, Thomas	head	47	TN	TN	TN	boot black
	Taylor, Bessie	wife	46	NC	NC	NC	
	Taylor, Windom	son	14	TN	TN	NC	odd job laborer
	Taylor, Christina	daughter	5	TN	TN	NC	
	Taylor, Billy	son	0	TN	TN	NC	
169	Ashley, Emmitt	head	45	NC	NC	NC	truck farmer
	Ashley, Mary	wife	43	VA	VA	VA	
	Ashley, Dick	son	26	NC	NC	VA	odd job laborer
	Ashley, Margie	dauinlaw	23	TN	TN	TN	
	Ashley, Dorthy	gr dau	5	TN	TN	TN	
	Ashley, Thelma	gr dau	0	TN	NC	TN	
170	Lomax, George	head	42	NC	NC	NC	truck farmer
	Lomax, Mary	wife	40	NC	NC	NC	laundress at home
	Lomax, Maud	daughter	14	NC	NC	NC	
	Lomax, Jeremiah	son	11	TN	NC	NC	
	Lomax, Geneva	daughter	9	TN	NC	NC	
	Lomax, Ralph	son	4	VA	NC	NC	
171	McQueen, Arthur	head	50	TN	TN	TN	odd job laborer
	McQueen, Susie	wife	49	TN	TN	TN	
	McQueen, Kate	daughter	24	TN	TN	TN	laundress at home
	McQueen, Herbert	son	17	TN	TN	TN	
	McQueen, James	son	15	TN	TN	TN	
	McQueen, Frances	daughter	14	NC	TN	TN	
	McQueen, Ruby	daughter	9	TN	TN	TN	
	McQueen, Ralph	son	8	TN	TN	TN	
	McQueen, Dorthy	daughter	6	TN	TN	TN	
172	Neely, Samuel	head	54	TN	TN	TN	odd job laborer
	Neely, Mary	wife	22	TN	NC	NC	
	Neely, Mike	son	17	TN	TN	TN	odd job laborer
	Neely, Samuel	son	16	TN	TN	TN	odd job laborer
	Neely, Clara	daughter	13	TN	TN	TN	
173	Baker, Handy	head	45	NC	NC	NC	odd job laborer
	Baker, Minnie	wife	44	NC	NC	NC	laundress at home
	Baker, Spencer	son	22	TN	NC	NC	hotel waiter
	Baker, Garfield	son	20	TN	NC	NC	hotel waiter
	Baker, Althia	daughter	18	TN	NC	NC	
	Baker, Billie	daughter	16	TN	NC	NC	
	Baker, Annie	daughter	14	TN	NC	NC	
	Baker, Ruth	daughter	12	TN	NC	NC	
	Baker, Roslin	daughter	8	TN	NC	NC	
	Baker, Dorthy	daughter	3	TN	NC	NC	
174	Baley, James	head	33	TN	TN	TN	barber

Family #	Name	Relation	Age	I	F	M	Occupation
	Baley, Beulah	wife	33	TN	TN	TN	
	Baley, Edna	daughter	10	TN	TN	TN	
	Baley, Belvia	daughter	8	TN	TN	TN	
	Baley, Mopsie	daughter	7	TN	TN	TN	
175	Mock, James	head	39	TN	TN	TN	teamster lumber yd
	Mock, Flora	wife	36	NC	NC	NC	laundress at home
	Mock, Ina Bell	daughter	15	TN	TN	NC	
	Mock, James	son	14	TN	TN	NC	
	Mock, Elenor	daughter	10	TN	TN	NC	
176	Wilson, John W.	head	59	VA	VA	VA	blacksmith
	Wilson, Emma	wife	54	VA	VA	VA	
	Wilson, Lewis	son	28	VA	VA	VA	odd job laborer
	Wilson, Callie	daughter	27	TN	VA	VA	laundress at home
177	Thomas, John	head	62	NC	NC	NC	odd job laborer
	Thomas, Maggie	wife	57	NC	NC	NC	
	Thomas, Adlene	relative	52	TN	TN	TN	odd job laborer
178	Deal, Samuel	head	57	NC	NC	NC	odd job laborer
	Deal, Lelia	wife	43	NC	NC	NC	
	Jones, Stella	daughter	22	TN	NC	NC	
	Jones, Hayes	soninlaw	30	TN	TN	TN	brick layer
	Jones, James	gr son	3	TN	TN	TN	
	Jones, Anna	gr dau	1	TN	TN	TN	
179	Flinchum, Bob	head	52	VA	VA	VA	odd job laborer
	Flinchum, Mary S.	wife	50	WV	WV	WV	
	Mills, Harlow	stepson	20	WV	WV	WV	odd job laborer
	Mills, Martha	stepdau	17	WV	WV	WV	
	Mills, Lena	stepdau	13	TN	WV	WV	
	Flinchum, Henry	son	4	TN	VA	WV	
	Mills, Triphenia A.	mthinlaw	95	WV	WV	WV	
180	King, Leroy	head(wd)	70	NC	NC	NC	
	King, Lottie	daughter	39	NC	NC	NC	laundress at home
	King, Della	dau (wd)	28	TN	NC	NC	laundress at home
	King, Grace	gr dau	12	TN	TN	TN	
	Morrell, Jody	boarder	48	TN	TN	TN	blacksmith st hwy
	Matheson, W. L.	boarder	39	TN	TN	TN	grader state hwy
181	Brown, Asa	head	69	NC	NC	NC	church clergy
	Brown, Edna	wife	68	TN	TN	TN	
	Brown, Hazle	dau (wd)	25	TN	NC	TN	
	Brown, Ruby	daughter	23	TN	NC	TN	public school tchr
	Brown, Eugene	gr son	7	FL	TN	TN	
	Brown, Jerald	gr son	5	TN	SC	TN	
	Brown, Max	gr son	2	TN	SC	TN	
	Phillips, Thelia	boarder	20	WV	NC	KY	
	Shoun, Kermit	boarder	21	TN	TN	TN	
	Greer, Robert	boarder	17	TN	TN	TN	

Family #	Name	Relation	Age	I	F	M	Occupation
	Matheson, Earl	boarder	18	TN	TN	TN	
182	Adams, Edgar	head	31	TN	TN	TN	public school tchr
	Adams, Lucy	wife	30	TN	TN	TN	public school tchr
183	Rambo, Earl	head	27	TN	TN	TN	asst cashier bank
	Rambo, Ruth	wife	27	TN	TN	TN	
	Rambo, Frances	daughter	3	TN	TN	TN	
184	Williams, Floyd	head	37	TN	TN	TN	postal clerk
	Williams, Willie	wife	30	VA	VA	VA	
	Williams, Frances	daughter	10	TN	TN	VA	
	Williams, Floyd Jr.	son	7	TN	TN	VA	
	Lyon, Trula	boarder	17	TN	TN	TN	
	Bumgardner, Lea	servant	18	TN	TN	TN	family servant
185	Bumgardner, Walter	head	50	TN	TN	TN	farm manager
	Bumgardner, Ada	wife	48	NC	NC	NC	
	Bumgardner, Mable	daughter	23	TN	TN	NC	
	Bumgardner, Nell	daughter	19	TN	TN	NC	
	Bumgardner, Madge	daughter	12	TN	TN	NC	
	Bumgardner, June	daughter	5	TN	TN	NC	
	Bumgardner, Helen	gr dau	2	TN	TN	NC	
186	Dollar, Roby	head(wd)	62	NC	NC	NC	commerical trucker
	Dollar, Eva	daughter	37	TN	NC	TN	
187	Crawford, Callie	head(wd)	57	TN	NC	TN	mgr truck farm
	Crawford, Nell	daughter	25	TN	VA	TN	public school tchr
	Crawford, Lucy	daughter	21	TN	VA	TN	
	Crawford, Irene	daughter	19	TN	VA	TN	
	Crawford, Maud	daughter	17	TN	VA	TN	
	Crawford, Roger	son	14	TN	VA	TN	
188	Farthing, Abner	head	64	NC	NC	NC	odd job laborer
	Farthing, Millie	wife	62	NC	NC	NC	laundress at home
189	Ellis, Robert A.	head	57	NC	NC	NC	leather tanner
	Ellis, Jennie	wife	43	NC	NC	NC	
	Ward, Ruth	daughter	8	VA	VA	VA	
	Ward, Edith Price	mthinlaw	63	NC	NC	NC	
190	Broce, Katherine	head(wd)	80	NC	NC	NC	
	Broce, Maude A.	daughter	40	TN	TN	NC	public school tchr
	Wishon, Walter	gr son	25	TN	TN	NC	garage laborer
191	Vaught, Alvin	head	45	TN	TN	TN	mgr chair factory
	Vaught, Daisy	wife	42	NC	NC	NC	
	Vaught, Beulah	daughter	18	TN	TN	NC	
	Vaught, Edward	gr son	1	TN	TN	TN	
192	Icenhour, Thomas	head	64	TN	TN	TN	farm laborer
	Icenhour, Ruth	wife	40	TN	TN	TN	
	Icenhour, Nellie	daughter	12	TN	TN	TN	
	Icenhour, Blanch	daughter	10	TN	TN	TN	
193	Blankenbeckler, Marion	head	37	TN	TN	TN	coal miner

Family #	Name	Relation	Age	I	F	M	Occupation
	Blankenbeckler, Chloe	wife	35	NC	NC	NC	
	Blankenbeckler, James	son	12	WV	TN	NC	
	Blankenbeckler, Nancy	daughter	10	WV	TN	NC	
	Blankenbeckler, Lois	daughter	8	TN	TN	NC	
	Blankenbeckler, Marion	son	6	TN	TN	NC	
	Blankenbeckler, Frances	daughter	5	TN	TN	NC	
	Blankenbeckler, Boyd	son	1	TN	TN	NC	
	Blankenbeckler, Loyd	son	1	TN	TN	NC	
194	South, Alice	head	39	TN	TN	TN	laundress at home
	South, Beulah	daughter	4	TN	TN	TN	
	South, Virginia	daughter	5	TN	TN	TN	
	South, Ida	servant	30	TN	TN	TN	family servant
195	King, James	head	39	TN	TN	TN	odd job laborer
	King. Louise	wife	38	NC	NC	NC	
	King, Mary	daughter	10	TN	TN	NC	
	King, J. C.	son	6	TN	TN	NC	
	King, Oscar	son	2	TN	TN	NC	
196	King, Charlie	head	50	TN	NC	NC	coal miner
	King, Mary	wife	44	TN	NC	VA	
	King, Earl	son	20	TN	TN	TN	
	King, Ruby	daughter	13	TN	TN	TN	
	King, Paul	son	10	TN	TN	TN	
	King, Hazel	daughter	8	TN	TN	TN	
197	Anderson, Arthur	head	51	VA	NC	NC	odd job laborer
	Anderson, Cora	wife	47	NC	NC	NC	
198	Greer, Fred Wiley	head	31	TN	TN	TN	farm manager
	Greer, Annis	wife	30	TN	TN	TN	
	Greer, Helen	daughter	11	TN	TN	TN	
	Greer, Virginia	daughter	10	TN	TN	TN	
	Greer, Gladys	daughter	8	TN	TN	TN	
	Greer, Earline	daughter	6	TN	TN	TN	
	Greer, Joseph	son	3	TN	TN	TN	
	Greer, Ida	daughter	0	TN	TN	TN	
	Dillon, Alice	boarder	17	TN	TN	TN	
	Madron, Ruth	boarder	18	TN	TN	TN	
199	Forrester, Luther	head	41	TN	TN	TN	mgr truck farm
	Forrester, Candie M.	wife	40	TN	TN	TN	
	Forrester, Elsie	daughter	18	TN	TN	TN	
	Forrester, Marvin	son	17	TN	TN	TN	
	Forrester, Howard	son	14	TN	TN	TN	
	Forrester, Ralph	son	13	TN	TN	TN	
	Forrester, Texie	daughter	11	TN	TN	TN	
	Forrester, Carrie	daughter	8	TN	TN	TN	
	Forrester, James	son	6	TN	TN	TN	
	Forrester, Hobert	son	4	TN	TN	TN	

Family #	Name	Relation	Age	I	F	M	Occupation
200	Johnson, Robert	head	75	TN	TN	TN	odd job laborer
	Johnson, Sarah	wife	65	TN	TN	TN	laundress at home
	Johnson, May	daughter	14	TN	TN	TN	
	Johnson, Paul	son	12	TN	TN	TN	
201	Dickens, Charlie	head	49	TN	NC	NC	farm laborer
	Dickens, Sallie	wife	52	TN	TN	TN	
	Dickens, Jennie	daughter	25	TN	TN	TN	
	Dickens, Elizabeth	daughter	18	VA	TN	TN	
202	Sluder, Hildred	head	40	NC	NC	NC	farm laborer
	Sluder, Sarah	wife	38	NC	NC	NC	
	Sluder, Arnie	son	19	NC	NC	NC	
	Sluder, Homer	son	17	NC	NC	NC	
	Sluder, Loyd	son	12	NC	NC	NC	
	Sluder, Sam	son	9	NC	NC	NC	
	Sluder, Maggie	daughter	7	NC	NC	NC	
	Sluder, Henry	son	3	NC	NC	NC	
	Sluder, James	son	0	NC	NC	NC	
203	Barry, Edward	head	61	TN	TN	TN	editor newspaper
	Barry, Nell	wife	25	TN	TN	NC	
	Barry, William	son	2	TN	TN	TN	
	Barry, W. C.	gr son	12	TN	TN	TN	
204	Dickson, Ellen Ward	head	33	TN	NC	TN	laundress at home
	Dickson, Virginia	daughter	15	TN	TN	TN	
	Dickson, Paul	son	6	TN	TN	TN	
	Dickson, Mary	daughter	4	TN	TN	TN	
	Dickson, Butler	son	2	TN	TN	TN	
	Ward, Franie	mother	72	TN	TN	TN	
205	Miller, Herbert	head	35	MS	MS	MS	freight agent rr
	Miller, Thelma	wife	32	NC	NC	NC	
	Miller, Thelma C.	daughter	7	NC	MS	NC	
206	Rambo, Justin	head	30	TN	TN	NC	bridge constrction
	Rambo, Willie Mack	wife	30	TN	VA	TN	
	Rambo, Virginia	daughter	7	TN	TN	TN	
	Rambo, Dorothy	daughter	4	TN	TN	TN	
	Rambo, Mary	daughter	3	TN	TN	TN	
	Rambo, Margaret	mother	55	NC	NC	NC	bookkeeper bank
	Neely, Flora	cook	22	TN	TN	TN	family cook
207	McElyea, Conley	head	34	TN	TN	TN	
	McElyea, Emma R.	wife	40	TN	TN	TN	
	McElyea, Charlie	son	13	TN	TN	TN	
	McElyea, Dessie	daughter	11	TN	TN	TN	
	McElyea, Georgie	daughter	9	TN	TN	TN	
	McElyea, Myrtle	daughter	8	TN	TN	TN	
	McElyea, Ortie	daughter	6	TN	TN	TN	
	McElyea, Mildred	daughter	4	TN	TN	TN	

Family #	Name	Relation	Age	I	F	M	Occupation
	McElyea, Barton	son	2	TN	TN	TN	
	Rash, Arlie	sisinlaw	35	TN	TN	TN	
208	Icenhour, Emmeline	head(wd)	63	NC	NC	NC	
	Icenhour, Nellie	daughter	23	TN	NC	NC	
	Icenhour, Hattie	daughter	32	NC	NC	NC	
	Icenhour, Ruth	daughter	26	NC	NC	NC	
	Icenhour, Ellen	gr dau	10	TN	NC	NC	
209	Johnson, Robert	head	75	TN	TN	TN	odd job laborer
	Johnson, Sarah	wife	65	TN	TN	TN	laundress at home
210	Allen, Charlie	head	63	TN	TN	TN	hotel manager
	Allen, Sallie	wife	54	VA	VA	VA	
	Allen, Mary	grmother	87	VA	VA	VA	
	Smith, Billy	boarder	18	TN	TN	TN	garage mechanic
	Ellis, Rachel	servant	16	NC	NC	NC	hotel cook
211	Loyd, Sarah	head(wd)	65	TN	TN	TN	hotel manager
	Branch, Billy	boarder	22	TN	TN	TN	high school coach
	Thomas, Gertrude	servant	22	NC	NC	NC	hotel seamstress
	Bailey, Bill	servant	44	TN	TN	TN	hotel cook
212	Horn, Andrew	head	54	TN	NC	NC	carpenter
	Horn, Margaret	wife	50	TN	TN	TN	
	Horn, Jady	son	24	TN	TN	TN	odd job laborer
	Horn, Lincoln	son	23	TN	TN	TN	odd job laborer
	Horn, Ida	daughter	21	TN	TN	TN	
	Horn, Eula	daughter	17	TN	TN	TN	
	Horn, Butler	son	15	TN	TN	TN	
	Horn, Maud	dauinlaw	27	TN	TN	TN	
	Horn, Willie Gray	gr dau	1	TN	TN	TN	
	Anderson, Samuel	boarder	53	TN	TN	TN	commerical hdw
	Anderson, Blanch	boarder	27	NC	NC	NC	public school tchr
	Bentley, Lester	boarder	27	TN	TN	TN	garage mechanic
213	Ward, Nathan Duke	head	35	NC	NC	NC	typesettr newspaper
	Ward, Sarah	wife	32	NC	NC	NC	
	Ward, Robt. Lee	son	14	NC	NC	NC	
	Ward, June	daughter	11	NC	NC	NC	
	Ward, Hazel	daughter	9	NC	NC	NC	
	Ward, Hill	son	7	NC	NC	NC	
	Ward, Dixie	daughter	6	NC	NC	NC	
	Ward, Sarah	daughter	1	TN	NC	NC	
214	Butler, Anna	head (wd)	81	TN	TN	TN	
	Powell, Marion	boarder	60	TN	TN	TN	dry goods salesman
	Arnold, Smith	boarder	43	TN	TN	TN	cmrcl trade dry gds
	Ballard, Charlie	boarder	40	MT	MT	MT	mgr filling station
	Lowe, Walter	boarder	37	TN	TN	TN	machinist
	Combs, John	boarder	39	NC	NC	NC	public school tchr
	Coffee, Bruce	boarder	45	KY	KY	MS	mgr water works

Family #	Name	Relation	Age	I	F	M	Occupation
	Foster, Roy	boarder	44	NC	NC	NC	manager saw mill
	Graybeal, Maud	boarder	38	NC	NC	NC	public school tchr
215	Shores, Lewis	head	50	NC	NC	NC	odd job laborer
	Shores, Mary	wife	39	TN	TN	TN	laundress at home
	Shores, Edell	daughter	15	TN	NC	TN	
	Preston, Thomas	boarder	43	NC	NC	NC	laborer state hwy
216	Reeves, George	head(wd)	58	NC	NC	NC	railroad watchman
	Reeves, Baxter	son	25	NC	NC	NC	coal miner
	Reeves, Victoria	daughter	22	NC	NC	NC	laundress at home
	Reeves, Daisy	daughter	20	NC	NC	NC	hotel servant
	Reeves, Doris	daughter	18	NC	NC	NC	
	Reeves, Florence	daughter	13	NC	NC	NC	
217	Brown, Claude	head	38	NC	NC	NC	farm laborer
	Brown, Florence	wife	36	TN	TN	TN	
218	Miller, Floyd	head	31	TN	NC	TN	county jailer
	Miller, Lottie	wife	32	TN	TN	NC	
	Miller, Josie	daughter	9	TN	TN	TN	
	Bogan, Dora	prisoner	15	TN	TN	TN	
	Pope, Thomas	prisoner	38	NC	NC	NC	
	Dickson, Roy	prisoner	37	TN	NC	NC	
	Blevins, Clyde	prisoner	31	TN	NC	TN	
	Wilson, William	prisoner	23	TN	TN	TN	

Here ends the enumeration of the town of Mountain City

Enumeration of 2nd District begins on next page.

Family #	Name	Relation	Age	I	F	M	Occupation
District Two							
1	Duffield, Henry C.	head	29	TN	TN	TN	truck farmer
	Duffield, Marie	wife	24	OH	OH	OH	
	Duffield, Henry C. Jr	son	0	TN	TN	OH	
2	Fenner, Alex	head	62	TN	TN	NC	truck farmer
	Fenner, Maggie	wife	48	TN	TN	TN	
	Fenner, Susan	daughter	25	TN	TN	TN	
	Fenner, Robert	son	22	TN	TN	TN	truck farm laborer
	Fenner, Eugene	son	19	TN	TN	TN	truck farm laborer
	Fenner, Arthur	son	18	TN	TN	TN	truck farm laborer
	Fenner, Hattie	daughter	17	TN	TN	TN	
3	Jenkins, Jacob	head	40	TN	TN	TN	truck farmer
	Jenkins, Sarah	mother	69	TN	TN	TN	
	Jenkins, Hattie	sister	42	TN	TN	TN	
4	Phillippi, Pearson	head	73	VA	VA	VA	truck farmer
	Phillippi, Alice	wife	71	TN	TN	TN	
5	Cuddy, Marie	head	48	TN	VA	TN	
	Cuddy, James	son	19	TN	TN	TN	state hwy laborer
6	Phillippi, Fred	head	30	TN	VA	TN	state hwy laborer
	Phillippi, Beula	wife	30	TN	TN	TN	
	Phillippi, Hazel	daughter	7	TN	TN	TN	
	Phillippi, Edwin	son	4	TN	TN	TN	
	Phillippi, Margaret	daughter	0	TN	TN	TN	
7	Patrick, Sallie	head	75	TN	VA	TN	truck farm manager
	Patrick, Maggie	daughter	27	TN	NC	TN	
8	Blankenbeckler, Robert	head	65	TN	VA	VA	truck farmer
	Blankenbeckler, Ollie	wife	60	TN	TN	TN	
	Blankenbeckler, Edgar	son	37	TN	TN	TN	truck farm laborer
	Blankenbeckler, Luther	son	26	TN	TN	TN	coal mine laborer
	Blankenbeckler, Handy	son	24	TN	TN	TN	coal mine laborer
	Blankenbeckler, Roy	son	22	TN	TN	TN	truck farm laborer
9	Glover, Jess E.	head	28	WV	WV	WV	silk mill laborer
	Glover, Fay	wife	18	TN	TN	TN	silk mill laborer
	Glover, Ernest	son	2	TN	WV	TN	
10	Gentry, General	head	70	TN	TN	TN	truck farmer
	Gentry, Bess	wife	40	TN	TN	TN	
	Gentry, Sherlock	son	12	TN	TN	TN	
11	Forrester, Andrew J.	head	65	TN	TN	TN	truck farmer
	Forrester, Lola	wife	49	TN	TN	TN	
	Forrester, Fay	daughter	19	TN	TN	TN	
	Forrester, John P.	son	17	TN	TN	TN	
	Forrester, Davis	son	10	TN	TN	TN	
12	Gentry, Martha	head	75	TN	TN	TN	truck farm manager
13	Russell, John	head	40	TN	TN	TN	railroad brakeman
	Russell, Rebecca	wife	25	TN	TN	TN	

Family #	Name	Relation	Age	I	F	M	Occupation
	Russell, Arthur	son	13	TN	TN	TN	
	Russell, Charlie	son	10	TN	TN	TN	
	Russell, Junior	son	7	TN	TN	TN	
	Russell, Lilly	daughter	4	TN	TN	TN	
	Russell, Samuel	son	2	TN	TN	TN	
	Russell, Jennie	mother(wd)	75	TN	TN	TN	
repeat 13	Robinson, Moore	head	49	TN	VA	TN	truck farmer
	Robinson, Ida	wife	46	TN	TN	TN	
	Robinson, Grace	daughter	20	TN	TN	TN	
	Robinson, Charles	son	18	TN	TN	TN	
	Robinson, Everett	son	5	TN	TN	TN	
14	Cornett, David E.	head	82	NC	NC	NC	truck farmer
	Cornett, Virginia	wife	62	TN	TN	TN	
	Osborne, Harold	gr son	9	WI	NC	NC	
15	Forrester, Josephine	head (wd)	50	TN	VA	TN	farmer
	Forrester, Ettie	daughter	22	TN	TN	TN	
	Forrester, Lester	son	17	TN	TN	TN	
	Forrester, Sallie	daughter	16	TN	TN	TN	
	Forrester, Willie	son	14	TN	TN	TN	
	Forrester, Carl	son	10	TN	TN	TN	
	Forrester, Henry	son	6	TN	TN	TN	
	Forrester, Paul	son	24	TN	TN	TN	
16	Blankenbeckler, Oscar	head	47	TN	VA	TN	farm laborer
	Blankenbeckler, Fannie	wife	46	TN	TN	TN	
	Blankenbeckler, Eugene	son	15	TN	TN	TN	
	Blankenbeckler, Dorothy	daughter	10	TN	TN	TN	
17	Gentry, Will	head	73	TN	TN	TN	truck farmer
	Gentry, Lola	wife	46	TN	TN	TN	
	Gentry, Viola	daughter	17	TN	TN	TN	
	Gentry, Willie	son	20	TN	TN	TN	coal mine laborer
repeat 17	Lewis, Willie	head	47	NC	NC	NC	farm laborer
	Lewis, Anna Bess	wife	42	TN	TN	TN	
	Lewis, Roy	son	15	NC	NC	TN	
	Lewis, Ruth	daughter	14	NC	NC	TN	
	Lewis, J. W.	son	10	NC	NC	TN	
	Lewis, Retta	daughter	12	NC	NC	TN	
	Lewis, Marie	daughter	8	NC	NC	TN	
	Lewis, Jasper	son	0	TN	NC	TN	
18	Gentry, Edward	head	44	TN	TN	TN	coal mine laborer
	Gentry, Cordia	wife	41	TN	TN	TN	
	Gentry, Conley	son	20	TN	TN	TN	furniture co laborer
	Gentry, Kyle	son	17	TN	TN	TN	furniture co laborer
	Gentry, Walter	son	14	TN	TN	TN	
	Gentry, Verna	daughter	12	TN	TN	TN	
	Gentry, Mamie	daughter	7	TN	TN	TN	

Family #	Name	Relation	Age	I	F	M	Occupation
	Gentry, Katie	daughter	4	TN	TN	TN	
19	Gentry, J.Wesley	head	64	TN	TN	TN	farmer
	Gentry, Minerva	wife	63	NC	NC	VA	
	Lewis, Rettie	gr dau	9	NC	NC	TN	
20	Jones, Robert	head	47	TN	TN	TN	farm laborer
	Jones, Bell	wife	44	TN	TN	TN	
	Jones, Will	son	18	TN	TN	TN	
	Jones, Paul	son	10	TN	TN	TN	
	Jones, Larry	son	7	TN	TN	TN	
	Jones, Nellie	daughter	3	TN	TN	TN	
	Jones, Harry	son	1	TN	TN	TN	
21	Maxwell, G.William	head	69	NC	NC	VA	farmer
	Maxwell, Lucinda	wife	69	TN	TN	VA	
22	Maxwell, Martitia	head	31	TN	TN	TN	
	Maxwell, Nievana	daughter	10	TN	TN	TN	
	Maxwell, Hanes	son	9	TN	TN	TN	
	Maxwell, Ralph	son	7	TN	TN	TN	
23	Maxwell, John	head	42	NC	NC	NC	state hwy laborer
	Maxwell, Bettie	wife	36	TN	NC	TN	
	Maxwell, Bess	daughter	19	TN	NC	TN	
	Maxwell, Vada	daughter	17	TN	NC	TN	
	Maxwell, Gladys	daughter	15	TN	NC	TN	
	Maxwell, Hazel	daughter	10	TN	NC	TN	
	Maxwell, Earl	son	9	TN	NC	TN	
	Maxwell, Ruth	daughter	6	TN	NC	TN	
	Maxwell, Louise	daughter	4	TN	NC	TN	
	Maxwell, Sandra	daughter	1	TN	NC	TN	
24	Johnson, James	head	50	TN	NC	TN	state hwy surveyor
	Johnson, Emma	wife	46	TN	TN	TN	
	Johnson, Walter	son	23	TN	TN	TN	truck farm laborer
	Johnson, Clarence	son	18	TN	TN	TN	
	Johnson, Bess	daughter	16	TN	TN	TN	
	Johnson, Hattie	daughter	14	TN	TN	TN	
	Johnson, James Jr.	son	10	TN	TN	TN	
	Johnson, Bonnie	daughter	7	TN	TN	TN	
25	Payne, Charlie	head	41	NC	NC	NC	state hwy laborer
	Payne, Della	wife	31	TN	TN	TN	
	Payne, Gurney	son	18	TN	NC	TN	farm laborer
	Payne, Dorothy	daughter	11	TN	NC	TN	
	Payne, Luther	son	9	TN	NC	TN	
	Payne, Vergie	daughter	7	TN	NC	TN	
	Payne, Worley	son	2	TN	NC	TN	
26	Cornett, Wade	head	35	TN	TN	TN	coal mine laborer
	Cornett, Lucy	wife	30	TN	TN	TN	
	Cornett, Cecile	daughter	4	TN	TN	TN	

Family #	Name	Relation	Age	I	F	M	Occupation
	Cornett, Harold	son	2	TN	TN	TN	
	Gentry, Elsie	niece	15	TN	TN	TN	
	Gentry, Hazel	niece	12	TN	TN	TN	
27	Gentry, Ethel	head (wd)	35	TN	TN	TN	boarding house cook
	Gentry, Coy	son	10	TN	TN	TN	
	Gentry, Ross	son	8	TN	TN	TN	
28	Gentry, Stacy	head	44	TN	TN	NC	farmer
	Gentry, Lizzie	wife	38	NC	NC	NC	
	Gentry, Roy	son	17	TN	TN	NC	
	Gentry, Boyd	son	15	TN	TN	NC	
	Gentry, Everett	son	11	TN	TN	NC	
	Gentry, Bruce	son	5	TN	TN	NC	
	Gentry, Carl	son	2	TN	TN	NC	
29	Robinson, B.Luther	head	24	TN	TN	TN	farm laborer
	Robinson, Delfina	wife	24	TN	TN	TN	
	Robinson, Lois	daughter	2	TN	TN	TN	
30	Duffield, Jacob	head	32	TN	TN	TN	dry goods salesman
	Duffield, Cassie	wife	32	NC	TN	NC	
	Duffield, Jacob Jr.	son	3	TN	TN	NC	
31	Jenkins, Ransome	head	77	TN	TN	TN	cnty regstr of deeds
	Jenkins, Phoebe	wife	70	NC	NC	NC	
	Jenkins, George	son	27	TN	TN	NC	public school tchr
	Jenkins, Paris	son	22	TN	TN	NC	furniture salesman
32	Arnold, Grant	head	62	TN	TN	TN	truck farmer
	Arnold, Nancy Ellen	wife	59	TN	VA	TN	
	Arnold, Mamie	daughter	27	TN	TN	TN	
	Arnold, Tommy	son	18	TN	TN	TN	
33	Arnold, Theodore	head	29	TN	TN	TN	state hwy laborer
	Arnold, Gertrude	wife	17	TN	TN	TN	
	Arnold, Theodore Jr.	son	0	TN	TN	TN	
34	Phillips, Joe	head	53	TN	TN	TN	farm laborer
	Phillips, Mattie	wife	62	TN	TN	TN	
	Phillips, Robert	son	18	TN	TN	TN	state hwy laborer
35	Wilson, Clinton	head	43	TN	TN	TN	farm laborer
	Wilson, Georgia	wife	35	TN	TN	TN	
	Wilson, Julia	daughter	14	TN	TN	TN	
	Wilson, Fred	son	11	TN	TN	TN	
	Wilson, Mary	daughter	9	TN	TN	TN	
	Wilson, May	daughter	7	TN	TN	TN	
	Wilson, Bonnie	daughter	5	TN	TN	TN	
	Wilson, Polly	daughter	1	TN	TN	TN	
36	Wilson, Sarah	head	47	TN	TN	TN	hotel laundress
	Wilson, Hattie	daughter	25	TN	TN	TN	private fmly sevant
	Wilson, Mattie	daughter	18	TN	TN	TN	private fmly servant
	Wilson, Virginia	daughter	16	TN	TN	TN	

Family #	Name	Relation	Age	I	F	M	Occupation
	Wilson, Hezekiah	son	15	TN	TN	TN	
	Wilson, Rose	daughter	12	TN	TN	TN	
37	Wilson, Nancy	head	51	TN	TN	TN	hotel waitress
	Wilson, Joe	son	19	TN	TN	TN	coal mine laborer
38	McQueen, Willie	head	22	TN	TN	TN	coal mine laborer
	McQueen, Willine	wife	22	TN	TN	TN	
	McQueen, Kathleen	daughter	3	TN	TN	TN	
	McQueen, Lee Roy	son	0	TN	TN	TN	
39	Wilson, Georgia	head	42	VA	VA	VA	private fmly servant
	Wilson, Sam	son	22	TN	TN	VA	state hwy laborer
40	Pennington, Emmitt	head	35	TN	TN	TN	farm laborer
	Pennington, Callie	wife	35	TN	TN	TN	
	Pennington, Willie	son	13	TN	TN	TN	
	Pennington, Butler	son	11	TN	TN	TN	
	Pennington, Ray	son	10	TN	TN	TN	
	Pennington, Jow	son	8	TN	TN	TN	
41	Thomas, Tice	head	45	NC	NC	VA	farm laborer
	Thomas, Emma	wife	45	NC	VA	NC	
	Thomas, Jennie	daughter	23	NC	NC	NC	
	Thomas, Eugene	son	20	NC	NC	NC	farm laborer
	Thomas, Frank	son	18	NC	NC	NC	farm laborer
	Thomas, Florence	daughter	16	NC	NC	NC	
	Thomas, Raymond	son	13	NC	NC	NC	
	Thomas, William Jr	son	9	NC	NC	NC	
	Thomas, Edith	daughter	6	NC	NC	NC	
	Thomas, A. C.	son	3	NC	NC	NC	
42	Norris, Roby	head	35	NC	NC	NC	farm laborer
	Norris, Pearl	wife	30	NC	NC	NC	
	Norris, Fielding	son	12	NC	NC	NC	
	Norris, Joe	son	10	NC	NC	NC	
43	Short, J. B.	head	47	NC	SC	NC	farm laborer
	Short, Martha	wife	50	NC	NC	NC	private fmly servant
	Short, Ronder	son	19	TN	NC	NC	state hwy laborer
	Short, Lula	daughter	18	NC	NC	NC	
	Short, James	son	14	TN	NC	NC	
	Short, Martitia	daughter	6	TN	NC	NC	
	Short, Walter	daughter	4	TN	NC	NC	
44	Dunn, Joseph	head	50	TN	TN	TN	farm laborer
	Dunn, Callie	wife	42	TN	TN	TN	
	Dunn, Blaine	son	20	TN	TN	TN	farm laborer
	Dunn, May	daughter	9	TN	TN	TN	
	Dunn, Virginia	daughter	3	TN	TN	TN	
45	Cress, Eliza	head (wd)	65	TN	TN	TN	truck farmer
46	Cress, Stanley	head (wd)	45	TN	TN	TN	saw mill laborer
	Cress, Lamon	son	18	TN	TN	TN	saw mill laborer

Family #	Name	Relation	Age	I	F	M	Occupation
	Cress, Clyde	son	17	TN	TN	TN	saw mill laborer
	Cress, Azel	son	14	TN	TN	TN	saw mill laborer
	Cress, Stanley T. Jr	son	10	TN	TN	TN	
	Cress, Ella Mae	daughter	9	TN	TN	TN	
	Cress, Henry	son	5	TN	TN	TN	
	Cress, George	son	4	TN	TN	TN	
	Cress, Mary Alice	daughter	3	TN	TN	TN	
47	Lefler, Oscar	head	26	TN	TN	NC	table factory laborer
	Lefler, Myrtle	wife	22	NC	TN	TN	
	Lefler, James O. Jr.	son	2	TN	TN	NC	
48	Farmer, Will	head	39	TN	TN	TN	coal mine laborer
	Farmer, Vergie	wife	32	VA	VA	VA	
	Farmer, Paul	son	13	WV	TN	VA	
	Farmer, Gladys	daughter	12	WV	TN	VA	
	Farmer, Verna Lee	daughter	10	WV	TN	VA	
	Farmer, Anna Mae	daughter	8	VA	TN	VA	
	Farmer, Clarence	son	6	VA	TN	VA	
	Farmer, Will Jr.	son	6	VA	TN	VA	
	Farmer, Beatrice	daughter	4	VA	TN	VA	
49	Farmer, Smith	head	58	TN	TN	TN	farmer
	Farmer, Laura	wife	52	TN	TN	TN	
	Farmer, Fay	daughter	17	TN	TN	TN	
50	Hensley, J. T.	head	36	NC	NC	NC	log camp laborer
	Hensley, Ida	wife	25	TN	TN	TN	
	Hensley, Helen	daughter	6	TN	NC	TN	
	Hensley, Eugene	son	5	TN	NC	TN	
	Hensley, Hassie	son	3	TN	NC	TN	
51	Brooks, Walter	head	36	VA	VA	VA	log camp laborer
	Brooks, Etta	wife	29	TN	TN	TN	
	Brooks, Chester	son	13	TN	VA	TN	
	Brooks, Bessie	daughter	10	TN	VA	TN	
	Brooks, Chelsie	daughter	9	TN	VA	TN	
	Brooks, Mabel	daughter	6	TN	VA	TN	
	Brooks, Opal	daughter	2	TN	VA	TN	
	Brooks, Celia	daughter	0	TN	VA	TN	
52	Osborne, Henson	head	59	NC	NC	NC	coal mine fireman
	Osborne, Inez	wife	52	TN	TN	TN	
	Osborne, Berl	son	26	TN	NC	TN	farm laborer
	Osborne, Earl	son	20	TN	NC	TN	farm laborer
	Osborne, Ossie Grace	daughter	18	TN	NC	TN	
	Osborne, Shelton	son	16	TN	NC	TN	
	Osborne, D. D.	son	13	TN	NC	TN	
53	Payne, Mack	head	35	NC	NC	NC	table factory laborer
	Payne, Bertie	wife	27	TN	NC	TN	
	Payne, Norine	daughter	4	TN	NC	TN	

Family #	Name	Relation	Age	I	F	M	Occupation
54	Phillippi, Roy	head	41	TN	TN	TN	farmer
	Phillippi, May	wife	38	WV	TN	WV	
	Phillippi, Lena	daughter	18	TN	TN	WV	
	Phillippi, Clarence	son	16	TN	TN	WV	
	Phillippi, Hazel	daughter	13	TN	TN	WV	
	Phillippi, Edith	daughter	11	TN	TN	WV	
	Phillippi, Francis	daughter	8	TN	TN	WV	
	Phillippi, Irene	daughter	5	TN	TN	WV	
	Phillippi, Mary	daughter	3	TN	TN	WV	
	Phillippi, Della R.	daughter	0	TN	TN	WV	
55	Phillippi, Roddie	head	35	TN	VA	TN	farmer
	Phillippi, Lettie	wife	35	TN	TN	TN	
	Phillippi, Justin	son	15	TN	TN	TN	
	Phillippi, Denver	son	13	TN	TN	TN	
	Phillippi, Dale	son	11	TN	TN	TN	
	Phillippi, EphrianJr	son	9	TN	TN	TN	
	Phillippi, Jimmy	son	7	TN	TN	TN	
	Phillippi, Ray	son	5	TN	TN	TN	
	Phillippi, Mabel	daughter	1	TN	TN	TN	
	Phillippi, Ephrian	father (wd)	79	VA	VA	VA	
56	Phillippi, John	head	54	TN	TN	TN	railroad engineer
	Phillippi, Nora	wife	49	TN	TN	TN	
	Phillippi, Raymond	son	28	TN	TN	TN	public school tchr
	Phillippi, Lon	son	26	TN	TN	TN	fireman
	Phillippi, Hassie	daughter	23	TN	TN	TN	public school tchr
	Phillippi, Henry	son	22	TN	TN	TN	farmer
	Phillippi, Elmer	son	18	TN	TN	TN	truck laborer
	Phillippi, Bess	daughter	17	TN	TN	TN	
	Phillippi, Carl	son	14	TN	TN	TN	
57	Snyder, Riley	head	48	NC	NC	NC	farmer
	Snyder, Edith	wife	46	WA	MO	MN	
	Snyder, Howard	son	21	OR	NC	WA	auto mechanic
58	Phillippi, Edward	head	41	TN	TN	TN	state hwy foreman
	Phillippi, Nova	wife	31	TN	NC	TN	
	Phillippi, Nola	daughter	19	TN	TN	TN	
	Phillippi, EttieMarie	daughter	17	TN	TN	TN	
	Phillippi, Maude	daughter	14	TN	TN	TN	
	Phillippi, Gervin	son	10	TN	TN	TN	
	Phillippi, William	son	7	TN	TN	TN	
	Phillippi, Jimmy	son	5	TN	TN	TN	
59	Phillippi, Steve	head	77	TN	VA	VA	
	Phillippi, Margaret	wife	75	TN	TN	TN	
60	Shupe, Martha	head (wd)	53	TN	TN	TN	farmer
	Shupe, Hattie	daughter	24	TN	TN	TN	public school tchr
	Shupe, Wade	son	21	TN	TN	TN	truck farm laborer

Family #	Name	Relation	Age	I	F	M	Occupation
	Shupe, Dearl	son	19	TN	TN	TN	furniture co laborer
	Shupe, Francis	son	16	TN	TN	TN	
	Shupe, Louise	daughter	8	TN	TN	TN	
61	Phillippi, Albert	head	56	TN	VA	VA	farmer
	Phillippi, Retta	wife	55	TN	TN	TN	
62	Fenner, James	head	30	TN	TN	TN	railroad brakeman
	Fenner, Fannie	wife	31	TN	TN	TN	
	Fenner, Spencer	son	12	TN	TN	TN	
	Fenner, Golda	daughter	7	TN	TN	TN	
	Fenner, Gail	son	4	TN	TN	TN	
63	Cress, Luther	head	29	TN	TN	VA	farm laborer
	Cress, Bess	wife	24	TN	TN	TN	
64	Cress, John H.	head	58	TN	TN	TN	farmer
	Cress, Deborah	wife	53	TN	TN	VA	
	Cress, Morris	son	21	TN	TN	TN	farm laborer
	Cress, Wilmer	son	19	TN	TN	TN	
	Cress, Dudley	son	17	TN	TN	TN	
	Cress, Anna Bess	daughter	15	TN	TN	TN	
65	Cress, Claude	head	24	TN	TN	TN	farm laborer
	Cress, Grace	wife	22	TN	TN	VA	
	Cress, Claude Jr.	son	2	TN	TN	TN	
	Cress, Helen	daughter	1	TN	TN	TN	
	Cress, Joe	uncle	51	TN	TN	VA	farm laborer
66	Blankenbeckler, Jam	es head(wd)	68	TN	VA	VA	farmer
	Blankenbeckler, Mar	garet dau	44	TN	TN	TN	
67	Swift, George	head	42	NC	NC	NC	county dpty sheriff
	Swift, Etta	wife	38	NC	NC	NC	
68	Caudill, Willard	head	45	NC	NC	TN	farm laborer
	Caudill, Blanche	wife	46	TN	TN	TN	
	Caudill, Bulah	daughter	23	TN	NC	TN	
	Caudill, Walter	son	19	TN	NC	TN	lumber yd laborer
	Caudill, Edna	daughter	16	TN	NC	TN	
	Caudill, Edgar	son	9	TN	NC	TN	
69	Wills, James	head	79	TN	TN	VA	
	Wills, Rachel	wife	75	TN	TN	TN	
	Gentry, Leigh	gr dau	18	TN	TN	TN	
	Gentry, Shelton	gr son	13	TN	TN	TN	
70	Rankins, Wm. J.	head	61	TN	TN	TN	farm laborer
	Rankins, Etta	wife	60	TN	TN	TN	
	Rankins, Fred	son	19	TN	TN	TN	
	Rankins, Dora	daughter	17	TN	TN	TN	
	Vance, Robert	boarder	59	TN	TN	TN	black smith
repeat 70	Slemp, Sallie	head (wd)	63	TN	TN	TN	farmer
	Slemp, Lucy	daughter	24	TN	TN	TN	
71	Robinson, James Bert	head	39	TN	TN	TN	farmer

Family #	Name	Relation	Age	I	F	M	Occupation
	Robinson, Artie	wife	40	TN	TN	TN	
	Robinson, Dorothy	daughter	20	TN	TN	TN	
	Robinson, Verna	daughter	18	TN	TN	TN	
	Robinson, Iva	daughter	12	TN	TN	TN	
	Robinson, J.B.Jr.	son	10	TN	TN	TN	
72	Howard, Charlie G.	head	51	TN	TN	TN	farmer
	Howard, Sarah	wife	48	TN	TN	TN	
	Howard, Anna	daughter	21	TN	TN	TN	
	Howard, Bruce	son	14	TN	TN	TN	
	Howard, Wade	son	11	TN	TN	TN	
73	Hines, Wm. Lide	head	31	VA	VA	NC	farmer
	Hines, Edna	wife	26	TN	VA	TN	
	Hines, Nancy Alice	daughter	2	TN	VA	TN	
	Hines, Emma Jean	daughter	1	TN	VA	TN	
	Robinson, Adna	mthinlaw	72	TN	TN	TN	
74	Robinson, David	head	47	TN	VA	TN	farmer
	Robinson, Vada	wife	37	NC	NC	TN	
	Robinson, Ralph	son	15	TN	TN	NC	
	Robinson, Fay	daughter	14	TN	TN	NC	
	Robinson, Uva	daughter	13	TN	TN	NC	
	Robinson, David Jr.	son	11	TN	TN	NC	
	Robinson, Vaughn	son	4	TN	TN	NC	
75	Wills, Eva	head (wd)	58	TN	TN	TN	farmer
	Wills, Earl	son	22	TN	TN	TN	farm laborer
76	Wills, Clyde	head	35	TN	TN	TN	lumber mill laborer
	Wills, Blanche	wife	24	TN	TN	TN	
	Wills, Pearl	daughter	11	TN	TN	TN	
	Wills, Etta Mae	daughter	4	TN	TN	TN	
	Wills, Robert	son	3	TN	TN	TN	
	Wills, Mary	daughter	1	TN	TN	TN	
77	Goodwin, J.Lawson	head	50	TN	TN	TN	farmer
	Goodwin, Ethel	wife	41	TN	TN	TN	
	Goodwin, Lucia	daughter	20	TN	TN	TN	
	Goodwin, John	son	17	TN	TN	TN	
	Goodwin, James	son	16	TN	TN	TN	
	Goodwin, Bradley	son	13	TN	TN	TN	
	Goodwin, Mary	daughter	8	TN	TN	TN	
	Goodwin, Paul	son	0	TN	TN	TN	
78	Arnold, James	head	66	TN	VA	VA	farm laborer
	Arnold, Anna Bell	wife	56	TN	TN	TN	
	Arnold, Frank	son	24	TN	TN	TN	
	Arnold, Ruby	daughter	20	TN	TN	VA	
	Arnold, Juanita	daughter	15	TN	TN	VA	
79	Parsons, McKinley	head	36	NC	TN	NC	hdw store salesman
	Parsons, Vinnie	wife	34	TN	NC	TN	

Family #	Name	Relation	Age	I	F	M	Occupation
	Williams, Katie	step dau	14	TN	NC	TN	
	Williams, Claude	step son	12	TN	NC	TN	
	Parsons, Jimmy	son	5	TN	NC	TN	
	Parsons, Ruth	daughter	4	TN	NC	TN	
	Parsons, Earnest	son	15	TN	NC	TN	
	Parsons, Earl	son	11	TN	NC	TN	
80	Thomas, Harriett	head (wd)	68	TN	NC	TN	farmer
	Thomas, Charlie	son	32	NC	NC	TN	farm laborer
	Thomas, Kate	dau in law	23	TN	TN	TN	farm laborer
	Thomas, Alta	gr dau	0	NC	TN	TN	
81	Shupe, Charles O.	head	47	TN	TN	TN	flour mill miller
	Shupe, Ethel	wife	42	TN	TN	TN	
	Shupe, Flora	daughter	20	TN	TN	TN	
	Shupe, Aubry	son	17	TN	TN	TN	
	Shupe, Kenneth	son	16	TN	TN	Tn	
	Shupe, Doran	son	14	TN	TN	TN	
	Shupe, Pauline	daughter	11	TN	TN	TN	
	Shupe, Opal	daughter	6	TN	TN	TN	
	Shupe, Jean	daughter	4	TN	TN	TN	
	Shupe, Vivian	daughter	2	TN	TN	TN	
	Shupe, Dwight	son	9	TN	TN	TN	
82	Gentry, Robert	head	74	TN	TN	TN	farmer
	Gentry, Mary	wife	67	TN	TN	TN	
83	Wilson, Hobart	head	33	TN	TN	TN	retail groc salesman
	Wilson, Iva	wife	31	TN	TN	TN	retail groc saleslady
84	Phillippi, Robert	head	48	TN	TN	TN	railroad brakeman
	Phillippi, Katherine	wife	43	TN	TN	TN	
	Phillippi, Emory	son	23	TN	TN	TN	retail hdw salesman
	Phillippi, Ruby	daughter	25	TN	TN	TN	
	Phillippi, Jessie	son	21	TN	TN	TN	farm laborer
	Phillippi, Orville	son	16	TN	TN	TN	
	Phillippi, Delmas	son	12	TN	TN	TN	
85	Musgrave, Charles R.	head	45	TN	TN	TN	farmer
	Musgrave, Cordie	wife	43	TN	TN	TN	
	Musgrave, Samuel	son	24	TN	TN	TN	retail groc salesman
	Musgrave, Marie	daughter	19	TN	TN	TN	
86	Shupe, Edgar	head	20	TN	TN	TN	coal mine laborer
	Shupe, Clarence	brother	18	TN	TN	TN	farm laborer
	Shupe, Bessie	sister	16	TN	TN	TN	
	Shupe, Ray	brother	15	TN	TN	TN	
87	Johnson, Edward	head	45	TN	TN	NC	mail carrier
	Johnson, Maude	wife	44	TN	TN	TN	
	Johnson, Martin	son	17	TN	TN	TN	
	Johnson, Rebecca	daughter	15	TN	TN	TN	
	Johnson, Madge	daughter	14	TN	TN	TN	

Family #	Name	Relation	Age	I	F	M	Occupation
88	Arnold, Samuel	head	35	TN	TN	TN	farm laborer
	Arnold, Blanche	wife	34	TN	TN	TN	private fmly servant
	Arnold, Claude	son	10	TN	TN	TN	
	Arnold, Jimmy	son	8	TN	TN	TN	
	Arnold, Joseph	son	6	TN	TN	TN	
	Arnold, Billy	son	4	TN	TN	TN	
	Arnold, Mable	daughter	1	TN	TN	TN	
89	Nave, John	head	33	TN	TN	NC	farmer
	Nave, Sarah Elizabeth	wife	28	TN	TN	TN	
90	Johnson, William	head	33	TN	TN	NC	public school tchr
	Johnson, Hazel	wife	22	NC	NC	NC	
	Johnson, Mary Jane	daughter	2	TN	TN	NC	
91	Gentry, Ottis	head	24	TN	TN	TN	barber
	Gentry, Pauline	wife	21	TN	TN	NC	
92	Cress, Emma	head (wd)	60	TN	TN	TN	farmer
	Cress, Eugene	son	38	TN	TN	TN	carpenter
	Cress, Lucy	daughter	30	TN	TN	TN	
	Cress, Worley	son	28	TN	TN	TN	lumber mill laborer
	Cress, Nora Lee	daughter	22	TN	TN	TN	public school tchr
	Cress, Claude	son	18	TN	TN	TN	
	Cress, Charlie	son	16	TN	TN	TN	
93	Brown, Robert	head	40	TN	NC	TN	marble sculptor
	Brown, Hattie	wife	35	TN	TN	TN	
	Brown, Virginia	daughter	16	TN	TN	TN	
	Brown, Englina	daughter	9	TN	TN	TN	
	Brown, Earl	son	7	TN	TN	TN	
94	Adams, Emma	head (wd)	69	TN	TN	TN	farmer
95	Fenner, Robert	head	62	TN	TN	TN	farm laborer
	Fenner, Ollie	wife	56	TN	TN	TN	
96	Parker, Wilber	head	58	NC	NC	NC	retail groc salesman
	Parker, Jane	wife	59	TN	TN	TN	
	Parker, Grace	daughter	10	NC	NC	TN	
	Martin, Theda	gr dau	4	NC	NC	NC	
97	Parsons, Landon	head	53	NC	NC	TN	farmer
	Parsons, Lilly	wife	40	NC	NC	NC	
	Parsons, Bert	son	20	TN	NC	NC	farm laborer
	Parsons, Mina	daughter	18	TN	NC	NC	
	Parsons, George	son	16	TN	NC	NC	
	Parsons, Edith	daughter	15	TN	NC	NC	
	Parsons, Anna Mae	daughter	11	TN	NC	NC	
98	Nichols, Conley	head	26	NC	NC	NC	stare hwy laborer
	Nichols, Hettie	wife	21	TN	TN	TN	
	Nichols, Edward	son	4	MD	NC	TN	
99	Fenner, Lem	head	47	TN	TN	TN	farmer
	Fenner, Julia	wife	36	TN	TN	TN	

Family #	Name	Relation	Age	I	F	M	Occupation
	Fenner, Henry	son	19	TN	TN	TN	
	Fenner, Gurney	son	16	TN	TN	TN	
	Fenner, Charlie	son	13	TN	TN	TN	
	Fenner, Tiny	daughter	11	TN	TN	TN	
	Fenner, Daris	son	7	TN	TN	TN	
	Fenner, Fred	son	4	TN	TN	TN	
	Fenner, Nellie	daughter	0	TN	TN	TN	
100	Fenner, William	head (wd)	69	TN	TN	TN	farmer
	Fenner, Ruth	gr dau	14	TN	TN	TN	
101	Absher, Edward	head	22	TN	TN	TN	furniture fct laborer
	Absher, Etta	wife	27	TN	TN	TN	
102	Henson, David	head (wd)	70	TN	TN	TN	farmer
	Trivette, Russell	roomer	26	TN	TN	TN	furniture fct laborer
	Trivette, Estie	roomer	20	TN	TN	TN	
103	Wilson, Richard	head	54	TN	TN	TN	farmer
	Wilson, Sarah	wife	47	TN	TN	TN	
	Wilson, R.Clyde	son	22	TN	TN	TN	
	Wilson, Robert W.	son	20	TN	TN	TN	
	Wilson, Jessie V.	daughter	18	TN	TN	TN	
104	Wilson, LuTitia	head (wd)	79	TN	NC	TN	farmer
	Wilson, Virginia	daughter	42	TN	TN	TN	
105	Wilson, Shelton	head (wd)	31	TN	TN	TN	farmer
	Wilson, Robert J.	son	4	TN	TN	TN	
106	Smith, Peter	head	32	TN	TN	TN	farm laborer
	Smith, Pearl	sister	30	TN	TN	TN	
	Hall, Bell	roomer	28	TN	TN	TN	
107	Henson, Roy	head	38	TN	TN	TN	farm laborer
	Henson, Susie	wife	36	TN	TN	TN	
	Henson, Polly	daughter	16	TN	TN	TN	
	Henson, Robert	son	14	TN	TN	TN	
	Henson, Fay	daughter	12	TN	TN	TN	
	Henson, Roy Jr.	son	7	TN	TN	TN	
108	Cuddy, Pearl	head	35	TN	TN	TN	home laundress
	Cuddy, Kathleen	daughter	16	TN	TN	TN	
	Cuddy, Clarence	son	11	TN	TN	TN	
	Cuddy, Fay	daughter	8	TN	TN	TN	
	Cuddy, Joseph C.	son	4	TN	TN	TN	
	Cuddy, Bessie	sister	20	TN	TN	TN	home laundress
109	Heck, Wiley	head	60	TN	TN	NC	farmer
	Heck, Sarah	wife	60	TN	TN	VA	
	Heck, George	son	21	TN	TN	TN	farm laborer
	Heck, Wade	son	18	TN	TN	TN	farm laborer
110	Canter, Bruce	head	37	TN	TN	TN	state hwy laborer
	Canter, Maggie	wife	30	TN	TN	TN	
111	Wilson, Coy	head	36	NC	NC	NC	farm laborer

Family #	Name	Relation	Age	I	F	M	Occupation
	Wilson, Lizzie	wife	35	TN	NC	TN	
	Wilson, Harold	son	8	TN	NC	TN	
	Wilson, Wilta	daughter	6	TN	NC	TN	
	Wilson, Helen	daughter	4	TN	NC	TN	
	Wilson, George	son	0	TN	NC	TN	
112	Anderson, Milton	head	38	TN	NC	NC	state hwy laborer
	Anderson, Maggie	wife	34	TN	NC	NC	
	Anderson, Gladys	daughter	16	TN	TN	TN	
	Anderson, Bruce	son	13	TN	TN	TN	
	Anderson, Denver	son	12	TN	TN	TN	
	Anderson, Clarence	son	10	TN	TN	TN	
	Anderson, Fred	son	8	TN	TN	TN	
	Anderson, Raymond	son	6	TN	TN	TN	
	Anderson, Mary Liz	daughter	2	TN	TN	TN	
	Anderson, Pauline	daughter	0	TN	TN	TN	
113	Mast, Tice	head	22	TN	TN	TN	farm laborer
	Mast, Ruth	wife	20	TN	TN	TN	
114	Canter, Charlie	head	39	TN	TN	TN	state hwy foreman
	Canter, Inez	wife	41	NC	NC	NC	
	Canter, Elsyn	daughter	14	TN	TN	NC	
	Canter, Mark	son	11	TN	TN	NC	
	Canter, Cora	daughter	9	TN	TN	NC	
	Canter, Ray	son	5	TN	TN	NC	
	Canter, May	daughter	5	TN	TN	NC	
	Canter, Doran	son	1	TN	TN	NC	
	Canter, Dora	daughter	1	TN	TN	NC	
115	Treadway, John	head	73	NC	NC	NC	farmer
	Treadway, Sallie	wife	64	NC	NC	NC	
116	Wagner, Laura	head (wd)	68	NC	NC	NC	home laundress
117	McQueen, Anna	head	27	TN	TN	TN	home laundress
	McQueen, Gurnia	son	11	TN	TN	TN	
	McQueen, Virgil	son	8	TN	TN	TN	
118	Greer, John Isaac	head	54	NC	NC	NC	farmer
	Greer, Sinda	wife	53	NC	NC	NC	farm laborer
	Greer, Garfield	son	31	TN	NC	NC	state hwy laborer
	Greer, Delmus	son	26	TN	NC	NC	
	Greer, Roosevelt	son	18	TN	NC	NC	state hwy laborer
	Greer, Clyde	son	17	TN	NC	NC	
	Greer, Harley	son	16	TN	NC	NC	
	Greer, Bulah	daughter	12	TN	NC	NC	
	Greer, Buster	son	9	TN	NC	NC	
119	Osborne, William H.	head	74	NC	NC	NC	farmer
	Osborne, Alice	wife	68	NC	NC	NC	
120	Dotson, Albert	head	73	TN	TN	TN	merchant
	Dotson, Mollie	wife	66	TN	TN	TN	

Family #	Name	Relation	Age	I	F	M	Occupation
	Dotson, Verna	daughter	35	TN	TN	TN	
121	Chappell, Joseph	head	56	TN	NC	TN	farm laborer
	Chappell, Nellie	wife	50	TN	TN	TN	
122	Seehorn, Reece W.	head	79	NC	NC	NC	farmer
	Seehorn, Maggie	wife	63	TN	TN	TN	
	Chappell, Paul	gr son	15	TN	TN	TN	
123	Seehorn, John	head	44	TN	NC	NC	dry goods salesman
	Seehorn, Janie	wife	41	TN	TN	TN	
	Seehorn, Reed	son	21	TN	TN	TN	farm laborer
	Seehorn, Loyd	son	18	TN	TN	TN	farm laborer
	Seehorn, R. W.	son	16	TN	TN	TN	
	Seehorn, Mary	daughter	10	TN	TN	TN	
	Seehorn, Johnnie	son	6	TN	TN	TN	
124	Smith, Kite	head	39	TN	TN	TN	farmer
	Smith, Cordie	wife	30	NC	NC	NC	
	Smith, Maggie	daughter	17	TN	TN	NC	
	Smith, Grace	daughter	16	TN	TN	NC	
	Smith, Dayton	son	14	TN	TN	NC	
	Smith, Lillard	son	12	TN	TN	NC	
	Smith, Eva	daughter	10	TN	TN	NC	
	Smith, Carylise	daughter	6	TN	TN	NC	
	Smith, Benjamin	son	2	TN	TN	NC	
125	Moretz, Smith	head	59	NC	NC	NC	farmer
	Moretz, Nancy	wife	57	NC	NC	NC	
	Moretz, Albert	son	19	TN	NC	NC	state hwy laborer
	Moretz, Lona	daughter	21	TN	NC	NC	private fmly servant
	Moretz, Ella	daughter	25	VA	NC	NC	
	Moretz, Henry	son	27	VA	NC	NC	lumber yd laborer
	Moretz, Byron	son	30	VA	NC	NC	lumber yd laborer
	Moretz, Schuford	son	33	NC	NC	NC	
	Moretz, Retta	daughter	35	NC	NC	NC	home laundress
	Moretz, Floyd	son	37	NC	NC	NC	farm laborer
	Icenhour, Haskell	nephew	13	TN	TN	TN	
126	Anderson, L. K.	head	63	NC	NC	NC	farmer
	Anderson, Malinda	wife	63	NC	NC	NC	
	Smith, Lou	roomer	42	NC	NC	NC	home laundress
127	McQueen, Mack	head	54	TN	TN	TN	farmer
	McQueen, Emma	wife	50	TN	TN	TN	
	McQueen, Roy	son	20	TN	TN	TN	state hwy laborer
	McQueen, Mary Mac	daughter	14	TN	TN	TN	
128	Chappell, Wm.Tolbert	head	51	TN	TN	TN	farmer
	Chappell, Lizzie	wife	53	NC	NC	NC	
	Chappell, Elsie Mae	daughter	24	TN	TN	NC	public school tchr
	Chappell, Oscar	son	21	TN	TN	NC	
	Chappell, Adeline	daughter	19	TN	TN	NC	

Family #	Name	Relation	Age	I	F	M	Occupation
	Chappell, Kathleen	daughter	12	TN	TN	NC	
129	Nave, Richard L.	head	59	TN	TN	TN	farmer
	Nave, Nora Evelyn	wife	52	TN	NC	TN	
	Nave, Maude	daughter	30	TN	TN	TN	public school tchr
	Nave, May	daughter	25	TN	TN	TN	public school tchr
	Nave, Eula	daughter	23	TN	TN	TN	public school tchr
	Nave, Stephanie	daughter	12	TN	TN	TN	
130	Reece, Thadis J.	head	62	TN	TN	TN	farm laborer
	Reece, Elizabeth	wife	48	TN	TN	TN	
	Reece, Robin	son	16	TN	TN	TN	
	Reece, Wendy	daughter	14	TN	TN	TN	
	Reece, Daniel	son	13	TN	TN	TN	
	Reece, Arley	son	9	TN	TN	TN	
	Reece, Bruce	son	7	TN	TN	TN	
131	Bright, Samuel	head	32	TN	TN	TN	farm laborer
	Bright, Bula	wife	23	TN	TN	TN	private fmly servant
	Bright, Elizabeth	daughter	7	TN	TN	TN	
	Bright, Willard	son	4	TN	TN	TN	
	Bright, Carl	son	2	TN	TN	TN	
	Michels, Celine	niece	11	TN	TN	TN	
132	Norris, Joe	head	29	TN	TN	TN	farm laborer
	Norris, Ida	wife	25	TN	TN	NC	
	Norris, Josephine	daughter	6	TN	TN	TN	
	Norris, Elizabeth	daughter	4	TN	TN	TN	
	Norris, Carrilea	daughter	3	TN	TN	TN	
	Norris, Kathleen	daughter	1	TN	TN	TN	
133	Phillippi, Jennie	head (wd)	56	TN	TN	TN	home laundress
	Phillippi, Rose	daughter	19	TN	TN	TN	private fmly servant
	Phillippi, Thomas	son	17	TN	TN	TN	farm laborer
	Phillippi, Maxey	daughter	10	TN	TN	TN	
134	Potter, John W.	head	57	TN	NC	TN	mail carrier
	Potter, Texie	wife	56	TN	TN	TN	
	Potter, Edward	son	29	TN	TN	TN	farmer
	Potter, Esteen	daughter	26	TN	TN	TN	
135	Norris, Walter	head	56	TN	TN	TN	farmer
	Norris, Rosa	wife	48	TN	TN	TN	private fmly servant
	Norris, Willard	son	11	TN	TN	TN	
	Norris, Charlie	son	6	TN	TN	TN	
136	Lewis, Rosa	head (wd)	59	TN	TN	TN	farmer
	Lewis, Vance	son	24	TN	TN	TN	coal mine driller
	Lewis, Hazel	daughter	22	TN	TN	TN	
	Lewis, Palmer	son	20	TN	TN	TN	coal mine laborer
	Lewis, Dwight	son	18	TN	TN	TN	
	Lewis, Chloe	daughter	17	TN	TN	TN	
	Lewis, Golda	daughter	15	TN	TN	TN	

Family #	Name	Relation	Age	I	F	M	Occupation
	Lewis, Verner	son	14	TN	TN	TN	
	Lewis, Gladys	daughter	12	TN	TN	TN	
	Lewis, Mary	daughter	10	TN	TN	TN	
	Lewis, Bruce	son	7	TN	TN	TN	
137	Vanover, Roby	head (wd)	59	NC	NC	NC	farm laborer
	Vanover, Mandy	daughter	30	NC	NC	NC	private fmly servant
	Vanover, Clara	daughter	29	NC	NC	NC	private fmly servant
	Vanover, Eliza	daughter	22	NC	NC	NC	private fmly servant
	Vanover, Hattie	daughter	18	NC	NC	NC	
	Vanover, Ella Rose	gr dau	3	TN	TN	NC	
138	Woods, John	head	53	TN	TN	TN	general mdse slsmn
139	Proffitt, Daniel F.	head	52	TN	TN	TN	physician
	Proffitt, Pearl	wife	22	TN	NC	NC	
140	Ashley, Tom	head	34	TN	TN	TN	farmer
	Ashley, Hattie	wife	31	NC	TN	TN	
	Ashley, Eva	daughter	11	TN	TN	NC	
	Ashley, James H.	son	8	TN	TN	NC	
141	Snyder, Jessie	head	40	TN	TN	TN	farmer
	Snyder, Sallie	wife	38	TN	TN	TN	
	Snyder, Hattie	daughter	20	TN	TN	TN	private fmly servant
	Snyder, Mary	daughter	18	TN	TN	TN	private fmly servant
	Snyder, Frank	son	16	TN	TN	TN	
	Snyder, Joe	son	14	TN	TN	TN	
	Snyder, Maybell	daughter	12	TN	TN	TN	
	Snyder, Ruby	daughter	11	TN	TN	TN	
	Snyder, Jessie Jr.	son	3	TN	TN	TN	
	Snyder, Jewel Dean	daughter	6	TN	TN	TN	
	Tilley, Alvin	fath in law	70	NC	NC	NC	
	Tilley, Susan	mth in law	74	NC	NC	NC	
142	Trivett, Eliza	head (wd)	60	NC	NC	NC	home laundress
	Walsh, Eugene	son in law	30	TN	TN	TN	farm laborer
	Walsh, Rosa	daughter	22	TN	NC	NC	
	Walsh, Jessie	gr dau	9	TN	TN	Tn	
	Walsh, Fred	gr son	5	TN	TN	TN	
	Walsh, Geter	gr son	3	TN	TN	TN	
143	Green, James	head	36	TN	TN	TN	farmer
	Green, Alice	wife	40	TN	TN	TN	
	Green, Ethel	daughter	19	TN	TN	TN	
	Green, Ellen	mother(wd)	65	TN	TN	TN	
144	Jennings, Martha	head (wd)	73	TN	TN	TN	farmer
	Jennings, John	son	50	TN	TN	TN	farm laborer
	Jennings, William	son	45	TN	TN	TN	farm laborer
	Jennings, Rebecca	daughter	34	TN	TN	TN	
	Jennings, Perdie	daughter	29	TN	TN	TN	
145	Jennings, Clyde	head	40	TN	TN	TN	state hwy laborer

Family #	Name	Relation	Age	I	F	M	Occupation
	Jennings, Maybell	wife	42	TN	TN	TN	
	Jennings, Howard	son	14	TN	TN	TN	
	Jennings, Oscar	son	12	TN	TN	TN	
	Jennings, Verline	daughter	11	TN	TN	TN	
146	Roark, Myrtle	head (wd)	49	TN	TN	TN	farmer
	Roark, Martha	daughter	17	TN	TN	TN	
	Roark, Dorothy	daughter	8	TN	TN	TN	
	Roark, Clyde	son	6	TN	TN	TN	
147	Curd, Don	head	27	TN	TN	TN	farmer
	Curd, Lula	wife	22	TN	TN	TN	
	Curd, Nola	daughter	3	TN	TN	TN	
148	Wood, Mollie	head (wd)	55	TN	TN	TN	farmer
	Wood, Myrtle	daughter	16	TN	TN	TN	
149	Price, James	head	65	TN	TN	TN	farm laborer
	Price, Rosa	wife	55	TN	TN	TN	farm laborer
	Price, Mattie	daughter	27	TN	TN	TN	home laundress
	Price, Odell	son	25	TN	TN	TN	farm laborer
	Price, Ethel	daughter	23	TN	TN	TN	
150	Lomax, Sylvester	head (wd)	67	TN	TN	TN	farm laborer
	Lomax, Hattie Belle	daughter	21	TN	TN	TN	
	Lomax, Thomas	son	19	TN	TN	TN	farm laborer
	Lomax, James	son	17	TN	TN	TN	farm laborer
	Lomax, Clarence	son	14	TN	TN	TN	
	Lomax, Eugene	son	10	TN	TN	TN	
151	Pardue, Fred	head	24	TN	TN	TN	farmer
	Pardue, Ruth	wife	27	WV	TN	TN	restaurant waitress
	Pardue, Wynell	daughter	3	TN	TN	WV	
152	Donnelly, Ross	head	55	TN	TN	TN	postmaster
	Donnelly, Mattie	wife	53	TN	TN	TN	
	Donnelly, Margaret	mother(wd)	80	TN	TN	TN	
153	Smythe, James R.H.	head	76	TN	TN	TN	general mdse slsmn
	Smythe, Emma	wife	70	TN	TN	TN	
154	Moore, Samuel	head	48	VA	VA	VA	farmer
	Moore, Mary Glenn	wife	37	TN	TN	TN	
	Moore, Emma Jean	daughter	2	TN	VA	TN	
155	Gentry, Tulley	head	43	TN	TN	TN	general hdw slsmn
	Gentry, Gertie	wife	41	TN	TN	TN	
	Gentry, Marjorie	daughter	8	TN	TN	TN	
	Cress, Eliza	mth in law	67	TN	TN	TN	
156	Phillippi, Wilby E.	head	28	TN	TN	TN	public school tchr
	Phillippi, Gladys	wife	21	TN	TN	TN	
	Phillippi, Jimmy E.	son	1	TN	TN	TN	
157	Cress, Samuel	head (wd)	64	TN	TN	VA	carpenter
	Cress, Beadie	daughter	31	TN	TN	TN	
	Cress, Sallie	sister	64	TN	TN	TN	

Family #	Name	Relation	Age	I	F	M	Occupation
	Cress, Fielding	brother	56	TN	TN	TN	building contractor
	Cress, Alex	brother	52	TN	TN	TN	building contractor
158	Cress, Colfax	head	58	TN	TN	VA	cabinet maker
	Cress, Julia	wife	57	TN	TN	VA	
	Cress, Luther	son	28	TN	TN	TN	furniture fct laborer
	Cress, Elsie	daughter	21	TN	TN	TN	
	Cress, Talmage	son	19	TN	TN	TN	farm laborer
	Cress, Lawrence	son	17	TN	TN	TN	state hwy laborer
159	Phillippi, Roby	head	60	TN	TN	TN	farmer
	Phillippi, Bina	wife	54	TN	TN	TN	
	Phillippi, Fannie	mother(wd)	89	TN	TN	TN	
160	Jenkins, Docia	head	32	TN	TN	TN	home laundress
	Jenkins, Willmer	son	7	TN	TN	TN	
	Jenkins, Norva G.	son	4	TN	TN	TN	
	Jenkins, Cissie E.	daughter	2	TN	TN	TN	
	Jenkins, Sarah V.	daughter	0	NC	NC	NC	
161	Woodard, Alex	head	62	NC	NC	NC	farm laborer
	Woodard, Lilly	wife	54	TN	NC	NC	
	Woodard, Carl	son	22	TN	NC	NC	farm laborer
	Woodard, Essie	daughter	18	TN	NC	TN	
	Woodard, Hassie	daughter	14	TN	NC	TN	
	Woodard, Luther	son	10	TN	NC	TN	
162	Cress, Clarence	head	35	TN	TN	TN	lumber inspector
	Cress, Blanch	wife	31	TN	TN	TN	
163	Lefler, Roy R.	head	34	TN	VA	NC	farm laborer
	Lefler, Nelia	wife	23	TN	TN	TN	
	Lefler, Fannie	daughter	4	TN	TN	TN	
	Lefler, Ethel	daughter	0	TN	TN	TN	
164	Lefler, Newton	head	35	TN	VA	NC	farm laborer
	Lefler, Flora	wife	20	TN	TN	TN	
	Lefler, Lou Venia	daughter	4	TN	TN	TN	
	Lefler, Clyde	brother	40	TN	VA	NC	farm laborer
165	Snyder, Hamilton	head	45	NC	NC	NC	farmer
	Snyder, Lona	wife	21	NC	NC	NC	
	Snyder, Louise	daughter	6	TN	NC	NC	
	Snyder, Fred	son	4	TN	NC	NC	
166	Johnson, W. Dent	head	32	TN	TN	NC	farmer
	Johnson, Nora	wife	29	TN	TN	TN	
	Johnson, Evelyn	daughter	6	TN	TN	TN	
	Johnson, Charles	son	4	TN	TN	TN	
	Johnson, Joseph P.	son	0	TN	TN	TN	
167	Snyder, Clara	head(wd)	70	NC	NC	TN	farmer
	Snyder, Lon	son	27	NC	NC	NC	auto mechanic
	Snyder, Carrilea	daughter	22	NC	NC	NC	dry goods saleslady
168	Johnson, Cynthia	head (wd)	73	NC	NC	NC	farmer

Family #	Name	Relation	Age	I	F	M	Occupation
169	Johnson, Eugene	head	38	TN	TN	TN	public school tchr
	Johnson, Ruth Mae	wife	29	TN	TN	TN	
170	Pardue, Thomas	head	32	NC	NC	NC	farm laborer
	Pardue, Mollie	wife	32	NC	NC	NC	
	Pardue, Charlie	son	11	TN	NC	NC	
	Pardue, Mae	daughter	6	TN	NC	NC	
	Pardue, Clayton	son	4	TN	NC	NC	
	Pardue, Roger	son	1	TN	NC	NC	
171	Pardue, Robert	head	39	NC	NC	NC	farm laborer
	Pardue, Ollie	wife	39	TN	TN	TN	
	Pardue, Walter	son	18	TN	NC	TN	farm laborer
	Pardue, Paul	son	16	TN	NC	TN	farm laborer
	Pardue, Hugh	son	14	TN	NC	TN	
	Pardue, Ulis	son	12	TN	NC	TN	
	Pardue, Irene	daughter	7	TN	NC	TN	
	Pardue, Shelton	son	4	TN	NC	TN	
	Pardue, Maude L.	daughter	0	TN	NC	TN	
172	Pardue, John	head	47	NC	NC	TN	farmer
	Pardue, Ethel	wife	45	NC	NC	NC	
	Pardue, Fred	son	24	TN	NC	NC	farm laborer
	Pardue, Pearl	daughter	22	TN	NC	NC	
	Pardue, Edward	son	19	TN	NC	NC	farm laborer
	Pardue, Don	son	16	NC	NC	NC	
	Pardue, Orville	son	13	NC	NC	NC	
173	Warren, Thomas	head	31	NC	NC	NC	lumber yd laborer
	Warren, Virginia	wife	19	NC	NC	NC	
	Warren, James Ray	son	1	NC	NC	NC	
	Warren, Eugene	son	0	TN	NC	NC	
	Lee, Bertha	mth in law	37	NC	NC	NC	private fmly servant
	Lee, Mattie M.	sis in law	6	VA	NC	NC	
174	Moody, Roy	head	38	NC	NC	NC	farm laborer
	Moody, Rettie	wife	36	TN	TN	TN	
	Moody, Mae	daughter	20	TN	NC	TN	private fmly servant
	Moody, Edna	daughter	8	TN	NC	TN	
	Moody, James	son	15	TN	NC	TN	
	Moody, Allen	son	14	TN	NC	TN	
	Pardue, William	fth in law	74	NC	NC	NC	
175	Lewis, Marion	head	59	TN	TN	TN	farmer
	Lewis, Sue	wife	71	TN	TN	TN	
176	Lancaster, John C.	head	46	TN	TN	TN	silk mills laborer
	Lancaster, Thelma	wife	30	TN	TN	TN	
	Lancaster, Richard	son	3	TN	TN	TN	
177	Lewis, Homer	head	37	NC	NC	NC	lumber inspector
	Lewis, Margaret	wife	33	NC	CA	TN	
	Lewis, Edith Verlee	daughter	14	TN	NC	NC	

Family #	Name	Relation	Age	I	F	M	Occupation
	Lewis, Clarence	son	7	TN	NC	NC	
	Lewis, Dan	son	5	TN	NC	NC	
178	Moretz, Wiley	head	47	NC	NC	NC	farmer
	Moretz, Sarah	wife	43	NC	NC	NC	
	Moretz, Clayton	son	24	NC	NC	NC	farm laborer
	Moretz, Addie	daughter	22	NC	NC	NC	
	Moretz, Hazel	daughter	19	TN	NC	NC	
	Moretz, John	son	18	TN	NC	NC	farm laborer
	Moretz, Lola	daughter	14	TN	NC	NC	
179	Moretz, Clay	head	24	NC	NC	NC	farm laborer
	Moretz, Martha	wife	23	TN	TN	TN	
	Moretz, Ira	son	2	TN	NC	TN	
180	Walsh, Cecil	head	24	TN	TN	TN	lumber yd laborer
	Walsh, Addie	wife	22	NC	NC	NC	
	Walsh, Juanita	daughter	2	TN	TN	NC	
181	Curd, William	head	35	TN	TN	TN	farm laborer
	Curd, Lola	wife	25	TN	TN	TN	
	Curd, Mary	daughter	2	TN	TN	TN	
182	Icenhour, Roy	head	35	NC	NC	NC	farmer
	Icenhour, Nannie	wife	30	NC	TN	TN	
183	Icenhour, Grady	head	31	NC	NC	NC	farmer
	Icenhour, Pauline	wife	19	TN	NC	TN	
	Icenhour, Ruth	daughter	2	TN	NC	TN	
	Icenhour, Ernest	son	1	TN	NC	TN	
184	Moretz, Spencer	head	29	NC	NC	NC	farmer
	Moretz, Bessie	wife	28	TN	TN	TN	
	Moretz, Albert	son	13	TN	NC	TN	
	Moretz, Alfred	son	11	TN	NC	TN	
185	Moretz, Jeff	head	68	NC	NC	NC	farmer
	Moretz, Nancy	wife	70	NC	NC	NC	
	Icenhour, Ray	nephew	17	NC	NC	NC	
186	Norris, Lee	head	42	TN	TN	TN	farmer
	Norris, Retta	wife	47	TN	TN	TN	
	Norris, Anna	daughter	15	TN	TN	TN	
	Norris, Wade	son	13	TN	TN	TN	
	Norris, Hazel	daughter	12	TN	TN	TN	
187	Moretz, Eugene	head	38	NC	NC	GA	lumber yd laborer
	Moretz, Fannie	wife	29	TN	NC	TN	
188	Tilley, James	head	63	NC	NC	NC	farmer
	Tilley, Clara	wife	54	NC	NC	NC	
	Tilley, Elsie	daughter	16	WV	NC	NC	
	Tilley, Ruby	gr dau	8	TN	TN	TN	
	Tilley, James	gr son	11	TN	TN	TN	
	Tilley, Harold	gr son	10	TN	TN	TN	
189	Tilley, Luther	head	32	NC	NC	NC	carpenter

Family #	Name	Relation	Age	I	F	M	Occupation
	Tilley, Cora	wife	31	KY	WV	VA	
190	Lundy, Daniel	head	57	CA	NC	NC	brick mason
	Lundy, Bell	wife	57	NC	NC	NC	
191	Lundy, Mary	head (wd)	35	WV	WV	WV	
	Lundy, Margaret	daughter	13	WV	WV	WV	
	Lundy, Charlene	daughter	11	WV	WV	WV	
	Lundy, Dorothy	daughter	9	TN	WV	WV	
192	Warren, Hezkiah	head	61	TN	NC	NC	farmer
	Warren, Jemimah	wife	65	TN	TN	NC	
193	Warren, Luther	head	38	TN	TN	TN	state hwy laborer
	Warren, Clara	wife	36	TN	TN	TN	
	Warren, Edgar	son	14	TN	TN	TN	
	Warren, Glen	son	12	TN	TN	TN	
	Warren, Raymond	son	10	TN	TN	TN	
	Warren, Mildred	daughter	6	TN	TN	TN	
	Warren, Ernest	son	2	TN	TN	TN	
	Warren, Wilma	daughter	0	TN	TN	TN	
194	Furchess, Alex	head	79	NC	NC	NC	farmer
	Furchess, Callie	wife	54	TN	NC	VA	
	Furchess, Albert	son	18	TN	NC	TN	lumber yd laborer
195	Walsh, Carl	head	26	TN	TN	TN	lumber yd laborer
	Walsh, Ollie	wife	21	TN	NC	NC	
	Walsh, Willie	son	3	TN	TN	TN	
	Walsh, Ruby	daughter	1	TN	TN	TN	
196	Riddle, Frank	head	51	NC	NC	NC	farmer
	Riddle, Maggie	wife	47	NC	NC	NC	
	Riddle, Mae	daughter	20	TN	NC	NC	
	Riddle, Fred	son	18	TN	NC	NC	farm laborer
	Riddle, Hassie	daughter	15	TN	NC	NC	
	Riddle, Blanche	daughter	13	TN	NC	NC	
	Riddle, Berl	son	11	TN	NC	NC	
	Riddle, Carrie	daughter	10	TN	NC	NC	
	Riddle, Radell	daughter	7	TN	NC	NC	
197	Ward, John Franklin	head	67	TN	TN	TN	farmer
	Ward, Sabra Alice W.	wife	74	TN	TN	TN	
198	Malone, Thomas A.	head	40	TN	VA	TN	farm laborer
	Malone, Fannie	wife	35	TN	NC	TN	
	Malone, Alfred	son	18	TN	TN	TN	farm laborer
	Malone, Charlie	son	11	TN	TN	TN	
	Malone, Emma	daughter	8	TN	TN	TN	
199	Stout, Joseph B.	head	78	TN	TN	TN	farmer
	Stout, Evaline	wife	74	TN	TN	TN	
	Stout, Jacob D.	son	37	TN	TN	TN	farm laborer
200	Stout, Stacy	head	35	TN	TN	TN	retail grocery slsmn
	Stout, Hazel	wife	20	TN	TN	TN	

Family #	Name	Relation	Age	I	F	M	Occupation
	Stout, Billy Ray	son	1	TN	TN	TN	
201	Wills, Roby	head	43	TN	TN	TN	farmer
	Wills, Gladys	wife	40	TN	TN	TN	
	Wills, Alice	daughter	17	TN	TN	TN	
	Wills, Jennie	daughter	16	TN	TN	TN	
	Wills, Bill	son	13	TN	TN	TN	
	Wills, Mary	daughter	11	TN	TN	Tn	
	Wills, Lucille	daughter	8	TN	TN	TN	
	Wills, M. R.	son	7	TN	TN	TN	
	Wills, Jane	daughter	4	TN	TN	TN	
	Wills, John W.	son	1	TN	TN	TN	
202	Wagner, George W.	head	48	TN	TN	TN	farmer
	Wagner, Lula	wife	44	TN	TN	TN	
	Wagner, Irene	daughter	9	TN	TN	TN	
	Wagner, Jennie	daughter	6	TN	TN	TN	
	Wagner, John	son	1	TN	TN	TN	
203	Wagner, Fred	head	46	TN	TN	TN	farmer
	Wagner, Rosa	wife	38	TN	TN	TN	
	Wagner, Murl	son	15	TN	TN	TN	
	Wagner, Pauline	daughter	10	TN	TN	TN	
	Wagner, Wade	son	8	TN	TN	TN	
	Wagner, Dale	son	6	TN	TN	TN	
	Wagner, Alice	daughter	3	TN	TN	TN	
204	Wagner, Robert	head (wd)	58	TN	TN	TN	farmer
	Wagner, Kate	daughter	23	TN	TN	TN	
	Wagner, Dan	son	20	TN	TN	TN	farm laborer
205	Wagner, A.Bynum	head	71	TN	TN	TN	farmer
	Wagner, Winnie	wife	72	TN	TN	TN	
	Wagner, Arthur	son	44	TN	TN	TN	farm laborer
	Wagner, Jacob	son	37	TN	TN	TN	
206	Oliver, Ancel	head	50	NC	NC	NC	farm laborer
	Oliver, Jane	wife	41	NC	NC	NC	private fmly servant
	Oliver, Jessie James	son	22	NC	NC	NC	state hwy laborer
	Oliver, Lela	daughter	14	NC	NC	NC	
	Oliver, Ruth	daughter	8	NC	NC	NC	
	Roberts, Elizabeth	mth in law	60	NC	NC	NC	
207	Davis, Willard	head	45	TN	TN	TN	state hwy laborer
	Davis, Ida	wife	36	TN	TN	TN	
	Davis, Charles	son	19	TN	TN	TN	state hwy laborer
	Davis, Fred	son	16	TN	TN	TN	
	Davis, Ross	son	14	TN	TN	TN	
	Davis, R. W.	son	10	TN	TN	TN	
	Davis, Ralph	son	8	TN	TN	TN	
	Davis, Zella Mae	daughter	6	TN	TN	TN	
	Davis, Novella Rhea	daughter	1	TN	TN	TN	

Family #	Name	Relation	Age	I	F	M	Occupation
208	Grant, Edgar	head	36	TN	TN	TN	hardware salesman
	Grant, Hazel	wife	34	NC	NC	NC	
	Grant, Nancy	daughter	2	TN	TN	NC	
	Grant, Mary	mother(wd)	74	TN	TN	TN	
	Grant, Edna	sister	30	TN	TN	TN	public school tchr
209	Furchess, Scott	head	32	TN	TN	TN	farm laborer
	Furchess, Vernia	wife	32	TN	TN	TN	
	Furchess, Harold	son	12	TN	TN	TN	
	Furchess, Nancy	daughter	10	TN	TN	TN	
	Furchess, Bina	daughter	8	TN	TN	TN	
	Furchess, Lester	son	6	TN	TN	TN	
	Furchess, Dan	son	3	TN	TN	TN	
210	Wagner, Clyde	head	51	TN	TN	TN	farmer
	Wagner, Ada	wife	48	TN	TN	TN	
	Wagner, Dayton	son	27	TN	TN	TN	auto mechanic
	Wagner, Dick	son	24	TN	TN	TN	farm laborer
	Wagner, Naomi	daughter	23	TN	TN	TN	public school tchr
	Wagner, Jennie Lee	daughter	21	TN	TN	TN	public school tchr
	Wagner, Lillia	sister	44	TN	TN	TN	
211	Dotson, Dean	head	43	TN	TN	TN	hardware salesman
	Dotson, Lizzie	wife	35	TN	VA	NC	
	Dotson, Bill	son	16	TN	TN	TN	
	Dotson, Mary	daughter	14	TN	TN	TN	
	Dotson, Albert	son	7	TN	TN	TN	
212	Tester, Walter	head	49	TN	TN	TN	farm laborer
	Tester, Mary	wife	36	NC	NC	NC	
	Tester, Isaac	son	19	TN	TN	NC	farm laborer
	Tester, Julia	daughter	17	TN	TN	NC	
	Tester, William	son	14	TN	TN	NC	
	Tester, Noah	son	12	TN	TN	NC	
	Tester, Earl	son	10	TN	TN	NC	
	Tester, Wiley	son	7	TN	TN	NC	
213	Price, Roy	head	32	TN	TN	TN	postal clerk
	Price, Ella M.	wife	31	TN	TN	TN	
	Price, Janice	daughter	9	TN	TN	TN	
	Price, Harold	son	8	TN	TN	TN	
214	Lethcoe, Till	head	52	TN	TN	TN	retail salesman
	Lethcoe, Effie	wife	46	TN	TN	TN	
	Lethcoe, Lizzie	daughter	27	TN	TN	TN	
	Lethcoe, Ruby	daughter	23	TN	TN	TN	
	Lethcoe, Earl	son	16	TN	TN	TN	
	Lethcoe, Louise	daughter	6	TN	TN	TN	
	Howell, Robert	boarder	30	TN	TN	TN	state hwy laborer
215	Wills, H. T. Dick	head	57	TN	TN	VA	farmer
	Wills, Victoria	wife	57	TN	TN	TN	

Family #	Name	Relation	Age	I	F	M	Occupation
216	Rash, James E.	head	38	TN	TN	TN	farm laborer
	Rash, Anna	wife	30	TN	TN	TN	
	Rash, Lesley	son	12	TN	TN	TN	
	Rash, Zelma	daughter	9	TN	TN	TN	
	Rash, Ruth	daughter	8	TN	TN	TN	
	Rash, Dean	son	6	TN	TN	TN	
	Rash, Betty L.	daaughter	1	TN	TN	TN	
217	Brittaham, J.Archy	head (wd)	70	VA	VA	VA	blacksmith
218	Moretz, Rawleigh	head	31	NC	NC	NC	lumber yd laborer
	Moretz, May	wife	22	TN	NC	NC	
	Moretz, Fay	daughter	2	TN	NC	TN	
	Moretz, Ronda	son	0	TN	NC	TN	
219	Crowder, Wiley	head	44	NC	NC	NC	hdw retail merchant
	Crowder, Pearl	wife	28	NC	NC	NC	
	Crowder, Pearl	daughter	18	VA	NC	NC	
	Crowder, Leah	daughter	15	VA	NC	NC	
	Crowder, Blanch	daughter	14	TN	NC	NC	
	Crowder, Thelma	daughter	12	TN	NC	NC	
	Crowder, Ralph	son	9	TN	NC	NC	
	Crowder, James C.	son	7	TN	NC	NC	
	Crowder, Edith	daughter	5	TN	NC	NC	
	Crowder, Roger	son	3	TN	NC	NC	
	Crowder, Wiley Jr.	son	1	TN	NC	NC	
220	Viney, Robert B.	head	60	VA	VA	VA	paint contractor
	Viney, Ada	wife	48	TN	TN	NC	
	Viney, Mable	daughter	18	TN	VA	TN	
221	Owens, Sarah	head (wd)	50	TN	TN	TN	private fmly servant
	Owens, Blanch	daughter	15	TN	TN	TN	
222	Hill, William Y.	head	29	TN	TN	TN	farmer
	Hill, Edith	wife	29	TN	TN	TN	
	Hill, Elizabeth	daughter	2	TN	TN	TN	
223	Goins, Charlie	head	57	TN	TN	TN	farm laborer
	Goins, Mary	wife	56	NC	NC	NC	
	Goins, Pearl	daughter	18	TN	TN	NC	private fmly servant
	Goins, Edward	son	22	TN	TN	NC	state hwy laborer
	Goins, Theodore	son	24	TN	TN	NC	state hwy laborer
	Goins, Nero	son	20	TN	TN	NC	farm laborer
224	Wagner, Daniel F.	head	63	TN	TN	NC	farmer
	Wagner, Addie	wife	50	TN	TN	TN	
225	Burkett, Joseph	head	45	NC	NC	NC	state hwy laborer
	Burkett, Maggie	wife	33	TN	NC	TN	
	Burkett, Freeling	son	12	TN	NC	TN	
	Burkett, Willa Mae	daughter	10	TN	NC	TN	
	Burkett, Clyde Ray	son	6	TN	NC	TN	
	Burkett, Ethel	daughter	4	TN	NC	TN	

Family #	Name	Relation	Age	I	F	M	Occupation
	Burkett, Junior	son	0	TN	NC	TN	
226	Mock, David	head	46	TN	TN	TN	state hwy laborer
	Mock, Cynthia	wife	59	TN	TN	TN	private fmly servant
	Mock, Terrel	son	22	TN	TN	TN	state hwy laborer
227	Reeves, Lee	head	58	TN	TN	TN	farm laborer
	Reeves, Mary	wife	54	TN	TN	TN	home laundress
	Reeves, Fancy	daughter	30	TN	TN	TN	private fmly servant
	Reeves, Provine	son	28	TN	TN	TN	coal mine laborer
	Reeves, Marie	daughter	25	TN	TN	TN	hotel waitress
	Reeves, Roy	son	23	TN	TN	TN	farm laborer
	Reeves, William	son	21	TN	TN	TN	lumber yd laborer
	Reeves, James B.	son	15	TN	TN	TN	
	Reeves, Walter	son	11	TN	TN	TN	
228	Reeves, Luther	head	23	TN	TN	TN	farm laborer
	Reeves, Alberta	wife	19	TN	TN	TN	
	Reeves, Fred	son	0	TN	TN	TN	
229	Curd, William M.	head	35	TN	TN	TN	coal mine laborer
	Curd, Pearl	wife	22	TN	TN	TN	
	Curd, Roddie	son	0	TN	TN	TN	
230	Ward, Charlie	head	37	NC	NC	NC	farm laborer
	Ward, Blanche	wife	30	NC	NC	NC	
	Ward, James	son	9	TN	NC	NC	
	Ward, Ralph	son	8	TN	NC	NC	
	Ward, Estle	son	7	TN	NC	NC	
	Ward, Marie	daughter	4	TN	NC	NC	
	Ward, Rodderick	son	2	TN	NC	NC	
	Ward, Ora Lee	daughter	0	TN	NC	NC	
231	Bailey, Gilmer	head	40	VA	VA	VA	electric car mtrman
	Bailey, Dorothy	wife	25	VA	VA	VA	
	Bailey, Earl	son	8	TN	VA	VA	
	Bailey, Ruth	daughter	6	TN	VA	VA	
	Bailey, Junior	son	2	TN	VA	VA	
232	Cuddy, Bessie	head	20	VA	VA	VA	home laundress
	Cuddy, Mary Alice	daughter	4	TN	TN	VA	
233	Owens, Glen	head	22	TN	TN	TN	farm laborer
	Owens, Carry	wife	20	TN	TN	TN	
	Owens, Ruth Mae	daughter	4	TN	TN	TN	
	Owens, Lucille	daughter	1	TN	TN	TN	
234	Asberry, Robert	head	36	TN	TN	TN	farm laborer
	Asberry, Ada	wife	32	VA	VA	VA	
	Asberry, Earl	son	14	TN	TN	VA	
	Asberry, Susie	daughter	13	TN	TN	VA	
	Asberry, Hamilton	son	11	TN	TN	VA	
	Asberry, Verna	daughter	10	TN	TN	VA	
235	Crowe, Jack	head	45	TN	TN	TN	railroad engineer

Family #	Name	Relation	Age	I	F	M	Occupation
	Crowe, Myrtle	wife	40	TN	TN	TN	
	Crowe, Gladys	daughter	21	TN	TN	TN	public school tchr
	Crowe, Ray	son	19	TN	TN	TN	farm laborer
	Crowe, Clay	son	19	TN	TN	TN	barber
	Crowe, Samuel	son	16	TN	TN	TN	
	Crowe, Doris	daughter	12	TN	TN	TN	
	Crowe, Daniel B.	son	9	TN	TN	TN	
	Crowe, Helen	daughter	6	TN	TN	TN	
	Crowe, JackieHoward	son	0	TN	TN	TN	
236	Gentry, Martha	head (wd)	53	TN	TN	TN	farmer
	Gentry, Joe	son	18	TN	TN	TN	farm laborer
	Gentry, Bertie	daughter	16	TN	TN	TN	
	Gentry, Woodrow	son	15	TN	TN	TN	
237	Arnold, Edward	head	48	TN	TN	TN	farmer
	Arnold, Christine	wife	55	NC	NC	NC	
	Arnold, Bena	daughter	17	TN	TN	NC	
	Arnold, Mopsie	daughter	22	TN	TN	NC	
238	Wills, James P.	head	66	TN	TN	TN	farmer
	Wills, Etta	wife	62	TN	TN	TN	
239	Smith, John H.	head	40	TN	TN	TN	farmer
	Smith, Bessie	wife	38	TN	TN	TN	
	Smith, JamesHoward	son	8	TN	TN	TN	
	Smith, Loyd Eugene	son	6	TN	TN	TN	
	Smith, Edsel Roy	son	5	TN	TN	TN	
240	Luttrell, Mary E.	head (wd)	57	TN	TN	TN	farmer
241	Slimp, David	head	39	TN	TN	TN	auto mechanic
	Slimp, Ella Mae	wife	34	OR	TN	TN	
	Slimp, D. L.	son	14	TN	TN	OR	
	Slimp, Fletcher	son	12	TN	TN	OR	
	Slimp, Reid	son	10	TN	TN	OR	
	Slimp, Bascom	son	6	TN	TN	OR	
242	Bauguess, Tyre	head	62	NC	NC	NC	dry goods merchant
	Bauguess, Susan S.	wife	58	TN	TN	TN	
	Bauguess, Flora	daughter	27	TN	NC	TN	
	Bauguess, Berl	gr son	8	TN	TN	TN	
243	Jenkins, Thomas	head	37	TN	TN	TN	farmer
	Jenkins, Betsy	wife	34	TN	TN	TN	
	Jenkins, Claude	son	16	TN	TN	TN	
	Jenkins, Walter	son	13	TN	TN	TN	
	Jenkins, Luther	son	11	TN	TN	TN	
	Jenkins, Sarah	daughter	9	TN	TN	TN	
	Jenkins, Robert	son	8	TN	TN	TN	
	Jenkins, James	son	6	TN	TN	TN	
	Jenkins, Gladys	daughter	5	TN	TN	TN	
	Jenkins, Ray	son	3	TN	TN	TN	

Family #	Name	Relation	Age	I	F	M	Occupation
	Jenkins, Davis Hayes	son	1	TN	TN	TN	
244	Snyder, Joe B.	head	81	TN	TN	TN	farmer
	Snyder, Easter P.	wife	54	TN	TN	TN	
245	Sammons, Arthur	head	47	TN	TN	TN	farmer
	Sammons, Mae	wife	44	TN	TN	TN	
	Sammons, Grace	daughter	18	TN	TN	TN	private fmly servant
	Sammons, Ed	son	16	TN	TN	TN	
	Sammons, Claude	son	12	TN	TN	TN	
	Sammons, Beatrice	daughter	10	TN	TN	TN	
246	Sammons, Irwin K.	head	50	TN	TN	TN	building contractor
	Sammons, Alice	wife	46	VA	VA	VA	
	Sammons, Sophia	daughter	20	TN	TN	VA	silk mill laborer
	Sammons, Edith	daughter	18	TN	TN	VA	
	Sammons, Hamilton	son	16	TN	TN	VA	
	Sammons, Chelsie	daughter	14	TN	TN	VA	
	Sammons, Robert	son	12	TN	TN	VA	
	Sammons, Lucy	daughter	10	TN	TN	VA	
	Sammons, Irwin Jr.	son	8	TN	TN	VA	
	Sammons, Emma J.	daughter	4	TN	TN	VA	
	Sammons, Louis	son	0	TN	TN	VA	
247	Gentry, Lafayette	head	76	TN	TN	TN	farmer
	Gentry, Susan	wife	71	TN	TN	TN	
	Hawkins, Fred	gr son	9	TN	TN	TN	
248	Gentry, Isaac	head	46	TN	TN	TN	building contractor
	Gentry, Nanny	wife	42	TN	TN	TN	
	Gentry, Iretia	daughter	19	TN	TN	TN	
	Gentry, Paris	son	17	TN	TN	TN	
	Gentry, Mary Sue	daughter	11	TN	TN	TN	
	Gentry, Hayes	son	9	TN	TN	TN	
	Gentry, Sarah	daughter	7	TN	TN	TN	
	Gentry, Bernalene	daughter	5	TN	TN	TN	
	Gentry, Thelma	daughter	2	TN	TN	TN	
249	Shoun, James	head	72	NC	TN	NC	farmer
	Shoun, Nancy	wife	65	NC	TN	NC	
	Potter, Vergie	gr dau	6	NC	NC	NC	
250	Phillippi, Jimmy	head	50	TN	TN	TN	farmer
	Phillippi, Bessie	wife	45	TN	TN	TN	
	Phillippi, J. R.	son	13	TN	TN	TN	
	Phillippi, Josie	daughter	1	TN	TN	TN	
251	Reeves, George	head (wd)	65	TN	TN	TN	railroad watchman
	Reeves, Dexter	son	25	TN	TN	TN	coal mine laborer
	Reeves, Victoria	daughter	22	TN	TN	TN	
	Reeves, Daisy	dau in law	20	NC	NC	NC	private fmly servant
	Reeves, Dora	daughter	18	TN	TN	TN	
	Reeves, Florence	daughter	14	TN	TN	TN	

Family #	Name	Relation	Age	I	F	M	Occupation
252	Jennings, Thomas	head	35	VA	VA	VA	farm laborer
	Jennings, Ashley	wife	34	TN	TN	TN	
	Jennings, Daniel	son	16	TN	VA	TN	
	Jennings, Vivan	daughter	14	TN	VA	TN	
	Jennings, Pauline	daughter	9	TN	VA	TN	
	Jennings, Edgar	son	6	TN	VA	TN	
	Jennings, Fay	daughter	4	TN	VA	TN	
253	Horne, Thomas	head	55	TN	NC	TN	farmer
	Horne, Sylvia	wife	52	TN	TN	TN	
	Horne, Mildred	daughter	16	TN	TN	TN	
254	Cranby, Abby	head	31	SC	SC	SC	farm laborer
	Cranby, Allie	wife	30	TN	TN	TN	
	Cranby, Anna	daughter	0	TN	SC	TN	
255	Williams, James	head	39	TN	TN	TN	farmer
	Williams, Callie	wife	38	TN	TN	TN	
	Williams, Emma	daughter	12	TN	TN	TN	
	Williams, Holly	daughter	10	TN	TN	TN	
	Williams, Joseph	son	7	TN	TN	TN	
	Williams, Dolly	daughter	4	TN	TN	TN	
	Williams, Pauline	daughter	2	TN	TN	TN	
256	Stout, William	head	48	TN	TN	TN	farmer
	Stout, Ada	wife	46	NC	NC	NC	farmer
257	Payne, Bynum	head	48	TN	TN	TN	gnrl mdse merchant
	Payne, Ollie	wife	32	TN	TN	TN	
	Payne, Carrie	daughter	19	TN	TN	TN	
	Payne, Shelton	son	11	TN	TN	TN	
	Payne, Earl	son	9	TN	TN	TN	
	Payne, Lucy	daughter	7	TN	TN	TN	
	Payne, Tetcia	daughter	5	TN	TN	TN	
258	Riddle, Wm. Noel	head	52	NC	NC	NC	farmer
	Riddle, Mary	wife	50	TN	TN	TN	
	Riddle, Endie	daughter	25	NC	NC	TN	
	Riddle, Chester	son	17	TN	NC	TN	state hwy laborer
	Riddle, Coy	son	16	TN	NC	TN	farm laborer
	Riddle, Paul	son	13	TN	NC	TN	
	Riddle, Ruth	daughter	11	TN	NC	TN	
259	Warren, Don	head	23	TN	NC	NC	farm laborer
	Warren, Mary	wife	22	TN	TN	TN	
	Warren, Mary Nell	daughter	2	TN	TN	TN	
260	Wilcox, Tice	head	66	TN	TN	TN	farmer
	Wilcox, Susan Bova	wife	59	TN	TN	TN	
	Wilcox, Taft	son	21	TN	TN	TN	farm laborer
	Wilcox, Selma	daughter	17	TN	TN	TN	
	Wilcox, Ola Mae	gr dau	2	TN	TN	TN	
261	Dunn, Mattice	head	58	TN	TN	TN	farmer

Family #	Name	Relation	Age	I	F	M	Occupation
	Dunn, Laura	wife	45	TN	TN	TN	
	Dunn, Thomas	son	19	TN	TN	TN	state hwy laborer
	Dunn, Minnie	daughter	17	TN	TN	TN	
	Dunn, Forrest	son	15	TN	TN	TN	
262	Miller, Jackson	head	63	NC	NC	NC	farm laborer
	Miller, Callie	wife	54	NC	NC	NC	
	Miller, Hattie	daughter	19	TN	NC	NC	private fmly servant
	Miller, Betty	daughter	17	TN	NC	NC	private fmly servant
	Miller, Dana	son	15	TN	NC	NC	
	Miller, Emory	son	9	TN	NC	NC	
263	Wagner, Nathaniel	head	74	TN	TN	TN	
	Wagner, Lilly	wife	63	TN	TN	TN	
264	Potter, Arthur	head	47	TN	TN	TN	gnrl store merchant
	Potter, Lula	wife	34	TN	TN	TN	
	Potter, Nell	daughter	6	TN	TN	TN	
	Potter, Arthur Jr.	son	2	TN	TN	TN	
	Potter, Lula Mae	daughter	0	TN	TN	TN	
265	Hodge, Amia	head (wd)	52	NC	NC	TN	farmer
	Hodge, Grace	daughter	21	TN	TN	NC	
266	Wilcox, Ross	head	29	TN	TN	TN	farm laborer
	Wilcox, Marie	wife	25	TN	TN	TN	
	Wilcox, Wade	son	3	TN	TN	TN	
267	Dunn, Charlie	head	43	TN	TN	TN	farmer
	Dunn, Beas	wife	39	TN	TN	TN	
	Dunn, Elizabeth	mother(wd)	81	VA	VA	VA	
	Dunn, Victoria	sister	58	TN	TN	VA	
	Dunn, Carrilee	gr dau	19	TN	TN	TN	
268	Poe, William	head	45	TN	TN	TN	farmer
	Poe, Cordia	wife	38	TN	TN	TN	
	Poe, Frank	son	21	TN	TN	TN	state hwy laborer
269	Price, Ray	head	34	TN	TN	TN	farmer
	Price, Maude	wife	27	WV	NC	NC	
	Price, Ray Jr.	son	7	WV	TN	WV	
	Price, Ernest	son	6	WV	TN	WV	
	Price, Pauline	daughter	4	WV	TN	WV	
	Price, Billy	son	2	WV	TN	WV	
	Price, Wayne	son	0	TN	TN	WV	
270	Dowell, Lincoln	head	29	TN	TN	TN	state hwy laborer
	Dowell, Danford	wife	26	TN	TN	TN	
	Dowell, Paralee	daughter	8	TN	TN	TN	
	Dowell, Burle	son	5	TN	TN	TN	
	Dowell, Grady	son	2	TN	TN	TN	
	Dowell, Florence	daughter	0	TN	TN	TN	
	Head, Rebecca	mth in law	70	NC	NC	NC	
271	Nye, Lee	head	43	NC	NC	NC	state hwy laborer

Family #	Name	Relation	Age	I	F	M	Occupation
	Nye, Nellie	wife	36	TN	TN	TN	
	Nye, Charlie	son	17	TN	NC	TN	farm laborer
272	Davis, Arthur	head	38	TN	NC	NC	farmer
	Davis, Mary Ann	wife	35	TN	TN	TN	
	Davis, Ardith	daughter	10	TN	TN	TN	
	Davis, Edith	daughter	10	TN	TN	TN	
	Davis, Mary	daughter	8	TN	TN	TN	
273	Dotson, John F.	head	71	TN	TN	TN	grocery merchant
	Dotson, Loretta	wife	42	TN	TN	TN	
	Dotson, Willie	son	10	TN	TN	TN	
	Dotson, Maybell	daughter	2	TN	TN	TN	
274	Norris, Emmitt	head	40	TN	TN	TN	farm laborer
	Norris, Tilda	wife	36	NC	NC	NC	
	Norris, Robert	son	15	TN	TN	NC	farm laborer
275	Dunn, George	head	33	TN	TN	TN	state hwy laborer
	Dunn, Estella	wife	30	TN	TN	TN	
	Dunn, Eva	daughter	7	TN	TN	TN	
	Dunn, George Jr.	son	2	TN	TN	TN	
276	Johnson, Bessie	head (wd)	44	TN	TN	TN	farmer
	Johnson, Selmer	son	22	TN	TN	TN	farm laborer
	Johnson, Nettie E.	daughter	19	TN	TN	TN	public school tchr
	Johnson, Kermit	son	15	TN	TN	TN	
277	Wills, Karl	head	44	TN	TN	TN	farmer
	Wills, Kate	wife	40	NC	NC	NC	
	Wills, Minerva	daughter	15	TN	TN	NC	
	Wills, Cathryn	daughter	14	TN	TN	NC	
	Wills, John R.	son	16	NC	TN	NC	farmer
	Wills, Norma	daughter	3	TN	TN	NC	
	Wills, Edward E.	son	1	TN	TN	NC	
278	Fritts, Reuben	head	52	TN	TN	VA	farmer
	Fritts, Viney	wife	54	TN	VA	TN	
	Fritts, Charlie	son	23	TN	TN	TN	lumber mill laborer
279	Dunn, Alvin	head	25	TN	TN	TN	farm laborer
	Dunn, Myrtle	wife	24	TN	TN	TN	
	Dunn, Emma Mae	daughter	1	TN	TN	TN	
280	Fritts, Ross D.	head	28	TN	TN	TN	public schools supt
	Fritts, Cessie	wife	26	NC	NC	NC	
	Fritts, Willis	son	5	TN	TN	NC	
	Fritts, Ella Frances	daughter	4	TN	TN	NC	
	Fritts, Sidney	son	1	TN	TN	NC	
281	Fritts, Alex	head	66	TN	NC	VA	farmer
	Fritts, Mary Frances	wife	62	VA	VA	VA	
	Fritts, Walter	son	19	TN	TN	VA	retail groc salesman
282	Jenkins, Newton	head	48	TN	TN	TN	farmer
	Jenkins, Myrtle	wife	37	TN	TN	TN	

Family #	Name	Relation	Age	I	F	M	Occupation
	Jenkins, Nancy	daughter	19	TN	TN	TN	
	Jenkins, Allen	son	14	TN	TN	TN	
283	Donnelly, Alice	head (wd)	60	TN	TN	TN	farmer
	Lambertson, Jessie	sister (wd)	44	TN	TN	TN	
284	Grindstaff, Herman	head	36	TN	TN	TN	farmer
	Grindstaff, Myrtle	wife	32	TN	TN	TN	
	Grindstaff, Pascal	son	7	TN	TN	TN	
	Grindstaff, Conley	son	5	TN	TN	TN	
	Grindstaff, Vorieta	daughter	3	TN	TN	TN	
	Grindstaff, Nadine	daughter	0	TN	TN	TN	
285	Owens, John	head	66	TN	TN	TN	farm laborer
	Owens, Sallie	wife	63	TN	TN	TN	
286	Hodges, James	head	43	NC	NC	NC	farm laborer
	Hodges, Bessie	wife	34	NC	NC	NC	
	Hodges, James	son	16	TN	NC	NC	
	Hodges, Ralph	son	11	TN	NC	NC	
287	Simpson, Vada	head (wd)	35	TN	NC	NC	home laundress
	Simpson, Hyder	son	14	TN	TN	TN	
	Simpson, Ralph	son	12	SD	TN	TN	
	Simpson, Lenore	daughter	9	NB	TN	TN	
	Simpson, Robert	son	8	NB	TN	TN	
	Simpson, Eileen	daughter	4	TN	TN	TN	
288	Brookshire, Elizabeth	head (wd)	61	NC	NC	NC	farmer
	Brookshire, Mable	daughter	30	TN	TN	NC	
289	Icenhour, Samuel	head	33	NC	NC	NC	farmer
	Icenhour, Vina	wife	27	TN	NC	NC	
	Icenhour, Marvin	son	11	TN	NC	TN	
	Icenhour, John	son	10	TN	NC	TN	
	Icenhour, Elmer	son	7	TN	NC	TN	
	Icenhour, William	son	6	TN	NC	TN	
	Icenhour, Joel	son	3	TN	NC	TN	
	Icenhour, Bonnie	daughter	0	TN	TN	TN	
290	Arnold, Walter	head	54	VA	TN	VA	farmer
	Arnold, Salvie	wife	50	TN	VA	TN	
	Arnold, Ethel	daughter	19	TN	VA	TN	hotel waitress
	Arnold, Warren	son	17	TN	VA	TN	farm laborer
	Arnold, Marie	daughter	15	TN	VA	TN	
	Arnold, Junior	son	13	TN	VA	TN	
	Arnold, Heneretta	daughter	6	TN	VA	TN	
291	Fritts, Scott	head	59	TN	TN	TN	farmer
	Fritts, Anna	wife	53	TN	TN	TN	
292	Jenkins, Calvin	head	80	TN	NC	TN	farmer
	Jenkins, Martha	wife	51	TN	TN	TN	
293	Jenkins, Maynard B.	head	49	TN	TN	TN	farmer
	Jenkins, Etta	wife	35	TN	TN	TN	

Family #	Name	Relation	Age	I	F	M	Occupation
	Jenkins, Hazel	daughter	12	TN	TN	TN	
	Jenkins, Paul	son	9	TN	TN	TN	
	Jenkins, Rosa	daughter	7	TN	TN	TN	
	Jenkins, R. C.	son	4	TN	TN	TN	
	Jenkins, Kate	daughter	0	TN	TN	TN	
294	Sammons, John L.	head	41	TN	NC	NC	farmer
	Sammons, Mary	wife	40	TN	TN	TN	
	Sammons, Luther	son	20	TN	TN	TN	farm laborer
	Sammons, Elsie Mae	daughter	14	TN	TN	TN	
	Sammons, Elmer W.	son	6	TN	TN	TN	
	Johnson, Don	bro in law	38	TN	TN	TN	building contractor
295	Gentry, Mandy	head (wd)	78	NC	NC	NC	farmer
296	Sammons, David	head	75	TN	NC	NC	farmer
	Sammons, Lou	wife	79	TN	NC	NC	
	Simpson, Ollie	dau (wd)	45	TN	TN	TN	private fmly servant
297	Turnmire, Ellen	head (wd)	53	NC	NC	NC	home laundress
	Turnmire, Richard	son	25	NC	TN	NC	farm laborer
	Turnmire, Dewey	son	21	NC	TN	NC	farm laborer
	Turnmire, John K.	son	17	TN	TN	NC	farm laborer
	Turnmire, Lillian	daughter	18	NC	TN	NC	
	Turnmire, Golda	daughter	14	TN	TN	NC	
298	Gentry, Selmer	head	26	TN	TN	TN	farm laborer
	Gentry, Fannie	wife	21	TN	TN	TN	
	Gentry, Edgar	son	8	TN	TN	TN	
	Gentry, James	son	7	TN	TN	TN	
	Gentry, Pauline	daughter	1	TN	TN	TN	
299	Dunn, Sherman	head	57	NC	NC	NC	farmer
	Dunn, Callie	wife	56	NC	NC	NC	
	Dunn, Bessie	daughter	29	NC	NC	NC	
	Dunn, Joseph	son	27	NC	NC	NC	farm laborer
	Dunn, George	son	19	TN	NC	NC	coal mine laborer
	Dunn, Nancy	daughter	18	TN	NC	NC	
	Dunn, Charlie	son	13	TN	NC	NC	
	Woodards, Walter	gr son	1	TN	NC	NC	
300	Cole, James K.	head	70	TN	TN	VA	farmer
	Cole, Cora	wife	50	TN	TN	TN	
301	Hicks, Eliza	head (wd)	59	TN	TN	TN	home laundress
	Bailey, Ellen	gr dau	15	TN	TN	TN	
302	Hendrix, Cad	head	69	TN	TN	TN	plaster contractor
	Hendrix, Docia G.	wife	63	TN	TN	TN	
303	Johnson, Robert	head	64	TN	TN	TN	building contractor
	Johnson, Rebecca	wife	59	TN	TN	TN	
	Johnson, Ray	son	29	TN	TN	TN	farm laborer
	Johnson, Walter	son	24	TN	TN	TN	farm laborer
304	Gentry, James	head	51	TN	TN	TN	engineer log train

Family #	Name	Relation	Age	I	F	M	Occupation
	Gentry, Hattie	wife	42	TN	TN	TN	
	Gentry, Ruth	daughter	16	TN	TN	TN	
	Gentry, Marie	daughter	11	TN	TN	TN	
	Gentry, Everet James	gr son	0	TN	TN	TN	
305	Gentry, Alex	head	53	TN	TN	TN	farmer
	Gentry, Ella	wife	49	TN	TN	TN	
	Gentry, Emory	son	18	TN	TN	TN	farm laborer
	Gentry, Gather	son	16	TN	TN	TN	
	Gentry, Dale	son	14	TN	TN	TN	
	Gentry, Therman	son	11	TN	TN	TN	
306	Gentry, General G.	head	51	TN	TN	TN	farmer
	Gentry, Laura	wife	49	TN	TN	TN	
	Gentry, Ruby	daughter	29	TN	TN	TN	
	Gentry, Blanche	daughter	20	TN	TN	TN	private fmly servant
	Gentry, Bill	son	16	TN	TN	TN	
	Gentry, Delmas	son	13	TN	TN	TN	
	Gentry, Geneva	daughter	10	TN	TN	TN	
307	Huskins, Emory	head	31	TN	TN	TN	farm laborer
	Huskins, Mamie	wife	27	TN	TN	TN	
	Huskins, Fred	son	10	TN	TN	TN	
	Huskins, Dallas	son	8	TN	TN	TN	
	Huskins, Ruth	daughter	4	TN	TN	TN	
	Huskins, Jimmy	son	7	TN	TN	TN	
	Huskins, Raymond	son	2	TN	TN	TN	
	Huskins, Betty	daughter	0	TN	TN	TN	
308	Icenhour, Millard	head	40	NC	NC	NC	farmer
	Icenhour, Bessie	wife	40	TN	TN	TN	
	Icenhour, Selmar	son	16	VA	NC	TN	
	Icenhour, Pearl	daughter	14	TN	NC	TN	
	Icenhour, Grace	daughter	7	VA	NC	TN	
	Icenhour, Jessie	son	5	VA	NC	TN	
	Icenhour, Raymond	son	2	VA	NC	TN	
	Icenhour, Virginia	daughter	0	TN	NC	TN	
	Noland, Fannie	mth in law	78	VA	VA	VA	
309	Icenhour, Charlie	head	31	NC	NC	NC	farm laborer
	Icenhour, Hester	wife	30	TN	TN	TN	
	Icenhour, Luther	son	13	TN	NC	TN	
	Icenhour, Pearl	daughter	12	TN	NC	TN	
	Icenhour, Hazel	daughter	7	TN	NC	TN	
	Icenhour, Berl	son	5	TN	NC	TN	
	Icenhour, Conrad	son	3	TN	NC	TN	
310	Thomas, Luther	head	58	NC	NC	NC	farmer
	Thomas, Fannie	wife	51	NC	NC	NC	
	Thomas, Earl	son	22	NC	NC	NC	farm laborer
	Thomas, Berl	son	22	NC	NC	NC	farm laborer

Family #	Name	Relation	Age	I	F	M	Occupation
	Thomas, Chelsie	daughter	17	TN	NC	NC	
311	Thomas, Kite	head	29	NC	NC	NC	farm laborer
	Thomas, Anna	wife	24	TN	NC	NC	
312	Warren, Archie	head	33	NC	NC	NC	farm laborer
	Warren, Lura	wife	33	NC	NC	NC	
	Warren, Paul	son	8	NC	NC	NC	
313	Eggers, John	head	62	NC	NC	NC	farmer
	Eggers, Sarah	wife	31	TN	TN	KS	
	Eggers, Homer	son	14	TN	NC	TN	
	Eggers, Maude	daughter	10	TN	NC	TN	
	Eggers, Dallas	son	6	TN	NC	TN	
314	Gentry, Arthur	head	38	TN	TN	TN	barber
	Gentry, Fannie	wife	37	NC	NC	NC	
	Perkins, Ruth	niece	16	NC	NC	NC	
315	Gentry, Stacy	head (wd)	33	TN	TN	TN	carpenter
	Gentry, Lorraine	daughter	6	TN	TN	TN	
	Gentry, HaroldWayne	son	4	TN	TN	TN	
316	Payne, Isaac	head	40	NC	NC	NC	furniture fct laborer
	Payne, Cora	wife	19	TN	TN	TN	
	Payne, Myrtle	daughter	13	TN	NC	TN	
	Payne, Essie	daughter	9	TN	NC	TN	
	Payne, Lucy	daughter	7	TN	NC	TN	
	Payne, Ralph	son	2	TN	NC	TN	
	Payne, Artur	son	15	TN	NC	TN	
317	Sammons, Harrison	head	41	TN	TN	TN	farmer
	Sammons, Effie	wife	39	TN	TN	TN	
	Sammons, Dayton	son	19	TN	TN	TN	
	Sammons, Martin	son	17	TN	TN	TN	
	Sammons, Ray	son	15	TN	TN	TN	
	Sammons, Fay	daughter	2	TN	TN	TN	
318	Parsons, William	head	21	TN	NC	NC	farm laborer
	Parsons, Perdie	wife	22	TN	NC	NC	
319	Dyson, Jeff	head	76	NC	NC	NC	farmer
	Dyson, Effie	wife	45	NC	NC	NC	
320	Hall, Lucy	head	55	NC	NC	NC	home laundress
	Hall, May	daughter	25	NC	NC	NC	private fmly servant
	Hall, Rittie	daughter	19	NC	NC	NC	home laundress
	Hall, DellaLou	gr dau	4	NC	NC	NC	
	Hall, Junior	gr son	0	TN	TN	NC	
321	Smith, Charlie	head	31	TN	TN	TN	farm laborer
	Smith, Mae	wife	28	TN	TN	TN	
322	Smith, Andrew	head	76	TN	TN	TN	
	Smith, Etta	wife	73	TN	VA	VA	
323	Dyson, Matilda	head (wd)	60	TN	TN	VA	home laundress
	Dyson, Jack	son	10	TN	TN	TN	

Family #	Name	Relation	Age	I	F	M	Occupation
324	Dyson, Paul	head	18	TN	TN	TN	state hwy laborer
	Dyson, Myrtle	wife	21	TN	TN	TN	
325	Landers, Peter	head	56	NC	NC	NC	farmer
	Landers, Lilly	wife	42	TN	TN	TN	
	Landers, Anna Bell	daughter	19	TN	NC	TN	public school tchr
	Landers, Floyd	son	14	TN	NC	TN	
	Landers, Fred	son	11	TN	NC	TN	
	Landers, Bruce	son	9	TN	NC	TN	
	Landers, Mary Alice	daughter	7	TN	NC	TN	
	Landers, Franklin	son	4	TN	NC	TN	
326	Mitchell, Alice	head (wd)	64	NC	NC	NC	home laundress
327	Dickens, John	head	72	NC	NC	NC	farmer
	Dickens, Julia	wife	65	TN	TN	TN	
	Dickens, Bert	son	24	TN	NC	TN	farm laborer
	Dickens, Munsey	son	22	TN	NC	TN	retail grocery slsmn
	Dickens, Fred	son	20	TN	NC	TN	farm laborer
	Dickens, Emmit	son	26	TN	NC	TN	farm laborer
328	Snyder, Cora	head (wd)	39	TN	TN	TN	
	Snyder, Ralph	son	19	TN	TN	TN	farm laborer
	Snyder, Grant	son	16	TN	TN	TN	
	Snyder, Grace	daughter	15	TN	TN	TN	
	Snyder, Nell	daughter	10	TN	TN	TN	
	Snyder, Bulah	daughter	7	TN	TN	TN	
329	Davidson, James	head	29	TN	TN	TN	farmer
	Davidson, Madie	wife	22	TN	TN	TN	
	Davidson, Frances	daughter	7	TN	TN	TN	
	Davidson, JohnRuss	son	3	TN	TN	TN	
	Burgess, Walter	bro in law	28	TN	NC	NC	coal mine laborer
330	Dickens, Martha	head (wd)	81	NC	NC	NC	home laundress
331	Dickens, John	head	67	TN	NC	NC	farm laborer
	Dickens, Millie	wife	47	TN	TN	TN	
	Dickens, Willie	son	20	TN	TN	TN	farm laborer
	Dickens, Jessie	son	19	TN	TN	TN	farm laborer
	Dyson, Walter	boarder	24	TN	NC	NC	state hwy laborer
332	Taylor, Bruce	head	38	NC	NC	NC	farmer
	Taylor, Emma	wife	38	TN	TN	TN	
	Taylor, Harley	son	17	TN	NC	TN	farm laborer
	Taylor, Fay	daughter	15	TN	NC	TN	
	Taylor, Ray	son	13	TN	NC	TN	
	Taylor, Berl	son	7	TN	NC	TN	
	Taylor, Theodore	son	5	TN	NC	TN	
333	Venable, Millard	head	25	TN	TN	TN	farmer
	Venable, Anna	wife	27	NC	NC	NC	
	Venable, Sarah	mother(wd)	70	TN	TN	TN	
334	Mock, Dick	head	64	VA	VA	VA	farmer

Family #	Name	Relation	Age	I	F	M	Occupation
335	Tilley, Wid	head	49	TN	TN	TN	farmer
	Tilley, Nora	wife	48	TN	TN	TN	
	Tilley, Mary B.	daughter	19	TN	TN	TN	private fmly servant
	Tilley, Dud	son	12	TN	TN	TN	
336	Howard, William	head	67	TN	NC	NC	farmer
	Howard, Crissie	wife	72	TN	NC	NC	
337	Smith, David	head	47	TN	TN	TN	farm laborer
	Smith, Cora	wife	44	TN	TN	TN	
	Smith, Orner	daughter	22	TN	TN	TN	private fmly servant
	Smith, Emmit	son	20	TN	TN	TN	farm laborer
	Smith, James	son	17	TN	TN	TN	farm laborer
	Smith, Tyler	son	13	TN	TN	TN	
	Smith, Ada	daughter	11	TN	TN	TN	
	Smith, Frances	daughter	6	TN	TN	TN	
	Smith, Glen	son	4	TN	TN	TN	
338	Woods, Daniel	head	70	NC	NC	NC	farm laborer
	Woods, Dela	wife	68	NC	NC	NC	
	Woods, Emmaline	daughter	20	TN	NC	NC	home laundress
339	Greer, Ben	head	60	NC	NC	NC	farm laborer
	Greer, Adelaid	wife	64	NC	NC	NC	home laundress
	Greer, Henry	brother	60	NC	NC	NC	
340	Walsh, James K.	head	53	NC	NC	NC	farmer
	Walsh, Dottie	wife	26	NC	NC	NC	
	Walsh, Edward	son	23	TN	NC	TN	farmer
	Walsh, Louise	daughter	22	TN	NC	TN	public school tchr
	Walsh, Paul	son	18	TN	NC	TN	
	Walsh, Tommy	son	15	TN	NC	TN	
	Walsh, Howell	son	11	TN	NC	TN	
	Walsh, Irene	daughter	8	TN	NC	TN	
	Walsh, Billy	son	4	TN	NC	NC	
	Walsh, Fred	son	0	TN	NC	NC	
341	Rhea, Bruce	head	46	TN	WV	TN	physician
	Rhea, Margaret C.	mother(wd)	85	TN	TN	TN	
	Rhea, Margaret B.	sister	52	TN	WV	TN	
	Rhea, Charles	brother	48	TN	WV	TN	farmer
342	Triplett, Joseph	head	57	TN	TN	TN	farmer
	Triplett, Victoria	wife	54	TN	TN	TN	
	Triplett, Dolly	daughter	20	TN	TN	TN	
	Triplett, Ella	daughter	19	TN	TN	TN	
	Hamby, Edgar	gr son	7	TN	TN	TN	
343	Grant, Fannie	head (wd)	74	TN	TN	VA	farmer
344	Miller, Denver	head	42	TN	TN	TN	dry goods salesman
	Miller, Bessie	wife	40	TN	TN	TN	
	Miller, Wade	son	17	TN	TN	TN	
	Miller, Earl	son	14	TN	TN	TN	

Family #	Name	Relation	Age	I	F	M	Occupation
	Miller, Ruth	daughter	12	TN	TN	TN	
	Miller, Denver Jr.	son	7	TN	TN	TN	
345	Lowe, John A.	head	63	TN	TN	TN	assistant postmaster
	Lowe, Retta	wife	69	TN	TN	TN	
346	Nelson, King	head	54	TN	TN	TN	farmer
	Nelson, Cora	wife	43	TN	TN	TN	
	Nelson, Anna Mae	daughter	21	TN	TN	TN	private fmly servant
	Nelson, Chelsie	daughter	19	TN	TN	TN	private fmly servant
	Nelson, Vada	daughter	17	TN	TN	TN	
	Nelson, Danford	daughter	13	TN	TN	TN	
	Nelson, Reba	daughter	11	TN	TN	TN	
	Nelson, Junior	son	8	TN	TN	TN	
	Nelson, James	son	4	TN	TN	TN	
	Nelson, Sam	son	0	TN	TN	TN	
347	Woods, Richard	head	33	NC	NC	NC	farm laborer
	Woods, Myrtle	wife	29	NC	TN	TN	
	Woods, Earl	son	10	TN	NC	NC	
	Woods, Irene	daughter	8	TN	NC	NC	
	Woods, Louise	daughter	6	TN	NC	NC	
	Woods, Ralph	won	3	TN	NC	NC	
	Woods, Etoila	daughter	0	TN	NC	NC	
348	Jones, Albert	head	35	TN	NC	NC	farm laborer
	Jones, Dorothy	wife	30	OR	OR	NC	
	Jones, Floyd	son	9	TN	TN	OR	
	Jones, William A.	son	7	TN	TN	OR	
	Jones, Mary	daughter	5	OR	TN	OR	
	Jones, Myrtle R.	daughter	1	VA	TN	OR	
349	Jones, Americus	head	71	NC	NC	NC	farmer
	Jones, Emmaline	wife	68	NC	NC	TN	
350	Burgess, McKinley	head	31	TN	TN	TN	farm laborer
	Burgess, Mary	wife	29	TN	TN	TN	
	Burgess, Keith	son	8	TN	TN	TN	
	Burgess, Ruth	daughter	6	TN	TN	TN	
	Church, Elizabeth	mth in law	75	NC	NC	NC	
351	Morley, Margaret	head (wd)	70	TN	TN	TN	farmer
352	Forrester, Dewey	head	27	TN	TN	TN	farmer
	Forrester, Verna	wife	25	TN	TN	TN	
	Forrester, Iran	daughter	6	TN	TN	TN	
	Forrester, Geneva	daughter	2	TN	TN	TN	
353	Parsons, Baxter	head	55	TN	NC	TN	farm laborer
	Parsons, Ellen	wife	50	NC	NC	NC	
	Parsons, Charles	son	19	NC	TN	NC	farm laborer
	Parsons, Gertrude	daughter	12	TN	TN	NC	
	Parsons, Roddie	son	11	TN	TN	NC	
	Parsons, Della	daughter	8	TN	TN	NC	

Family #	Name	Relation	Age	I	F	M	Occupation
	Parsons, Pearl	daughter	6	TN	TN	NC	
354	Rhymer, Bernard	head	33	NC	NC	NC	farm laborer
	Rhymer, Sarah	wife	35	TN	TN	TN	
	Rhymer, Nellie Ruth	daughter	13	TN	NC	TN	
	Rhymer, Marion	son	10	TN	NC	TN	
	Rhymer, Jacob	son	7	TN	NC	TN	
355	Reynolds, Edward	head	25	TN	NC	TN	farmer
	Reynolds, Fannie	wife	23	TN	NC	TN	
	Reynolds, Ethel	daughter	1	TN	TN	TN	
356	Reynolds, William	head	53	NC	NC	NC	farmer
	Reynolds, Ellen	wife	45	NC	NC	NC	
357	Johnson, Andrew	head	35	TN	TN	VA	farmer
	Johnson, Elvira	mother(wd)	70	VA	NC	NC	
	Henson, Bonnie	niece	15	NC	NC	TN	private fmly servant
358	Wills, Thomas A.	head	70	TN	TN	TN	public school tchr
	Wills, Mary	wife	64	TN	TN	TN	
359	Phillips, Lee	head	52	TN	NC	TN	farmer
	Phillips, Sallie	wife	42	TN	NC	TN	
	Phillips, Luther	son	21	TN	TN	TN	farm laborer
	Phillips, Tyler	son	19	TN	TN	TN	farm laborer
	Phillips, Bessie	daughter	16	TN	TN	TN	
	Phillips, Herman	son	13	TN	TN	TN	
	Phillips, Norva	son	10	TN	TN	TN	
	Phillips, Wiley	son	8	TN	TN	TN	
	Phillips, Lucy	daughter	1	TN	TN	TN	
360	Wagner, Eugene	head	49	TN	TN	TN	farmer
361	Dyson, Greene	head	38	NC	NC	NC	farm laborer
	Dyson, Etta	wife	44	NC	NC	NC	
	Dyson, Claude	son	14	NC	NC	NC	
	Dyson, Anna	daughter	13	TN	NC	NC	
	Dyson, Roy	son	5	TN	NC	NC	
362	May, Ralph	head	24	NC	NC	NC	farm laborer
	May, Hassie	wife	22	NC	NC	NC	
	May, Virginia	daughter	3	NC	NC	NC	
	May, Ralph Jr.	son	0	TN	NC	NC	
363	Forrester, Luther	head	32	TN	TN	TN	auto mechanic
	Forrester, Dora	wife	32	TN	TN	TN	
	Forrester, Evelyn	daughter	4	TN	TN	TN	
	Forrester, Geraldine	daughter	1	TN	TN	TN	
364	Shoun, Macon J.	head	60	TN	TN	TN	farmer
	Shoun, Mary J.	wife	55	TN	TN	NC	
	Shoun, Frank	son	28	TN	TN	TN	auto plant laborer
	Shoun, Jack	son	25	TN	TN	TN	auto plant laborer
	Shoun, Ray	son	22	TN	TN	TN	farm laborer
	Daugherty, Polly	mth in law	83	NC	NC	NC	

Family #	Name	Relation	Age	I	F	M	Occupation
	Thomas, Frances	boarder	55	NC	NC	NC	private fmly servant
365	Swift, Joseph	head (wd)	65	TN	NC	TN	farm laborer
366	Phillippi, Mack	head	50	TN	TN	TN	farmer
	Phillippi, Bessie	wife	45	TN	TN	TN	
	Phillippi, Junior	son	13	TN	TN	TN	
367	Enumerated as the 'Home for the Aged' with these 'inmates'.						
	Smith, Susan	inmate(wd)	85	TN	TN	TN	
	Head, Rachel	inmate(wd)	65	TN	TN	TN	
	Hayworth, Martha	inmate(wd)	82	TN	TN	TN	
	Jackson, Nannie	inmate	80	TN	TN	TN	
	Johnson, Mary	inmate	76	NC	NC	NC	
	Lonney, Daralean	inmate(wd)	35	TN	TN	TN	
	Rogers, Bell	inmate(wd)	30	TN	TN	TN	
	Shores, Lura	inmate	35	VA	VA	VA	
	Swinney, Carnie	inmate	22	TN	TN	TN	
	Gentry, Mary	inmate	47	TN	TN	TN	
	Gentry, Andrew	inmate(wd)	76	TN	TN	TN	
	Head, Charles	inmate	45	TN	TN	TN	
	Mains, Huston	inmate(wd)	74	TN	TN	TN	
	Morefield, Bart F.	inmate	1	TN	TN	TN	

Here ends the enumeration of the Second District
Enumeration of 1st begins on next page

Family #	Name	Relation	Age	I	F	M	Occupation
First District							
1	Wills, Norman	head	82	TN	TN	VA	farmer
	Wills, Martha C.	wife	77	TN	NC	NC	
2	Madron, Robert L.	head	57	TN	NC	TN	farmer
	Madron, Nora	wife	53	NC	NC	NC	
	Madron, Russell	son	34	NC	TN	NC	horse trainer
	Madron, Ruth	dau in law	30	NB	VA	SL	
	Madron, Virginia	gr dau	12	NB	NC	NB	
	Madron, Janice	gr dau	11	NB	NC	NB	
	Madron, Lon L.	son	32	TN	TN	NC	road const laborer
	Madron, Reba	dau in law	26	NC	NC	NC	public school tchr
	Madron, T.	gr son	4	TN	TN	NC	
	Madron, Tol	son	24	TN	TN	NC	farm laborer
	Madron, Sue	dau in law	18	TN	TN	TN	
	Madron, Robt. L. Jr	son	13	TN	TN	NC	
	Ward, Lone	daughter	24	TN	TN	NC	public school tchr
	Ward, Margaret	gr dau	4	TN	TN	TN	
3	Warden, Irvin J.	head	66	NC	NC	NC	farmer
	Warden, Sarah	wife	62	NC	NC	NC	
	Warden, Luther	son	32	TN	NC	NC	garage machinist
	Warden, Margaret	daughter	28	TN	NC	NC	public school tchr
	Warden, Jessie	son	23	TN	NC	NC	dry goods salesman
4	Hawkins, James	head	34	TN	TN	TN	farmer
	Hawkins, Flora	wife	34	TN	TN	TN	
	Hawkins, Virginia	daughter	13	TN	TN	TN	
	Hawkins, James	son	12	TN	TN	TN	
	Hawkins, Joseph	son	9	TN	TN	TN	
	Hawkins, Margaret	daughter	6	TN	TN	TN	
	Hawkins, Martitia	mother(wd)	64	TN	TN	TN	
5	Gentry, George	head	57	TN	TN	TN	farmer
	Gentry, Elizabeth	wife	57	TN	TN	TN	
6	Gentry, R. Fred	head	27	TN	TN	TN	farm laborer
	Gentry, O. Ruth	wife	21	VA	VA	VA	
	Gentry, F. Russell	son	3	WV	TN	VA	
	Gentry, H. Lester	son	0	TN	TN	VA	
7	York, George	head	62	NC	NC	NC	farmer
	York, Catherine	wife	61	VA	VA	VA	
	York, Spurgeon	son	25	TN	NC	VA	farm laborer
	York, Lindley Helen	gr dau	7	TN	US	TN	
	Neely, Beulah	daughter	21	TN	NC	VA	
	Neely, Walter	son in law	27	TN	TN	TN	blacksmith
8	Donnelly, Robert	head	69	TN	TN	TN	farmer
	Donnelly, Ethel	wife	48	TN	TN	TN	public school tchr
9	Taylor, Clyde	head	25	TN	TN	TN	farm laborer
	Taylor, Dona	wife	22	TN	NC	NC	

Family #	Name	Relation	Age	I	F	M	Occupation
	Taylor, Katie	daughter	0	TN	TN	TN	
10	Wright, W. Clayton	head	51	VA	VA	VA	retail merchant
	Wright, Eleanor R.	wife	44	TN	VA	TN	
	Wright, C. M. (Mac)	son	13	VA	VA	TN	
11	Gentry, Richard Henry	head	63	TN	TN	TN	
	Gentry, D. Ellen	wife	58	TN	TN	TN	
12	Arnold, John H.	head (wd)	59	VA	TN	NC	farmer
	Arnold, Leona	daughter	22	TN	VA	TN	
13	Keys, Sallie	head (wd)	59	TN	NC	VA	farmer
	Baker, Cettie	daughter	35	TN	TN	TN	farmer
	Morrison, Mahala	mother (wd)	88	VA	IR	VA	
14	Pennington, Joseph	head	46	TN	VA	TN	farmer
	Pennington, Annie	wife	37	TN	TN	TN	
	Pennington, Dayton	son	18	TN	TN	TN	farm laborer
	Pennington, Charles	son	16	TN	TN	TN	
	Pennington, William	son	14	TN	TN	TN	
	Pennington, Lena	daughter	10	TN	TN	TN	
	Pennington, Maggie	daughter	5	TN	TN	TN	
	Pennington, Janet	daughter	2	TN	TN	TN	
	Abel, Florence	aunt	76	TN	TN	TN	
15	Eggers, Walter	head	41	TN	TN	TN	farmer
	Eggers, Lillie	wife	38	TN	TN	TN	
	Eggers, Mary	daughter	13	TN	TN	TN	
	Eggers, Ellen	mother (wd)	83	TN	VA	VA	
16	Fritts, Sarah	head (wd)	65	TN	TN	TN	farmer
	Fritts, Theodore	son	22	TN	TN	TN	farmer
	Fritts, Norman	son	14	TN	TN	TN	
17	Leffman, Jasper	head	59	NC	SC	SC	genrl store merchant
	Leffman, Martha	wife	42	TN	TN	TN	
18	Fritts, Daniel B.	head	27	TN	TN	TN	farmer
	Fritts, Virgie	wife	27	TN	TN	NC	
	Fritts, Gladys	daughter	8	TN	TN	TN	
	Fritts, James	son	5	TN	TN	TN	
	Fritts, Ernest	son	1	TN	TN	TN	
19	Spriggs, Andy J.	head	39	VA	VA	VA	farmer
	Spriggs, Ida	wife	45	ID	AR	TN	
	Greer, Walter	boarder	51	TN	TN	TN	
20	Arnold, Elizabeth	head (wd)	65	TN	TN	TN	farmer
	Fritts, Howard	nephew	16	TN	TN	TN	farm laborer
21	Corum, Nancy	head	26	TN	TN	TN	private fmly servant
	Corum, Charles	son	10	TN	TN	TN	
	Corum, Bonnie	daughter	7	TN	TN	TN	
	Corum, Julia	daughter	5	TN	TN	TN	
	Corum, Bulah	daughter	2	TN	TN	TN	
22	Reid, Noah	head	41	TN	TN	NC	farmer

Family #	Name	Relation	Age	I	F	M	Occupation
	Reid, Ida	wife	40	TN	TN	TN	
	Reid, B. Fred	son	19	TN	TN	TN	farm laborer
	Reid, J. Hurd	son	14	TN	TN	TN	
	Reid, Russell H.	son	5	TN	TN	TN	
23	Gentry, Dewey	head	23	TN	VA	TN	farm laborer
	Gentry, Denton	wife	22	VA	VA	NC	
	Gentry, James O.	son	0	TN	TN	VA	
24	Greer, Wm. E.	head	68	TN	TN	TN	farmer
	Greer, Margaret	wife	59	TN	TN	TN	
	Greer, Chester	gr son	8	TN	TN	TN	
	Greer, Gladys	gr dau	9	TN	TN	TN	
	Greer, Velma	gr dau	7	TN	TN	TN	
	Widener, Clarence	gr son	17	TN	TN	TN	farm laborer
	Widener, Ronald	gr son	1	VA	TN	TN	
	Greer, Nellie	gr dau	3	TN	TN	TN	
25	Wilson, James S.	head	52	TN	VA	VA	mail carrier
	Wilson, Ellen	wife	58	TN	TN	TN	
	Wilson, Lula	daughter	27	TN	TN	TN	
	Wilson, Ruby	daughter	18	TN	TN	TN	
26	Gentry, James	head	70	TN	TN	TN	farmer
	Gentry, Rebecca	wife	63	TN	HO	TN	
	Gentry, Roy	son	33	TN	TN	TN	farm laborer
27	Dunn, George	head	28	TN	TN	TN	road const laborer
	Dunn, Stella Mae	wife	28	TN	NC	TN	
	Dunn, Edith	daughter	7	TN	TN	TN	
	Dunn, George Jr.	son	1	WV	TN	TN	
28	Morefield, John W.	head	71	TN	TN	TN	dry goods merchant
	Morefield, Nancy R.	wife	73	NC	NC	NC	
	Neely, Agnes	dau (wd)	34	TN	TN	NC	
	Neely, Burley W.	gr son	15	VA	TN	TN	
29	Houck, Estil	head	36	NC	NC	NC	road const laborer
	Houck, Ada	wife	26	TN	TN	TN	
	Houck, Ethel	daughter	14	TN	NC	TN	
	Houck, Dora	daughter	11	TN	NC	TN	
	Houck, J. T.	son	7	TN	NC	TN	
	Houck, Edith	daughter	5	TN	NC	TN	
	Houck, Carl	son	2	TN	NC	TN	
	Houck, Louise	daughter	0	NC	NC	TN	
30	McQueen, Wm. T.	head (wd)	74	TN	TN	TN	farmer
	McQueen, Dora	daughter	50	TN	TN	TN	
	McQueen, Bessie	daughter	46	TN	TN	TN	
	McQueen, Alfred	son	38	TN	TN	TN	hardware salesman
31	Butler, Sallie	head (wd)	65	TN	TN	TN	
	Butler, Thomas W.	gr son	19	OR	TN	TN	
32	Bowman, Joseph C.	head	69	VA	VA	VA	hardware salesman

Family #	Name	Relation	Age	I	F	M	Occupation
	Bowman, Reva	wife	63	VA	VA	VA	
33	Lockhart, Arnie	head	28	TN	TN	TN	road const laborer
	Lockhart, Betty	wife	22	TN	TN	TN	
	Lockhart, Asith	daughter	1	TN	TN	TN	
34	Gentry, Milton	head	30	TN	TN	TN	grocery merchant
	Gentry, Cheslie	wife	19	NC	NC	NC	
35	Freeman, Thomas B.	head	36	VA	VA	VA	road const foreman
	Freeman, Mary	wife	28	VA	VA	VA	
	Freeman, Thomas Jr.	son	14	VA	VA	VA	
	Freeman, Blaine	son	12	VA	VA	VA	
	Freeman, Katherine	daughter	9	VA	VA	VA	
	Freeman, Walter	son	7	VA	VA	VA	
	Freeman, Ruth	daughter	4	TN	VA	VA	
	Freeman, Truett	son	0	TN	VA	VA	
36	Howell, Bernie	head	27	NC	NC	NC	road const laborer
	Howell, Tempie	wife	27	NC	NC	NC	
	Howell, Vivian	daughter	6	TN	NC	NC	
	Howell, Willard	son	4	TN	NC	NC	
	Howell, Violet	daughter	1	TN	NC	NC	
37	Cochran, John C.	head	22	TN	TN	TN	road const laborer
	Cochran, Mabel	wife	19	TN	TN	TN	
	Cochran, Earl	son	0	TN	TN	TN	
38	Shupe, Luther	head	26	TN	TN	TN	road const laborer
	Shupe, Lena	wife	19	TN	TN	TN	
	Shupe, Wanda	daughter	0	TN	TN	TN	
39	Miller, Rena	head (wd)	80	VA	NC	VA	farmer
	Miller, Gladys	gr dau	18	TN	TN	TN	
40	Riddle, John	head	66	NC	NC	NC	farmer
	Riddle, Celia	wife	62	NC	NC	NC	
	Riddle, Arthur	son	32	NC	NC	NC	farm laborer
	Riddle, Roy	son	21	NC	NC	NC	railroad laborer
	Severt, Jane Myrtle	sis in law	45	NC	NC	NC	
41	Gentry, Jessie	head	33	TN	TN	TN	farmer
	Gentry, Hattie	wife	31	VA	VA	TN	
	Gentry, Wilma	daughter	11	TN	TN	VA	
	Gentry, Raymond	son	9	TN	TN	VA	
42	Hawkins, Charles	head	59	TN	TN	TN	farmer
	Hawkins, Margaret	wife	58	TN	TN	TN	
	Hawkins, Frank	son	29	TN	TN	TN	farm laborer
	Hawkins, Clarence	son	25	TN	TN	TN	farm laborer
	Hawkins, Harry W.	son	20	TN	TN	TN	
	Hawkins, Ruth	daughter	17	TN	TN	TN	
43	Morrison, William	head	63	TN	NC	VA	farmer
	Morrison, Alice	wife	58	TN	TN	TN	
	Morrison, Thomas	son	29	TN	TN	TN	farm laborer

Family #	Name	Relation	Age	I	F	M	Occupation
	Morrison, Hettie	daughter	21	TN	TN	TN	
	Morrison, Carrie	daughter	18	TN	TN	TN	
	Morrison, Edna	daughter	17	TN	TN	TN	
	Morrison, Hugh	son	15	TN	TN	TN	
44	Neely, Eliza	head (wd)	50	TN	TN	TN	farmer
	Neely, Mae	daughter	22	TN	TN	TN	
	Neely, Della	daughter	17	TN	TN	TN	
	Neely, James	son	14	TN	TN	TN	
45	Mosier, James	head	28	VA	TN	TN	coal miner
	Mosier, Annie	wife	26	VA	VA	VA	
	Mosier, Macey	daughter	1	TN	VA	VA	
46	Mosier, Isaac	head	56	TN	VA	VA	farmer
	Mosier, Phoebe	wife	53	TN	NC	TN	
	Mosier, Robert	son	15	TN	TN	TN	
	Mosier, Rilda	daughter	12	TN	TN	TN	
	Mosier, Marie	daughter	8	TN	TN	TN	
	Mosier, Oma	daughter	5	TN	TN	TN	
47	Mosier, Willie	head	33	VA	TN	TN	coal miner
	Mosier, Mary	wife	25	NC	NC	NC	
	Mosier, Raymond	son	7	WV	VA	NC	
	Mosier, James	son	5	TN	VA	NC	
	Mosier, Sherman	son	2	NC	VA	NC	
	Mosier, Annie	daughter	0	TN	VA	NC	
48	Gentry, W. Oliver	head	50	VA	VA	VA	farmer
	Gentry, Susan	wife	48	VA	VA	VA	
	Gentry, Charles B.	son	21	TN	VA	VA	farm laborer
	Gentry, Mary G.	daughter	19	TN	VA	VA	
	Gentry, Ora	daughter	17	TN	VA	VA	
	Gentry, Jessie W.	son	16	TN	VA	VA	
49	Greer, Benjamin W.	head	70	TN	TN	TN	farmer
	Greer, Martha W.	wife	60	TN	TN	TN	
	Greer, Sophia	daughter	23	TN	TN	TN	public school tchr
	Greer, Leona	daughter	19	TN	TN	TN	
50	Hawkins, R. Bruce	head	40	TN	TN	TN	farmer
	Hawkins, Minnie	wife	38	TN	NC	NC	
	Hawkins, Stacy	son	13	TN	TN	TN	
	Hawkins, Mary	daughter	11	TN	TN	TN	
	Hawkins, Velma	daughter	9	TN	TN	TN	
	Hawkins, Lillian	daughter	7	TN	TN	TN	
	Hawkins, R.B. Jr.	son	5	TN	TN	TN	
	Hawkins, Wiley	son	2	TN	TN	TN	
	Hawkins, Wilton	son	0	TN	TN	TN	
51	Harris, Lucy	head	70	NC	NC	NC	
	Harris, Francis	sister	73	NC	NC	NC	
52	Cornett, Mary	head (wd)	67	TN	NC	NC	farmer

Family #	Name	Relation	Age	I	F	M	Occupation
	Cornett, Mary E.	daughter	48	TN	TN	TN	
	Cornett, Edward	son	36	TN	TN	TN	farm laborer
	Miller, Fred	gr son	19	TN	NC	TN	
53	Cornett, George R.	head	28	TN	TN	TN	odd job laborer
	Cornett, Effie	wife	23	TN	TN	TN	
	Cornett, W. Karl	son	5	TN	TN	TN	
	Cornett, Thomas	son	2	TN	TN	TN	
54	Cornett, McKinley	head	33	TN	TN	TN	carpenter
	Cornett, Myrtle	wife	22	TN	TN	TN	
	Cornett, Wiley	son	5	TN	TN	TN	
	Cornett, Jack	son	1	TN	TN	TN	
55	Winters, John	head	37	TN	TN	TN	farmer
	Winters, Susan	wife	36	TN	VA	TN	
	Winters, R. Bert	son	16	TN	TN	TN	
	Winters, Violet	daughter	15	TN	TN	TN	
	Winters, Jean	daughter	10	TN	TN	TN	
	Winters, Ruby	daughter	8	TN	TN	TN	
	Winters, Virginia	daughter	2	TN	TN	TN	
56	Winters, Edward	head	41	TN	TN	TN	farmer
	Winters, Bessie	wife	39	TN	TN	NC	
	Winters, Mary	daughter	16	TN	TN	TN	
	Winters, Nell	daughter	12	TN	TN	TN	
	Winters, Willie Mac	daughter	10	TN	TN	TN	
	Winters, James	son	5	TN	TN	TN	
	Winters, Edward	son	1	TN	TN	TN	
57	Stanley, Sollie	head	19	NC	NC	NC	farm laborer
	Stanley, Julia	wife	18	TN	TN	TN	
58	Cress, George T.	head	43	NC	NC	NC	timber cutter
	Cress, Kate A.	wife	38	VA	GR	NC	
	Cress, Bart	son	16	NC	NC	NC	
	Cress, Grace	daughter	14	NC	NC	NC	
	Cress, Grant	son	12	MD	NC	NC	
59	Owens, Roby	head	32	TN	TN	NC	farm laborer
	Owens, Holly	wife	27	TN	NC	TN	
	Owens, Edith	daughter	11	TN	TN	TN	
	Owens, Virginia	daughter	8	TN	TN	TN	
	Owens, Ida	daughter	6	TN	TN	TN	
	Owens, Irene	daughter	4	TN	TN	TN	
	Owens, Ethel	daughter	2	TN	TN	TN	
	Owens, Effie	daughter	2	TN	TN	TN	
60	Owens, Daniel B.	head	66	TN	TN	NC	
	Owens, Susan	wife	57	NC	NC	NC	farmer
	Owens, Claude	gr son	16	NC	TN	NC	
	Owens, Ethel	gr dau	6	VA	VA	TN	
61	Owens, Millard	head	34	TN	TN	NC	farmer

Family #	Name	Relation	Age	I	F	M	Occupation
	Owens, Bulah	wife	32	TN	TN	TN	
	Owens, Fred	son	18	TN	TN	TN	
	Owens, John	son	12	TN	TN	TN	
	Owens, Margaret	daughter	8	TN	TN	TN	
	Owens, Edward	son	5	TN	TN	TN	
	Owens, Virgil	son	2	TN	TN	TN	
	Owens, Thelma	daughter	0	TN	TN	TN	
62	McQueen, Edward	head	44	TN	TN	TN	farmer
	McQueen, Myrtle	wife	41	TN	TN	VA	
	McQueen, Virgil	son	22	TN	TN	TN	
	McQueen, Kitty	daughter	20	TN	TN	TN	public school tchr
	McQueen, Samuel	son	19	TN	TN	TN	
	McQueen, Kermit	son	17	TN	TN	TN	
	McQueen, Bliss	son	10	TN	TN	TN	
	McQueen, Ella	daughter	7	TN	TN	TN	
	McQueen, Tommy	son	4	TN	TN	TN	
63	Henson, Harry	head	53	NC	KS	TN	odd job laborer
	Henson, Mary	wife	43	TN	TN	VA	
	Henson, Leota	daughter	20	VA	NC	TN	
	Henson, Fred	son	18	VA	NC	TN	
	Henson, Greg	son	16	TN	NC	TN	
	Henson, Bonnie	daughter	14	NC	NC	TN	
	Henson, Ray	son	12	NC	NC	TN	
	Henson, Annie	daughter	11	NC	NC	TN	
	Henson, Rachel	daughter	6	NC	NC	TN	
	Henson, Dora	daughter	4	NC	NC	TN	
64	Cornett, Oscar	head	46	TN	TN	TN	odd job teamster
	Cornett, Vada	wife	40	TN	TN	VA	
	Cornett, Irene	daughter	11	NC	TN	TN	
	Cornett, Earl	son	10	TN	TN	TN	
	Cornett, Dale	son	1	TN	TN	TN	
65	Jenkins, Nathaniel T.	head	51	TN	TN	TN	farmer
	Jenkins, Mary	wife	40	TN	TN	TN	
	Jenkins, Venia	daughter	22	TN	TN	TN	
	Jenkins, Thomas	son	20	TN	TN	TN	
	Jenkins, George	son	18	TN	TN	TN	
	Jenkins, Roy	son	16	TN	TN	TN	
	Jenkins, Wesley	son	14	TN	TN	TN	
	Jenkins, Dora	daughter	11	TN	TN	TN	
	Jenkins, Annie	daughter	9	TN	TN	TN	
	Jenkins, Louise	daughter	4	TN	TN	TN	
	Jenkins, Karl	son	2	TN	TN	TN	
66	Jenkins, Ransom	head	55	TN	TN	NC	farmer
	Jenkins, Annie	wife	55	VA	VA	TN	
	Jenkins, Franklin	son	19	TN	TN	VA	odd job laborer

Family #	Name	Relation	Age	I	F	M	Occupation
	Jenkins, Belle	daughter	17	TN	TN	VA	
	Jenkins, John	son	16	TN	TN	VA	
	Mabe, Blanche	daughter	30	TN	TN	VA	private fmly servant
	Mabe, French	gr son	4	VA	TN	TN	
	Mabe, Earl	gr son	2	VA	TN	TN	
67	Corum, Georgia	head (wd)	61	NC	NC	NC	
	Corum, Edward	son	21	TN	KY	NC	farm laborer
	Noland, Bell	daughter	30	TN	KY	NC	private fmly servant
	Noland, Roy	gr son	11	TN	TN	TN	
	Noland, Fred	gr son	9	TN	TN	TN	
	Noland, Samuel	gr son	1	TN	TN	TN	
68	May, Jethro	head	21	NC	NC	NC	farm laborer
	May, May	wife	23	TN	VA	TN	
	May, Lewis	son	2	TN	NC	TN	
	Davidson, Anne	mth in law	57	TN	TN	TN	
	Davidson, Charles	bro in law	24	TN	VA	TN	
69	Pennington, Roby	head	58	NC	NC	NC	farmer
	Pennington, Sallie	wife	53	TN	VA	NC	
	Pennington, Virginia	daughter	11	TN	NC	TN	
70	Davidson, William	head	48	TN	VA	NC	dry goods merchant
	Davidson, B.Pearl	wife	38	AR	NC	NC	
	Davidson, Hazel	daughter	13	TN	TN	AR	
	Blackburn, Salvador	mth in law	75	NC	NC	NC	
71	Roark, Wilson	head	70	NC	NC	NC	farmer
	Roark, Tina	wife	63	VA	VA	VA	
	Roark, Floyd	son	21	TN	NC	VA	
	Roark, Myrtle	dau in law	21	NC	NC	NC	
	Roark, James	gr son	0	PA	TN	NC	
72	Byers, R. L.	head	57	NC	NC	NC	farmer
	Byers, Mary	wife	50	NC	NC	TN	
	Byers, Fred	son	21	TN	NC	NC	farm laborer
	Byers, Bertha	daughter	19	TN	NC	NC	
	Sturgill, Opal	niece	9	TN	TN	TN	
	Byers, Blaine	gr son	2	TN	TN	TN	
	Sturgill, Nancy	mth in law	70	TN	US	US	
73	Sexton, Joseph	head	54	TN	VA	NC	farmer
	Sexton, Dora	wife	53	TN	TN	TN	
	Sexton, Zelda	daughter	15	TN	TN	TN	
	Sexton, Mamie	daughter	11	TN	TN	TN	
74	Smith, Fred	head	26	TN	TN	TN	odd job laborer
	Smith, Minnie	wife	23	TN	NC	TN	
	Smith, Ray	son	6	TN	TN	TN	
75	Bradshaw, John	head (wd)	53	NC	NC	NC	farm laborer
76	Reece, David	head	41	TN	TN	TN	farmer
	Reece, Bertie	wife	38	TN	TN	TN	

Family #	Name	Relation	Age	I	F	M	Occupation
	Reece, Walter	son	20	TN	TN	TN	
	Reece, Hubert	son	17	TN	TN	TN	
	Reece, Robert	son	13	TN	TN	TN	
	Reece, Charles	son	9	TN	TN	TN	
	Reece, Margaret	daughter	7	TN	TN	TN	
	Reece, James	son	5	TN	TN	TN	
	Reece, Alice	daughter	3	TN	TN	TN	
	Reece, Luther	son	1	TN	TN	TN	
77	Wills, Elizabeth	head (wd)	71	TN	TN	TN	
78	Wills, Edward	head	41	TN	TN	TN	farmer
	Wills, Mary	wife	38	TN	TN	VA	
	Wills, Edward Jr.	son	13	TN	TN	TN	
	Wills, Elizabeth	daughter	11	TN	TN	TN	
	Wills, James	son	8	TN	TN	TN	
	Wills, Lewis	son	4	TN	TN	TN	
79	Triplett, Glen	head	38	TN	TN	TN	farmer
	Triplett, Mary	gr mth(wd)	75	TN	TN	US	
	Triplett, Eva	aunt	40	TN	TN	TN	
	Triplett, Ambrose	brother	17	TN	TN	TN	
80	Harper, Lawton	head	29	TN	TN	TN	farmer
	Harper, Millie	wife	28	TN	TN	TN	
	Harper, James	son	11	TN	TN	TN	
	Harper, Louise	daughter	9	TN	TN	TN	
	Harper, Lawton Jr.	son	8	TN	TN	TN	
	Harper, Arleen	daughter	6	TN	TN	TN	
81	Campbell, Haga	head	50	NC	NC	NC	farmer
	Campbell, Leona	wife	49	NC	VA	NC	
	Campbell, Clyde	son	20	NC	NC	NC	
82	Morefield, Joseph	head	41	TN	TN	TN	farmer
	Morefield, Florence	wife	33	NC	TN	NC	
	Morefield, Luke	son	16	TN	TN	NC	
	Morefield, Annie	daughter	13	TN	TN	NC	
	Morefield, Eugene	son	11	TN	TN	NC	
	Morefield, Glen	son	9	VA	TN	NC	
	Morefield, David	son	5	VA	TN	NC	
83	Wills, Henry	head	72	TN	TN	VA	farmer
	Wills, Sarah	wife	79	TN	TN	VA	
	Wills, Frances	daughter	41	TN	TN	TN	
	Wills, Sue	daughter	29	TN	TN	TN	
84	Swift, Butler	head	42	NC	NC	TN	
	Swift, Ada	wife	33	NC	NC	NC	
	Swift, Wm.Butler Jr.	son	11	NC	NC	NC	
	Swift, Frances	daughter	8	NC	NC	NC	
	Swift, Paul	son	2	NC	NC	NC	
	Swift, Emogene	daughter	2	NC	NC	NC	

Family #	Name	Relation	Age	I	F	M	Occupation
85	Henderson, Brily	head	23	TN	NC	TN	farm laborer
	Henderson, Ora	wife	21	VA	VA	NC	
	Henderson, Mavis	daughter	0	TN	TN	VA	
86	Pennington, Noah	head	44	TN	NC	TN	farmer
	Pennington, Minerva	wife	27	TN	TN	TN	
	Pennington, Gladys	daughter	12	TN	TN	TN	
	Pennington, Nellie	daughter	5	TN	TN	TN	
	Pennington, Odell	son	4	TN	TN	TN	
	Pennington, Robert	son	2	TN	TN	TN	
	Pennington, Walter	son	0	TN	TN	TN	
	Pennington, Eliza	mother(wd)	73	TN	TN	TN	
	Pennington, Lillie	sister	51	TN	TN	TN	
87	Greer, Samuel	head	61	TN	TN	TN	farmer
	Greer, Rosa	wife	54	NC	NC	NC	
	Greer, Walter	son	19	TN	TN	NC	farm laborer
	Greer, Virgie	daughter	14	TN	TN	NC	
88	Forrester, James	head	55	TN	TN	TN	farmer
	Forrester, Sallie	wife	52	TN	NC	TN	
	Forrester, Virginia	daughter	22	TN	TN	TN	
	Forrester, Smith	son	20	TN	TN	TN	
89	Leffman, Harris	head	48	NC	NC	NC	farmer
	Leffman, Callie	wife	47	TN	TN	TN	
	Leffman, Kirby	son	9	TN	NC	TN	
	Leffman, Helen	daughter	6	TN	NC	TN	
90	Gentry, Rebecca	head (wd)	56	NC	NC	VA	farmer
	Bishop, Ruth	daughter	23	TN	TN	NC	
	Bishop, Jess	son in law	24	TN	VA	TN	farm laborer
91	Miller, Jessie	head	52	NC	NC	VA	farmer
	Miller, Blanch	wife	47	TN	TN	TN	
	Miller, Dorothy	daughter	19	TN	NC	TN	public school tchr
92	Reece, Rebecca Alice	head (wd)	72	TN	TN	TN	
	Reece, Hollie	daughter	36	TN	TN	TN	
93	Ray, Jess	head	45	TN	TN	VA	farmer
	Ray, Louisa	wife	45	TN	TN	NC	
	Ray, Ella	daughter	21	TN	TN	TN	
	Ray, Ada	daughter	20	TN	TN	TN	
	Ray, Jesse	son	18	TN	TN	TN	
	Ray, Emmett	son	16	TN	TN	TN	
	Ray, Roy	son	13	TN	TN	TN	
94	Greer, Jefferson	head (wd)	68	TN	TN	TN	farmer
	Greer, Floyd	son	34	TN	TN	TN	farm laborer
	Greer, Roy	son	23	TN	TN	NC	odd job laborer
	Greer, Stanley	son	26	TN	TN	NC	farm laborer
	Greer, Annie	daughter	17	TN	TN	NC	
	Gentry, Hattie	daughter	37	TN	TN	NC	

Family #	Name	Relation	Age	I	F	M	Occupation
	Gentry, Shelton	gr son	15	TN	TN	TN	
	Gentry, James	gr son	12	TN	TN	TN	
95	Greer, Wiley	head	29	TN	TN	NC	farm laborer
	Greer, Annie	wife	26	TN	VA	TN	
96	Gentry, James	head	45	TN	VA	NC	farmer
	Gentry, Kate	wife	34	NC	NC	NC	
	Gentry, Wallace	son	10	VA	TN	NC	
	Gentry, Herbert	son	10	VA	TN	NC	
	Gentry, Mary	daughter	7	VA	TN	NC	
97	Widener, Mariah	head (wd)	67	VA	TN	TN	farmer
	Widener, Bishop	son	44	VA	VA	VA	farmer
	Widener, Lola	dau in law	28	TN	TN	TN	farm laborer
	Widener, James	gr son	10	TN	VA	TN	
	Widener, Ruby	gr dau	3	TN	VA	TN	
	Widener, Herbert	gr son	1	TN	VA	TN	
98	Blevins, Wesley	head	43	TN	TN	TN	farmer
	Blevins, Della	wife	37	TN	TN	VA	
	Blevins, Clarence	son	16	TN	TN	TN	
	Blevins, Ralph	son	5	TN	TN	TN	
	Blevins, Kathleen	daughter	3	TN	TN	TN	
	Blevins, Joseph	son	1	TN	TN	TN	
99	Wilson, Jesse	head	21	TN	TN	TN	retail merchant
	Wilson, Pansy	wife	21	NC	NC	NC	
	Wilson, Ollie	daughter	1	NC	TN	NC	
100	Wilson, Louisa	head (wd)	66	TN	TN	NC	
101	Wilson, William	head	49	TN	TN	TN	farmer
	Wilson, Nettie	wife	46	TN	TN	TN	
	Wilson, Charlie	son	25	TN	TN	TN	
	Wilson, Estel	son	16	TN	TN	TN	furnitur fct laborer
	Wilson, Carl	son	9	TN	TN	TN	
102	Morefield, John	head	65	TN	TN	US	farmer
	Morefield, Margaret	wife	65	TN	TN	TN	
	Morefield, Onie	daughter	29	TN	TN	TN	
	Morefield, David	son	21	TN	TN	TN	
103	Morefield, Elmer	head	36	TN	TN	TN	farm laborer
	Morefield, Lucy	wife	34	TN	TN	TN	
	Morefield, Marvin	son	13	TN	TN	TN	
	Morefield, Robert	son	9	TN	TN	TN	
	Morefield, Charles	son	7	TN	TN	TN	
	Morefield, Mary	daughter	5	TN	TN	TN	
	Morefield, Homer	son	2	TN	TN	TN	
	Morefield, Samuel	son	0	TN	TN	TN	
104	Abel, Robert	head (wd)	76	TN	TN	TN	farmer
105	Abel, Wm.Edward	head	50	VA	VA	TN	lumber mill logger
	Abel, Sallie	wife	48	TN	VA	TN	

Family #	Name	Relation	Age	I	F	M	Occupation
	Abel, Edna	daughter	24	TN	VA	TN	
	Abel, Fred	son	23	TN	VA	TN	farm laborer
	Abel, Lillard	son	19	TN	VA	TN	farm laborer
	Abel, Ruby	daughter	16	TN	VA	TN	
	Abel, Essie	daughter	14	TN	VA	TN	
	Abel, Edward Carl	son	12	TN	VA	TN	
	Abel, Bettie	daughter	9	TN	VA	TN	
	Abel, James	son	7	TN	VA	TN	
106	Greer, Bradley	head	56	TN	US	TN	farmer
	Greer, Nancy	wife	50	TN	TN	TN	
	Greer, Nettie	daughter	34	TN	TN	TN	
	Greer, Burton	son	28	TN	TN	TN	farm laborer
	Greer, Ora	daughter	26	TN	TN	TN	
	Greer, William	son	22	TN	TN	TN	
	Greer, Dorothy	daughter	19	TN	TN	TN	
	Greer, Garland	son	17	TN	TN	TN	
	Greer, Bessie	gr dau	12	TN	US	TN	
	Greer, Hattie	gr dau	7	TN	US	TN	
	Greer, Lura	gr dau	4	TN	US	TN	
	Greer, Oscar	gr son	0	TN	TN	TN	
107	Pennington, Rufus	head	32	VA	VA	VA	odd job laborer
	Pennington, Lula	wife	26	TN	TN	TN	
	Pennington, Blanch	daughter	8	VA	VA	TN	
	Pennington, Rosa	daughter	4	TN	VA	TN	
108	Widener, Silas	head (wd)	42	TN	VA	VA	farmer
	Widener, Roy	son	15	TN	TN	TN	
	Widener, Claude	son	10	TN	TN	TN	
	Widener, Willis	son	7	TN	TN	TN	
	Widener, Janice	daughter	5	TN	TN	TN	
109	Widener, Daily	head	38	TN	VA	VA	farmer
	Widener, Blanch	wife	34	TN	TN	TN	
	Widener, Lennie	daughter	16	TN	TN	TN	
	Widener, Ennis	daughter	12	TN	TN	TN	
	Widener, Janice	daughter	4	TN	TN	TN	
110	Carleton, Della	head	40	NC	TN	TN	farmer
	Carleton, William	son	2	TN	MA	NC	
	Carleton, Gerald	son	2	TN	MA	NC	
	Dunn, Lyda	daughter	15	TN	TN	NC	
	Dunn, Lester	son	11	TN	TN	NC	
111	Leffman, Frank	head	56	NC	NC	NC	truck farmer
	Leffman, Martitia	wife	55	TN	TN	TN	
	Leffman, Dessie	daughter	25	TN	NC	TN	
	Leffman, Annie	daughter	18	TN	NC	TN	
	Leffman, Eveline	daughter	16	TN	NC	TN	
112	Gentry, Ferd	head	32	TN	TN	TN	lumber mill fireman

Family #	Name	Relation	Age	I	F	M	Occupation
	Gentry, Belva	wife	35	TN	NC	TN	
	Gentry, Vada	daughter	12	TN	TN	TN	
	Gentry, Urcel	son	8	TN	TN	TN	
	Gentry, Ernest	son	6	TN	TN	TN	
	Gentry, Hazel	daughter	1	TN	TN	TN	
113	Leffman, Columbus	head	53	NC	NC	NC	farmer
	Leffman, Fannie	wife	55	TN	TN	TN	
	Leffman, Martha	daughter	23	TN	NC	TN	
	Leffman, Carl	son	22	TN	NC	TN	
	Leffman, Josie	daughter	17	TN	NC	TN	
114	Gentry, Edward	head	42	TN	TN	TN	lumber mill sawyer
	Gentry, Sarah	wife	41	NC	NC	NC	
	Gentry, Garnett	son	17	TN	TN	NC	lumber mill laborer
	Gentry, Thelma	daughter	15	TN	TN	NC	
	Gentry, Theodore	son	13	TN	TN	NC	
	Gentry, Victoria	daughter	12	TN	TN	NC	
	Gentry, Margaret	daughter	8	TN	TN	NC	
	Gentry, Junior	son	7	TN	TN	NC	
	Gentry, James	son	6	TN	TN	NC	
	Gentry, Myrtle	daughter	3	TN	TN	NC	
	Gentry, Lawrence R.	son	1	TN	TN	NC	
	Gentry, Florence R.	daughter	1	TN	TN	NC	
115	Greer, John	head	39	TN	TN	TN	retail groc merchant
	Greer, Annie	wife	29	TN	TN	NC	
	Greer, Wilma	daughter	5	TN	TN	TN	
	Greer, John	son	3	TN	TN	TN	
	Greer, Alice	daughter	0	TN	TN	TN	
116	Gentry, Jacob	head	26	TN	TN	TN	lumber mill teamster
	Gentry, Della	wife	27	TN	NC	TN	
	Gentry, Ester	daughter	10	TN	TN	TN	
	Gentry, Arthur	son	9	TN	TN	TN	
	Gentry, Luther	son	6	TN	TN	TN	
	Gentry, Della	daughter	3	TN	TN	TN	
	Gentry, J. D.	son	1	TN	TN	TN	
117	Greer, Ed	head	41	TN	TN	TN	farmer
	Greer, Ollie	wife	45	TN	TN	TN	
	Greer, Hazle	daughter	7	TN	TN	TN	
	Forrester, Johnnie	step dau	23	TN	TN	TN	
118	Gentry, Docia	head (wd)	42	NC	NC	NC	farmer
	Gentry, Cora	daughter	17	TN	TN	NC	
	Gentry, Garrett	son	15	TN	TN	NC	
	Gentry, Raymond	son	11	TN	TN	NC	
	Gentry, Blanch	daughter	9	TN	TN	NC	
119	Corum, William	head	26	TN	KY	TN	farm laborer
	Corum, Edith	wife	22	NC	NC	NC	

Family #	Name	Relation	Age	I	F	M	Occupation
	Corum, Pearl	daughter	6	TN	TN	NC	
	Corum, Roscoe	son	5	TN	TN	NC	
	Corum, Scott	son	2	TN	TN	NC	
120	Scott, Olive	head (wd)	73	TN	TN	TN	farmer
121	Smith, Everett	head	20	TN	TN	NC	farm laborer
	Smith, Bessie	wife	15	TN	NC	TN	
122	Mock, Finland	head	29	VA	NC	VA	farmer
	Mock, Laura	wife	28	TN	TN	TN	
123	Owens, Charlotte	head	48	TN	TN	TN	private fmly servant
	Owens, Lottie	daughter	22	TN	TN	TN	
	Noland, Nellie Lee	daughter	24	TN	TN	TN	
	Noland, Raymond	gr son	4	WV	TN	TN	
	Noland, Delbert	gr son	2	TN	TN	TN	
	Noland, Chester	gr son	0	TN	TN	TN	
124	Howard, Roby J.	head	38	TN	TN	NC	bank cashier
	Howard, Hallie	wife	33	TN	TN	NC	
	Howard, Hazel	daughter	14	TN	TN	TN	
	Howard, Hester	daughter	12	TN	TN	TN	
	Howard, Eula	daughter	9	TN	TN	TN	
	Howard, Trula	daughter	6	TN	TN	TN	
	Howard, Roby J. Jr.	son	4	TN	TN	TN	
	Howard, Earl	son	2	TN	TN	TN	
125	Wills, Mary	head (wd)	69	VA	VA	VA	
	Wills, Elizabeth	daughter	32	TN	TN	VA	
	Wills, James Jr.	gr son	28	TN	TN	VA	farmer
126	Taylor, Wiley	head	44	TN	TN	TN	farmer
	Taylor, Florence	wife	40	TN	TN	TN	
	Taylor, Fred	brother	19	TN	TN	TN	
	Taylor, Burling	brother	24	TN	TN	TN	surveyor
127	Proffitt, Sarah	head (wd)	47	TN	NC	NC	
	Proffitt, James	son	22	TN	TN	TN	
128	Proffitt, Bettie	head	19	TN	NC	TN	
	Proffitt, O. D.	son	3	TN	TN	TN	
	Proffitt, Joannah	daughter	0	TN	TN	TN	
	Patrick, Thomas	bro in law	46	NC	NC	NC	road const laborer
	Patrick, Ruth	sister	26	TN	NC	TN	
	Patrick, Edgar	nephew	5	TN	NC	TN	
129	Greer, Lyle	head	29	NC	NC	NC	farm laborer
	Greer, Callie	wife	27	NC	NC	NC	
	Greer, Hunter	son	4	TN	NC	NC	
	Greer, Violet	daughter	2	VA	NC	NC	
	Greer, Fred	son	0	WV	NC	NC	
130	McElyea, John	head	70	TN	TN	TN	farm laborer
	McElyea, Victoria	wife	59	NC	NC	NC	
131	Sexton, French	head	36	TN	TN	TN	farmer

Family #	Name	Relation	Age	I	F	M	Occupation
	Sexton, Flora	wife	32	TN	US	NC	
	Sexton, Elmer	son	11	TN	TN	TN	
	Sexton, Wilmer	son	9	VA	TN	TN	
	Sexton, Juanita	daughter	6	VA	TN	TN	
	Sexton, Ella	daughter	4	VA	TN	TN	
132	Allen, Isaac	head	47	NC	NC	NC	farmer
	Allen, Ida	wife	47	TN	TN	NC	
	Allen, Willie	daughter	13	TN	NC	TN	
	Allen, Homer	gr son	6	TN	US	TN	
	Allen, Virginia	gr dau	8	TN	US	TN	
133	Taylor, Richard	head	42	TN	TN	TN	farmer
	Taylor, Della	wife	37	TN	NC	TN	
	Hayworth, J. Quincy	fth in law	72	NC	NC	NC	
134	Morefield, John	head	63	TN	TN	NC	farmer
	Morefield, Catherine	wife	62	NC	NC	NC	
	Morefield, Ruth	daughter	24	TN	TN	NC	
	Morefield, Erlena	gr dau	1	TN	US	TN	
135	Arnold, William	head	90	TN	TN	NC	farmer
	Arnold, Theodore	gr son	4	TN	US	TN	
	Greer, Bessie	daughter	21	TN	TN	NC	
	Greer, Ray	son in law	23	NC	NC	NC	farm laborer
	Greer, Effie	gr dau	1	TN	NC	TN	
136	Greer, Wilburn	head	68	NC	TN	NC	farmer
	Greer, Mary	wife	71	VA	VA	VA	
	Greer, Joseph	gr son	9	TN	NC	NC	
137	Morefield, Ferd	head	27	TN	TN	NC	farm laborer
	Morefield, Margaret	wife	29	NC	NC	NC	
	Morefield, Gladys	daughter	3	TN	TN	NC	
	Warren, Charlotte	step dau	7	TN	US	NC	
138	Garr, Florence	head (wd)	60	NC	TN	TN	farm laborer
	Garr, Walter	son	20	TN	NC	NC	odd job laborer
	Garr, Cordelia	daughter	16	TN	NC	NC	
	Garr, Dayton	son	14	TN	NC	NC	
139	Garr, Clayton	head	26	TN	NC	NC	farm laborer
	Garr, Mara	wife	31	TN	TN	NC	
	Garr, Roy	son	6	TN	TN	TN	
	Garr, Hansel	son	1	TN	TN	TN	
	Garr, Hazle	daughter	1	TN	TN	TN	
140	Owens, Dana	head	36	NC	NC	NC	timber laborer
	Owens, Nellie	wife	30	VA	NC	TN	
	Owens, Everett	son	9	TN	NC	VA	
	Owens, Elmer	son	7	TN	NC	VA	
	Owens, Roy	son	5	VA	NC	VA	
	Owens, Claude	son	3	VA	NC	VA	
141	Farris, Patsy	head	41	NC	NC	NC	farmer

Family #	Name	Relation	Age	I	F	M	Occupation
	Farris, Eva	daughter	8	TN	TN	NC	
	Farris, Earl	son	6	TN	TN	NC	
	Mabe, Cettie	daughter	14	VA	TN	NC	
	Mabe, Martha	daughter	12	TN	TN	NC	
142	Kilby, James	head	40	NC	NC	NC	farm laborer
	Kilby, Rose	wife	17	VA	TN	NC	
	Kilby, Marie	daughter	0	TN	NC	VA	
	Kilby, Jack	son	11	NC	NC	NC	
	Kilby, Nancy	daughter	8	KY	NC	NC	
	Kilby, Belvia	daughter	6	KY	NC	NC	
143	Dyson, Andy	head	34	TN	NC	TN	farm laborer
	Dyson, Cora	wife	35	TN	TN	TN	
	Dyson, Anna Ruth	daughter	13	TN	TN	TN	
	Dyson, Pauline	daughter	12	TN	TN	TN	
	Dyson, Charlie	son	10	TN	TN	TN	
	Dyson, Ruby	daughter	8	TN	TN	TN	
	Dyson, Katherine	daughter	5	TN	TN	TN	
	Dyson, Andy Jr.	son	2	TN	TN	TN	
144	Dowell, Joseph	head	60	TN	NC	TN	farmer
	Dowell, Dicey Taylor	wife	48	TN	TN	NC	
	Dowell, Spencer	son	21	TN	TN	TN	farm laborer
	Dowell, Olive	dau in law	22	TN	TN	TN	
	Dowell, Herbert	gr son	1	TN	TN	TN	
	Wolfe, James	gr son	10	TN	TN	TN	
145	McElyea, Landon H.	head	68	TN	TN	TN	farmer
	McElyea, J. Dena	wife	56	NC	NC	NC	
	McElyea, Mary	daughter	29	TN	TN	NC	
	McElyea, Callie	daughter	27	TN	TN	NC	
	McElyea, Della	daughter	25	TN	TN	NC	
146	McElyea, Robert	head	32	TN	TN	NC	odd job laborer
	McElyea, Mary	wife	25	TN	NC	NC	
	McElyea, Winfield	son	2	TN	TN	TN	
	McElyea, Edgar	son	0	TN	TN	TN	
147	McElyea, Roy	head (wd)	33	TN	TN	VA	farmer
	McElyea, Quincy	son	13	TN	TN	NC	
	McElyea, Flora	daughter	10	TN	TN	NC	
	McElyea, Fred	son	6	TN	TN	NC	
148	Burchett, Margaret	head	45	VA	TN	VA	farmer
149	Pope, Rufus	head	70	NC	NC	NC	
	Pope, America	wife	55	TN	NC	NC	
	Pope, Martha	daughter	21	TN	TN	TN	
	Pope, Spencer	son	18	TN	NC	TN	odd job laborer
	Pope, James	gr son	8	TN	TN	TN	
	Pope, Curtis	gr son	4	TN	US	TN	
	Pope, Nellie	gr dau	2	TN	US	TN	

Family #	Name	Relation	Age	I	F	M	Occupation
	Pope, Pruitt	gr son	0	TN	US	TN	
	Turnmire, Stella	step dau	23	TN	TN	TN	
	Turnmire, Rosa	step gr dau	5	TN	NC	TN	
150	Robinson, Eli	head	69	NC	NC	NC	farmer
	Robinson, Hattie	wife	23	NC	NC	NC	
	Robinson, John	son	0	NC	NC	NC	
151	Eastridge, Joe J.	head	39	VA	TN	TN	farmer
	Eastridge, Ada	wife	36	NC	NC	NC	
	Eastridge, Vernie	daughter	14	NC	VA	NC	
	Eastridge, Fay	daughter	11	NC	VA	NC	
	Eastridge, Ethel	daughter	7	TN	VA	NC	
	Eastridge, Asa	son	1	TN	VA	NC	
	Taylor, Lana	mth in law	72	NC	NC	NC	
152	Bolden, Austin	head	39	NC	NC	NC	farmer
	Bolden, Freddie	wife	25	TN	TN	NC	
	Bolden, James	son	10	TN	NC	TN	
153	Bolden, Cora	head (wd)	72	NC	NC	NC	home maker
154	Eastridge, Martha	head (wd)	52	NC	NC	NC	farmer
	Eastridge, Effie	daughter	17	TN	TN	NC	
	Eastridge, Tillman	son	16	TN	TN	NC	farm laborer
155	Farris, Mack	head	60	TN	US	TN	farmer
	Farris, Sarah	wife	52	NC	NC	NC	
	Farris, Mary	daughter	24	TN	TN	NC	
	Farris, Cleo	daughter	22	TN	TN	NC	
	Farris, Betty	daughter	19	TN	TN	NC	
	Farris, Walter	son	15	TN	TN	NC	
156	Rash, Dewey	head	31	NC	NC	NC	coal miner
	Rash, Fannie	wife	19	TN	NC	TN	
	Rash, Ambrose	son	0	WV	NC	TN	
157	Fuller, John	head	69	NC	VA	VA	farmer
	Fuller, Sarah	wife	69	TN	TN	VA	
158	Triplett, Baxter	head	24	TN	TN	TN	farm laborer
	Triplett, Roberta	wife	24	VA	VA	VA	
	Triplett, Sam Baxter	son	1	VA	TN	VA	
159	Gentry, Joseph	head	62	TN	TN	TN	farmer
	Gentry, Martha	wife	56	NC	NC	NC	
	Gentry, Mary	daughter	34	TN	TN	NC	public school tchr
	Gentry, Walter	cousin	16	TN	TN	TN	farm laborer
160	Simmons, James	head	52	TN	NC	NC	farmer
	Simmons, Ursula	wife	47	TN	TN	TN	
	Simmons, Bertie	daughter	16	TN	TN	TN	
	Simmons, Eva Kate	daughter	11	TN	TN	TN	
	Chappell, William	son in law	30	NC	NC	NC	timber laborer
	Chappell, Minnie	daughter	27	TN	TN	TN	
	Chappell, Margaret	gr dau	3	TN	NC	TN	

Family #	Name	Relation	Age	I	F	M	Occupation
	Chappell, Pauline	gr dau	0	TN	NC	TN	
	Sturgill, Vivian	gr dau	7	TN	TN	TN	
161	Thomas, Stacy	head	35	TN	VA	TN	farmer
	Thomas, Effie	wife	32	NC	NC	NC	
	Thomas, Marjorie	daughter	9	TN	TN	NC	
	Thomas, Ilean	daughter	5	TN	TN	NC	
	Thomas, Alice	daughter	3	TN	TN	NC	
	Thomas, Franklin	son	0	TN	TN	NC	
162	Hill, Ollie	head (wd)	66	TN	TN	VA	farmer
	Wagner, Mae	daughter	46	TN	WV	TN	
	Wagner, James	son in law	50	TN	TN	TN	toilet articles trader
	Wagner, Louise	gr dau	20	TN	TN	TN	public school tchr
163	Arnold, Joe	head	39	TN	NC	TN	farm laborer
	Arnold, Jennie	wife	36	TN	TN	TN	
	Arnold, Dennis	son	10	TN	TN	TN	
	Arnold, Louise	daughter	8	WV	TN	TN	
	Arnold, Curtis	son	4	TN	TN	TN	
	Arnold, Mary	daughter	0	TN	TN	TN	
164	Dotson, David	head	69	TN	TN	TN	farmer
	Dotson, Mary	wife	66	TN	TN	TN	
	Dotson, Robert	son (wd)	32	TN	TN	TN	electrician
	Dotson, Olive	gr dau	9	VA	TN	NC	
	Dotson, Robert	gr son	8	VA	TN	NC	
165	Forrester, Sarah	head (wd)	70	TN	VA	VA	farmer
166	Phillippi, Charles	head	52	TN	VA	TN	farmer
	Phillippi, Etta	wife	47	TN	TN	TN	
	Phillippi, Myrtle	daughter	36	TN	TN	TN	
	Phillippi, Luther	son	21	TN	TN	TN	
	Phillippi, Gurney	son	16	TN	TN	TN	
	Phillippi, James	son	10	TN	TN	TN	
	Phillippi, Robert	son	8	TN	TN	TN	
167	Eastridge, James	head	38	TN	TN	TN	farmer
	Eastridge, Rachel	wife	30	TN	NC	NC	
	Eastridge, Ruth	daughter	6	TN	TN	TN	
168	Owens, John	head	71	VA	VA	VA	odd job laborer
	Owens, Sallie	wife	60	NC	NC	NC	
169	Neely, Isaac	head	64	TN	VA	VA	farmer
	Neely, Susan	wife	54	VA	TN	TN	
	Neely, Robert	son	24	TN	TN	VA	farm laborer
	Neely, Blanch	daughter	17	TN	TN	VA	
	Neely, Grace	daughter	15	TN	TN	VA	
	Neely, Fay	daughter	12	TN	TN	VA	
	Jenkins, Jesse	son in law	24	TN	TN	TN	lmbr camp foreman
	Jenkins, Nell	daughter	22	TN	TN	VA	
170	Triplett, Champlett	head	39	NC	NC	NC	lumber camp laborer

Family #	Name	Relation	Age	I	F	M	Occupation
	Triplett, Hattie	wife	38	NC	NC	NC	
	Triplett, Champlett	son	11	WV	NC	NC	
	Triplett, Yevon	daughter	7	TN	NC	NC	
	Triplett, Virginia	daughter	6	VA	NC	NC	
	Triplett, Myrtle	daughter	2	TN	NC	NC	
171	Lewis, Joseph	head	52	NC	NC	VA	carpenter
	Lewis, Josie	wife	53	NC	NC	NC	
	Lewis, Edna	daughter	17	VA	NC	NC	
172	Parish, William	head (wd)	79	NC	NC	NC	
	Head, George Jr.	gr son	21	VA	NC	NC	
173	Hamby, Wiley	head	60	NC	NC	NC	farmer
	Hamby, Gentle	wife	25	NC	NC	NC	
174	Roark, Walter	head	53	NC	NC	NC	farm laborer
	Roark, Mollie	wife	52	NC	NC	NC	
175	Neely, Clinton	head	46	TN	TN	TN	farmer
	Neely, Frances	wife	46	TN	NC	TN	
	Neely, Hugh	son	21	TN	TN	TN	farm laborer
	Neely, Florence	daughter	20	TN	TN	TN	
	Neely, Bertha	daughter	19	TN	TN	TN	
	Neely, Ethel	daughter	16	TN	TN	TN	
	Neely, Helen	daughter	15	TN	TN	TN	
	Neely, Raymond	son	9	TN	TN	TN	
	Neely, Henry	son	8	TN	TN	TN	
	Neely, Howard	son	6	TN	TN	TN	
	Neely, William	son	3	TN	TN	TN	
	Neely, Roy	son	1	TN	TN	TN	
176	Roberts, Robert	head	23	TN	NC	TN	forest service ranger
	Roberts, Pearl	wife	23	TN	TN	TN	
	Roberts, Eugene	son	0	TN	TN	TN	
177	Hand, John	head	36	VA	TN	VA	chem plnt watchman
	Hand, Minnie	wife	30	NC	NC	NC	
	Hand, Mary	daughter	15	VA	VA	NC	
	Hand, Dulois	daughter	12	VA	VA	NC	
	Hand, Paul	son	10	TN	VA	NC	
	Hand, Delmar	son	8	TN	VA	NC	
	Hand, Carrie	daughter	5	TN	VA	NC	
	Hand, Henry	son	3	TN	VA	NC	
	Hand, Carl	son	1	TN	VA	NC	
178	Ham, Eli	head	59	NC	NC	NC	road const laborer
	Ham, Josie	wife	56	VA	VA	VA	
	Clayman, J. D.	gr son	20	VA	TN	VA	
179	Blevins, James	head	60	NC	NC	NC	farmer
	Blevins, Dora	wife	55	NC	NC	NC	
	Blevins, John	son	27	NC	NC	NC	chemical plnt laborer
	Blevins, Elihu	son	21	VA	NC	NC	farm laborer

Family #	Name	Relation	Age	I	F	M	Occupation
	Blevins, Orpha	daughter	17	VA	NC	NC	
	Blevins, Maggie	daughter	15	TN	NC	NC	
	Blevins, Ida	daughter	12	TN	NC	NC	
	Blevins, Jessie	son	9	TN	NC	NC	
	Hurley, Geneva	niece	1	VA	NC	VA	
180	Davis, Marion	head	64	NC	NC	NC	farmer
	Davis, Callie Jane	wife	62	NC	NC	NC	
	Davis, Joseph	son	24	VA	NC	NC	odd jobs laborer
	Davis, Soloman	son	21	TN	NC	NC	farm laborer
	Davis, Sallie	daughter	19	TN	NC	NC	
	Sturgill, Elizabeth	dau (wd)	31	NC	NC	NC	
	Sturgill, Mary	gr dau	6	TN	NC	NC	
181	Cruse, James	head	56	NC	NC	NC	timber laborer
	Cruse, Alice	wife	56	NC	NC	NC	
	Cruse, James F.	son	25	NC	NC	NC	odd job laborer
	Cruse, Gladys	gr dau	15	TN	NC	NC	
	Cruse, Herbert	gr son	13	TN	NC	NC	
	Noblett, Hessie	daughter	20	TN	NC	NC	
	Noblett, James	son in law	24	NC	NC	NC	odd job laborer
182	Cruse, John L.	head	32	NC	NC	NC	timber laborer
	Cruse, Ora Jarrell	wife	33	WV	WV	WV	
	Cruse, Woodrow	son	8	VA	NC	WV	
	Cruse, Elizabeth	daughter	5	VA	NC	WV	
183	Henderson, Charles	head (wd)	45	NC	NC	NC	road const laborer
	Henderson, Paul	son	15	TN	NC	VA	
	Henderson, Silas	son	11	TN	NC	VA	
	Henderson, Ruby	daughter	6	TN	NC	VA	
	Griffin, Leona	daughter	16	VA	NC	VA	
	Griffin, Robert	son in law	21	TN	NC	NC	farm laborer
184	Grayson, Mary	head	46	NC	NC	NC	farmer
	Grayson, Pauline	daughter	14	WV	NC	NC	
	Grayson, Albert	son	11	TN	NC	NC	
	Grayson, Ruth	daughter	9	TN	NC	NC	
	Grayson, Hobert	son	7	TN	NC	NC	
185	Moore, Matilda	head (wd)	59	NC	NC	NC	
	Moore, Wylie	son	29	NC	NC	NC	lmbr camp teamster
	Moore, Nettie	gr dau	17	NC	NC	NC	
186	Blevins, Robert	head	22	TN	NC	NC	road const laborer
	Blevins, Gay	wife	23	TN	TN	TN	
	Blevins, Maxie	daughter	1	TN	TN	TN	
187	Waters, Wm.Clinton	head	36	TN	NC	TN	chem plant laborer
	Waters, Bertha	wife	32	TN	TN	TN	
	Waters, Wm.ClintJr.	son	11	TN	TN	TN	
	Waters, Charles	son	9	TN	TN	TN	
	Waters, Pauline	daughter	8	TN	TN	TN	

Family #	Name	Relation	Age	I	F	M	Occupation
	Waters, Vernon	son	6	WV	TN	TN	
	Waters, Frances	daughter	4	WV	TN	TN	
	Waters, Helen	daughter	3	TN	TN	TN	
	Waters, Earl	son	2	TN	TN	TN	
	Waters, Ernest	son	0	TN	TN	TN	
188	Hayes, William Mc	head	32	VA	NC	NC	farmer
	Hayes, Callie	wife	27	NC	NC	NC	
	Hayes, Nellie Mae	daughter	6	WV	VA	NC	
	Hayes, Ruby	daughter	1	TN	VA	NC	
189	McClure, John	head	51	TN	NC	NC	forest service ranger
	McClure, Julia	wife	22	NC	NC	NC	
	McClure, Robert	son	1	TN	TN	TN	
	McClure, Randolph	son	0	TN	TN	TN	
	McClure, Mary	daughter	20	VA	TN	US	
	McClure, Tom	son	16	VA	TN	US	
	McClure, Lillian	daughter	12	VA	TN	US	
190	Severt, John	head	40	NC	NC	NC	chem plant laborer
	Severt, Myrtle	wife	42	NC	NC	NC	farmer
	Severt, Laura	daughter	19	TN	NC	NC	
	Severt, Sheridan	son	17	TN	NC	NC	odd job laborer
	Severt, Blanche	daughter	14	TN	NC	NC	
	Severt, Jesse	son	10	TN	NC	NC	
	Severt, Ethel	daughter	6	TN	NC	NC	
	Severt, Sallie	daughter	1	TN	NC	NC	
	Trivette, Dana	gr son	4	TN	US	NC	
191	Greer, Arthur	head	47	NC	NC	NC	farmer
	Greer, Sallie	wife	35	NC	NC	NC	
	Greer, Fay	daughter	19	NC	NC	NC	
	Greer, Tommy	son	17	NC	NC	NC	
	Greer, Ray	son	15	NC	NC	NC	
	Greer, John	son	12	NC	NC	NC	
	Greer, Woodrow	son	11	NC	NC	NC	
	Greer, Wayne	son	6	TN	NC	NC	
	Greer, Lola	daughter	4	TN	NC	NC	
	Greer, Freeman	son	2	TN	NC	NC	
192	Greer, Vinton	head	23	NC	NC	NC	coal miner
	Greer, Polly	wife	17	VA	VA	VA	
	Greer, Elzie	son	0	VA	NC	VA	
193	Greer, Royce	head	22	NC	NC	NC	coal miner
	Greer, Virgie	wife	21	VA	VA	VA	
	Greer, Texie	daughter	1	VA	NC	VA	
194	Phipps, Arthur	head	35	NC	NC	NC	farmer
	Phipps, Lelos	wife	32	NC	NC	NC	
	Phipps, Burl	son	15	NC	NC	NC	
	Phipps, Dana	daughter	13	NC	NC	NC	

Family #	Name	Relation	Age	I	F	M	Occupation
	Phipps, Gorman	son	11	NC	NC	NC	
	Phipps, Glade	son	9	NC	NC	NC	
	Phipps, Bruce	son	7	NC	NC	NC	
	Phipps, Wayne	son	5	VA	NC	NC	
	Phipps, Ruby	daughter	0	TN	NC	NC	
195	Ham, Joseph	head	43	NC	NC	NC	farmer
	Ham, Sarah	wife	41	NC	NC	NC	
	Ham, Effie	daughter	20	NC	NC	NC	
	Ham, Lester	son	18	NC	NC	NC	
	Ham, Pauline	daughter	14	NC	NC	NC	
	Ham, Nancy	daughter	10	NC	NC	NC	
	Ham, Garfield	son	7	NC	NC	NC	
	Ham, Della	daughter	3	NC	NC	NC	
196	Huffman, Charles	head	53	NC	NC	NC	farmer
	Huffman, Armittie	wife	53	NC	NC	NC	
	Huffman, Maude	daughter	23	NC	NC	NC	
	Huffman, Robert	son	21	NC	NC	NC	
	Huffman, Mary	daughter	18	NC	NC	NC	
	Huffman, John	son	13	NC	NC	NC	
	Huffman, Elenor	daughter	11	NC	NC	NC	
197	Walls, Clifton	head	24	VA	NC	VA	farmer
	Walls, Rose	wife	24	NC	NC	NC	
	Walls, Pearl	daughter	2	NC	NC	NC	
	Walls, Frank	son	1	NC	NC	NC	
198	Bishop, Samuel	head	48	VA	VA	VA	farmer
	Bishop, Virginia	wife	50	KY	TN	VA	
	Bishop, John	son	5	TN	VA	KY	
	Butner, Zollie	daughter	28	VA	VA	KY	
	Butner, Oscar	gr son	6	NC	NC	VA	
	Butner, Joyce	gr dau	3	VA	NC	VA	
	Butner, Juanita	gr dau	1	VA	NC	VA	
199	Gentry, Ambrose	head	35	TN	TN	NC	carpenter
	Gentry, Ada	wife	38	TN	TN	VA	
	Gentry, Delbert	son	10	TN	TN	TN	
	Gentry, Ernest	son	8	TN	TN	Tn	
	Gentry, Andrew	son	6	TN	TN	TN	
200	Abel, Clinton	head	41	TN	TN	VA	timber yd woodsman
	Abel, Kate	wife	23	TN	TN	TN	
	Abel, Albert	son	12	TN	TN	TN	
	Abel, Gladys	daughter	7	TN	TN	TN	
	Abel, John	son	0	TN	TN	TN	
201	Milam, Tilden A.	head	47	NC	NC	TN	farmer
	Milam, May	wife	41	TN	TN	VA	
	Milam, Florence	daughter	23	NC	NC	TN	
	Milam, Charles	son	19	TN	NC	TN	

Family #	Name	Relation	Age	I	F	M	Occupation
	Milam, Fred	son	16	TN	NC	TN	
	Milam, Clyde	son	14	OH	NC	TN	
	Milam, William	son	11	OH	NC	TN	
	Milam, Glenis	daughter	7	TN	NC	TN	
	Milam, Pauline	daughter	1	TN	NC	TN	
202	Gentry, Onie	head	45	TN	TN	VA	
203	Gentry, Sallie	head (wd)	62	TN	TN	TN	
	Greer, Ruth	daughter	37	TN	NC	TN	
	Greer, Noah	son in law	46	TN	US	TN	timber camp laborer
	Greer, Pearl	gr dau	19	TN	TN	TN	
	Greer, Milton	gr son	15	TN	TN	TN	
	Greer, Effie	gr dau	12	TN	TN	TN	
	Greer, Ruby	gr dau	9	TN	TN	TN	
	Greer, Ellis	gr son	8	TN	TN	TN	
	Greer, Estel	gr son	8	TN	TN	TN	
204	Gentry, James	head	64	TN	TN	TN	farmer
	Gentry, Eliza	wife	67	VA	VA	VA	
	Gentry, Walter	son	31	TN	TN	VA	odd job laborer
	Gentry, Mack	gr son	16	TN	TN	TN	
205	Gentry, Frank	head	32	TN	TN	TN	farm laborer
	Gentry, Belle	wife	43	TN	TN	VA	
	Gentry, Lester	son	13	TN	TN	TN	
	Gentry, Maude	daughter	6	TN	TN	TN	
	Gentry, Jessie	daughter	5	TN	TN	TN	
	Gentry, Charles	son	2	TN	TN	TN	
206	Gilbert, Joseph	head	54	TN	NC	TN	farmer
	Gilbert, Laura	wife	59	TN	TN	TN	
	Gilbert, May	gr dau	11	VA	TN	NC	
	Gilbert, Dailey	son	31	TN	TN	TN	timber cutter
	Gilbert, Louise	dau in law	21	WV	VA	VA	
	Gilbert, Edna	gr dau	2	WV	TN	WV	
	Gilbert, Clayton	gr son	0	TN	TN	WV	
207	Osborne, William	head	50	NC	NC	NC	farm laborer
	Osborne, Katherine	wife	37	TN	TN	VA	
	Osborne, Rosa	daughter	16	TN	NC	TN	
	Osborne, Bertie	daughter	15	TN	NC	TN	
	Osborne, Almer	daughter	12	TN	NC	TN	
	Osborne, Lillard	son	9	TN	NC	TN	
	Osborne, Lester	son	6	TN	NC	TN	
	Osborne, Charles	son	2	TN	NC	TN	
	Osborne, Margaret	daughter	0	TN	NC	TN	
208	Owens, Phureba	head (wd)	64	NC	NC	NC	farmer
	Breeding, Flossie	daughter	28	TN	TN	NC	
	McElyea, Anna	gr dau	11	TN	TN	TN	
	McElyea, Stella	gr dau	9	TN	TN	TN	

Family #	Name	Relation	Age	I	F	M	Occupation
	McElyea, Mina	gr dau	6	TN	TN	TN	
	Breeding, Elmer	son in law	23	KY	KY	KY	odd job laborer
209	Owens, James	head	46	TN	TN	NC	timber cutter
	Owens, Jane	wife	39	TN	TN	TN	
	Owens, Reuben	son	22	TN	TN	TN	lumber mill laborer
	Owens, Jessie	son	20	TN	TN	TN	
	Owens, Mary	daughter	18	TN	TN	TN	
	Owens, Robert	son	13	TN	TN	TN	
	Owens, Pearl	daughter	9	TN	TN	TN	
	Owens, William	son	5	TN	TN	TN	
	Owens, Sabria	daughter	0	TN	TN	TN	
210	Reid, Louisa	head (wd)	66	NC	NC	NC	farmer
	Rush, Bertie	daughter	30	NC	NC	NC	farm laborer
211	Shores, Charles	head	45	TN	NC	NC	farmer
	Shores, Ella	wife	35	NC	NC	NC	
	Shores, Lillard	son	14	TN	TN	NC	
	Shores, Tandy	son	13	TN	TN	NC	
	Shores, Thomas	son	12	TN	TN	NC	
	Shores, Dayton	son	11	TN	TN	NC	
	Shores, Minnie	daughter	9	TN	TN	NC	
	Shores, Bettie	daughter	8	TN	TN	NC	
	Shores, Dora	daughter	6	TN	TN	NC	
	Shores, Ora	daughter	5	TN	TN	NC	
	Shores, Calvin	son	2	TN	TN	NC	
212	Rupard, William S.	head	32	TN	NC	NC	farmer
	Rupard, Charity	wife	42	NC	NC	NC	
	Rupard, Cettie	daughter	11	TN	TN	NC	
	Rupard, Luther	son	9	TN	TN	NC	
	Rupard, Ira	son	7	TN	TN	NC	
	Rupard, James	son	5	TN	TN	NC	
	Rupard, Arthur	son	3	TN	TN	NC	
	Rupard, Connie	daughter	1	TN	TN	NC	
	Shores, Loyd	step son	21	TN	TN	NC	farm laborer
	Shores, William	step son	19	TN	TN	NC	farm laborer
213	Greer, Oren	head	48	NC	NC	VA	farm laborer
	Greer, Laura	wife	39	VA	NC	NC	
	Greer, Lula	daughter	14	NC	NC	VA	
	Greer, Ardna	daughter	13	NC	NC	VA	
	Greer, Paul	son	11	NC	NC	VA	
	Greer, Eugene	son	9	NC	NC	VA	
	Greer, Ernest	son	6	NC	NC	VA	
	Greer, Maude	daughter	5	NC	NC	VA	
	Greer, Ralph	son	3	TN	NC	VA	
214	Grayson, G. B.	head	42	NC	NC	TN	recording musician
	Grayson, Fannie	wife	40	VA	NC	NC	

Family #	Name	Relation	Age	I	F	M	Occupation
	Grayson, Edgar	son	19	TN	NC	VA	odd job laborer
	Grayson, Clarence	son	17	TN	NC	VA	odd job laborer
	Grayson, Lillie	daughter	15	TN	NC	VA	
	Grayson, Rosa	daughter	9	WV	NC	VA	
	Grayson, Howard	son	7	TN	NC	VA	
	Grayson, Dallas	daughter	4	TN	NC	VA	
215	Rupard, John	head	38	NC	NC	NC	farmer
	Rupard, Rosa	wife	31	TN	TN	NC	
	Rupard, Edna	daughter	7	TN	NC	TN	
	Rupard, Erlean	daughter	5	TN	NC	TN	
	Rupard, Buelah	daughter	3	TN	NC	TN	
	Rupard, Hazel	daughter	1	TN	NC	TN	
216	Rupard, Vada	head	35	TN	NC	NC	
	Rupard, Jostin	sister	16	TN	NC	NC	
	Eastridge, Goldia	sister	24	TN	NC	NC	
	Eastridge, Thomas	bro in law	24	TN	TN	NC	privte fmly chauffer
	Eastridge, Beatrice	niece	1	TN	TN	TN	
	Rupard, Baxter	brother(wd)	41	NC	NC	NC	road const laborer
217	Latham, Annice	head (wd)	33	TN	NC	TN	farmer
	Latham, Jacob	son	18	TN	NC	TN	farm laborer
	Latham, Lillie	daughter	11	TN	NC	TN	
218	Chappell, Columbus	head	58	NC	NC	NC	lmbr mill blacksmth
	Chappell, Ellen	wife	53	NC	NC	NC	
	Chappell, Effie	daughter	28	NC	NC	NC	
	Chappell, Joseph	son	24	NC	NC	NC	odd job laborer
	Chappell, Sarah	daughter	20	NC	NC	NC	
219	Greer, Sarah	head	56	NC	TN	NC	farm laborer
	Greer, Laura	daughter	20	TN	TN	NC	
	Greer, Elsie	daughter	18	TN	TN	NC	
	Greer, Magalee	gr dau	5	TN	US	TN	
	Gilliland, Wm. B.	head	52	TN	TN	TN	road const watchman
	Gilliland, Lillie	wife	51	NC	NC	NC	
	Gilliland, Spencer	son	18	TN	TN	NC	
	Gilliland, John	son	16	TN	TN	NC	
	Gilliland, Lester	son	10	TN	TN	NC	
	Elmore, Maude	daughter	24	TN	TN	NC	private fmly servant
	Branham, Loraine	gr dau	2	TN	VA	TN	
220	Wills, Charles	head	38	TN	TN	TN	road const laborer
	Wills, Laura	wife	34	TN	VA	VA	
	Wills, Raymond	son	14	TN	TN	TN	
	Wills, Rettie	daughter	5	TN	TN	TN	
221	Fritts, Isaac Newton	head	58	TN	TN	VA	railroad foreman
	Fritts, Mary	wife	50	NC	NC	NC	
	Fritts, Thomas	son	17	TN	TN	NC	farm laborer
	Caudle, Lyda	daughter	21	TN	TN	NC	

Family #	Name	Relation	Age	I	F	M	Occupation
222	Fritts, John Parker	head	35	TN	TN	TN	farmer
	Fritts, Ettie	wife	34	VA	NC	NC	
	Fritts, Juanita	daughter	9	VA	TN	VA	
	Fritts, James	son	12	VA	TN	TN	
223	Rash, James	head	49	NC	TN	NC	road const laborer
	Rash, Augusta	wife	42	TN	TN	TN	
	Rash, Oscar	son	18	TN	NC	TN	
	Rash, James	son	14	TN	NC	TN	
	Rash, Gladys	daughter	9	TN	NC	TN	
	Rash, Leola	daughter	7	TN	NC	TN	
224	Gentry, Walker	head	34	TN	TN	TN	timber woodsman
	Gentry, Elizabeth	wife	32	TN	TN	TN	
	Gentry, Virginia	daughter	12	TN	TN	Tn	
	Gentry, Ruby	daughter	10	TN	TN	TN	
	Gentry, Frances	daughter	8	TN	TN	TN	
	Gentry, Thelma	daughter	5	TN	TN	TN	
	Gentry, Mary B.	mother(wd)	74	TN	TN	VA	
225	Parker, J. Hamilton	head	69	TN	TN	TN	farmer
	Parker, Elizabeth	wife	68	NC	NC	NC	
226	Reece, Franklin	head	24	TN	TN	TN	farm laborer
	Reece, Matilda	mother(wd)	48	TN	NC	TN	
227	Maxwell, George W.	head	68	TN	NC	TN	farmer
	Maxwell, Lucinda	wife	68	KY	TN	VA	
	Maxwell, Pearl	daughter	22	TN	TN	KY	
	Maxwell, Frank	son	26	TN	TN	KY	road const laborer
	Maxwell, Ella	dau in law	27	VA	VA	TN	
	Maxwell, Helen	gr dau	1	TN	TN	VA	
	Maxwell, Louise	gr dau	0	TN	TN	VA	
228	Morefield, Gene	head	34	TN	TN	TN	coal mine teamster
	Morefield, Pearl	wife	32	NC	NC	NC	
	Morefield, Virginia	daughter	13	TN	TN	NC	
	Morefield, Ruth	daughter	11	VA	TN	NC	
	Morefield, Irene	daughter	9	VA	TN	NC	
	Morefield, Carl	son	6	TN	TN	NC	
	Morefield, Mable	daughter	4	TN	TN	NC	
	Morefield, DaisyJean	daughter	0	TN	TN	NC	
229	Gentry, John	head	38	TN	TN	TN	farmer
	Gentry, Martha	wife	38	TN	TN	TN	
	Gentry, Kelly	son	15	TN	TN	TN	
	Gentry, Stacy	son	13	TN	TN	TN	
	Gentry, R. D.	son	8	TN	TN	TN	
	Gentry, Luther	son	2	TN	TN	TN	
230	Hawkins, Edison	head	38	TN	TN	TN	farmer
	Hawkins, Mary	wife	31	VA	VA	VA	
	Hawkins, Jeannie	daughter	8	VA	TN	VA	

Family #	Name	Relation	Age	I	F	M	Occupation
	Hawkins, Rex	son	6	TN	TN	VA	
	Hawkins, Edison Jr.	son	2	TN	TN	VA	
	Hawkins, George	brother	45	TN	TN	TN	farm laborer
231	Keys, Susan	head	70	TN	TN	TN	farmer
	Hawkins, Julia	niece	52	TN	TN	TN	
232	Keys, Guy	head	34	TN	TN	VA	farmer
	Keys, Martha	mother(wd)	66	VA	VA	VA	
	Keys, Viola	sister	42	TN	TN	VA	medical nurse
repeated	Keys, Kate	sister	24	TN	TN	VA	
232	Wills, Nat T.	head	70	TN	TN	VA	farmer & miller
	Wills, Lucy Bauguess	wife	36	TN	NC	TN	
	Wills, Juanita	daughter	16	TN	TN	TN	
	Wills, Nathaniel M.	son	14	TN	TN	TN	
	Wills, FlorenceErleen	daughter	13	TN	TN	TN	
	Wills, Eula Emma	daughter	6	TN	TN	TN	
233	Wilson, John	head	29	NC	NC	MO	farmer
	Wilson, Ruth	wife	24	NC	NC	NC	
	Wilson, Geraldine	daughter	5	TN	NC	NC	
	Wilson, Emogene	daughter	3	TN	NC	NC	
	Wilson, Ruth	daughter	1	TN	NC	NC	
234	Maxwell, John	head	40	TN	NC	TN	farmer
	Maxwell, Hallie	wife	30	TN	TN	VA	
	Maxwell, Grace	daughter	13	TN	TN	TN	
	Maxwell, Margaret	daughter	11	TN	TN	TN	
	Maxwell, Clydie	daughter	8	TN	TN	TN	
	Maxwell, J. H. Jr.	son	6	TN	TN	TN	
	Maxwell, Willa Mc	daughter	3	TN	TN	TN	
235	Gentry, Martha	head (wd)	65	TN	TN	TN	boardng hse keeper
	McComas, Lester	boarder	22	TN	NC	NC	road const laborer
	McComas, Lurla	boarder	16	TN	TN	TN	
236	McElyea, William	head	35	TN	TN	NC	farmer
	McElyea, Laura	wife	32	NC	TN	NC	
	McElyea, WmAlfred	son	13	TN	TN	NC	
	McElyea, James	son	7	TN	TN	NC	
	McElyea, Delbert	son	5	TN	TN	NC	
	McElyea, Theodore	son	3	TN	TN	NC	
237	Winters, William	head	35	TN	TN	NC	farmer
	Winters, Ollie	wife	32	TN	TN	TN	
	Winters, Pauline	daughter	13	TN	TN	TN	
	Winters, Charles	son	11	TN	TN	TN	
	Winters, Flora	daughter	9	TN	TN	TN	
	Winters, James	son	7	TN	TN	TN	
	Winters, Claude	son	5	TN	TN	TN	
	Winters, Ida	daughter	1	TN	TN	TN	
238	Eldreth, Lee	head	65	NC	VA	NC	odd job laborer

Family #	Name	Relation	Age	I	F	M	Occupation
	Eldreth, Maggie	wife	45	NC	NC	NC	
	Eldreth, Joseph	son	26	NC	NC	NC	farmer
	Eldreth, Ardener	daughter	22	NC	NC	NC	private fmly servant
	Eldreth, Minnie	daughter	19	TN	NC	NC	private fmly servant
	Eldreth, Walter	son	18	TN	NC	NC	farm laborer
	Eldreth, Bertha	daughter	16	TN	NC	NC	
	Eldreth, Jean	daughter	14	TN	NC	NC	
	Eldreth, Ambrose	son	12	TN	NC	NC	
	Eldreth, Myrtle	daughter	8	TN	NC	NC	
239	Taylor, Raleigh	head	40	NC	NC	NC	carpenter
	Taylor, Mary	wife	41	TN	TN	TN	
	Taylor, Ira	son	17	TN	NC	TN	odd job laborer
	Taylor, John	son	13	TN	NC	TN	
	Taylor, Hazel	daughter	10	TN	NC	TN	
	Taylor, Emma	daughter	8	TN	NC	TN	
	Taylor, Ruphenia	daughter	1	TN	NC	TN	
	Dunn, Charles	bro in law	35	TN	TN	TN	lumber mill laborer
	Leffman, Claude	gr son	0	TN	VA	TN	
240	Gentry, Scott	head	57	TN	TN	TN	farmer
241	Taylor, Morris	head	33	TN	TN	TN	herbist laborer
	Taylor, Mary	wife	33	TN	TN	TN	
	Taylor, Lona	daughter	13	TN	TN	TN	
	Taylor, Grace	daughter	12	TN	TN	Tn	
	Taylor, Andrew	son	9	TN	TN	TN	
	Taylor, Wade	son	6	TN	TN	TN	
	Taylor, Ethel	daughter	4	TN	TN	TN	
	Taylor, Hugh	son	1	TN	TN	TN	
242	Taylor, John	head	36	TN	TN	TN	farm laborer
	Taylor, Flora	wife	40	TN	TN	TN	
	Taylor, Mary	daughter	13	TN	TN	TN	
	Taylor, James	son	10	TN	TN	TN	
	Taylor, Wylie	son	8	TN	TN	TN	
	Taylor, Samuel	son	6	TN	TN	TN	
	Taylor, Bonnie	daughter	4	TN	TN	TN	
	Taylor, Robert	son	1	TN	TN	TN	
243	Price, Corte	head	28	TN	NC	TN	farm laborer
	Price, Florence	wife	23	NC	NC	NC	
	Price, Howard	son	1	TN	TN	NC	
244	Abel, Henry Harrison	head	45	VA	TN	TN	blacksmith
	Abel, Lizzie Leona	wife	42	TN	TN	TN	
	Abel, Clarence	son	17	TN	VA	TN	odd jbo laborer
	Abel, Hubert L.	son	15	TN	VA	TN	
	Abel, Tina	daughter	12	TN	VA	TN	
	Abel, Mary	daughter	8	TN	VA	TN	
	Abel, Vance	son	5	TN	VA	TN	

Family #	Name	Relation	Age	I	F	M	Occupation
245	Neely, Gordon	head	29	TN	TN	TN	farmer
	Neely, Rebecca	mother(wd)	54	TN	TN	TN	farm laborer
	Neely, Annie	sister	28	TN	TN	TN	farm laborer
	Neely, Flora	sister	22	TN	TN	TN	private fmly servant
	Neely, Mary	sister	17	TN	TN	TN	
	Neely, Hallie	sister	15	TN	TN	TN	
246	Latham, Fannie	head(wd)	39	KY	KY	KY	
	Latham, Lillie	daughter	11	KY	NC	KY	
	Latham, Eugene	son	8	NC	NC	KY	
	Latham, Mary	daughter	6	NC	NC	KY	
247	Sutherland, Nancy	head (wd)	66	VA	VA	VA	
248	Davidson, Charles	head	45	TN	VA	NC	farmer
	Davidson, Dona	sister	40	TN	VA	NC	
249	Thomas, James F.	head	61	VA	VA	VA	postmaster
	Thomas, Mattie	wife	49	TN	TN	TN	
	Thomas, Fred J.	son	23	TN	VA	TN	grocery store slsman
	Thomas, Frence	son	18	TN	VA	TN	farm laborer
	Dixon, William	boarder	14	NC	NC	NC	farm laborer
	Arnold, Robert	boarder	25	TN	TN	NC	odd job laborer
	Shipley, Larry	boarder	26	TN	TN	TN	road const laborer
	Tadlock, Otis	boarder	18	TN	TN	TN	road const laborer
	Sturgill, Edd F.	boarder	31	TN	NC	TN	

Here ends the enumeration of the 1st District
Enumeration of 3rd begins on next page

Family #	Name	Relation	Age	I	F	M	Occupation

Third District

Family #	Name	Relation	Age	I	F	M	Occupation
1	Trivett, Clyde	head	29	TN	NC	NC	farmer
	Trivett, Sallie	wife	22	TN	TN	TN	
	Trivett, Ted	son	7	TN	TN	TN	
	Trivett, Irene	daughter	4	TN	TN	TN	
	Trivett, Wilma	daughter	2	TN	TN	TN	
2	Trivett, John	head (wd)	38	TN	TN	TN	farm laborer
3	Sheets, David	head	62	TN	NC	NC	farmer
	Sheets, Elizabeth	wife	46	NC	NC	NC	
	Sheets, Polly	daughter	19	TN	TN	NC	
	Sheets, Virginia	daughter	17	NC	TN	NC	
	Sheets, Lilly	daughter	14	NC	TN	NC	
4	Sheets, Walter	head	30	NC	TN	NC	farmer
	Sheets, Lucy	wife	24	NC	NC	NC	
	Sheets, James	son	1	NC	NC	NC	
	Sheets, Joseph	son	12	NC	NC	NC	
	Sheets, Sylvester	son	2	NC	NC	NC	
	Sheets, Delsa	son	9	NC	NC	NC	
5	Powell, James	head	47	TN	TN	TN	farmer
	Powell, Cora	wife	33	TN	TN	TN	
	Powell, Mary	mother(wd)	78	TN	TN	TN	
	Powell, James	son	4	TN	TN	TN	
	Powell, Pauline	daughter	2	TN	TN	TN	
	Powell, Danford	sister	44	TN	TN	TN	
	Powell, Ruth	daughter	5	TN	TN	TN	
	Powell, Cornelius	brother	40	TN	TN	TN	supply store salesman
	Brown, Quincy	boarder	14	TN	TN	TN	
6	Lewis, Rosa	head (wd)	48	NC	NC	NC	farmer
	Lewis, Dwight	son	19	NC	NC	NC	
	Lewis, Cloa	daughter	18	NC	NC	NC	
	Lewis, Vernon	son	14	NC	NC	NC	
	Lewis, Golda	daughter	13	TN	NC	NC	
	Lewis, Gladys	daughter	11	TN	NC	NC	
	Lewis, Mary	daughter	9	TN	NC	NC	
	Lewis, Bruce	son	7	TN	NC	NC	
7	Davis, Robert	head	63	TN	VA	TN	farmer
	Davis, Pruda	wife	53	NC	NC	TN	
	Davis, Purda	daughter	19	TN	TN	NC	
	Davis, Pauline	daughter	17	TN	TN	NC	
	Sutherland, Emma	daughter	38	NC	TN	NC	
	Sutherland, Josephine	gr dau	11	TN	TN	NC	
8	Richardson, Ernest	head	33	TN	NC	TN	farmer
	Richardson, Elsie	wife	29	NC	NC	NC	
	Richardson, Harrison	son	9	NC	TN	NC	
	Richardson, Roy	son	7	TN	TN	NC	

Family #	Name	Relation	Age	I	F	M	Occupation
	Richardson, Jessie	son	5	NC	TN	NC	
	Cook, Estil	boarder	17	NC	NC	NC	
9	Dunn, Alice	head (wd)	42	NC	NC	NC	farmer
	Dunn, Russell	son	13	TN	NC	NC	
	Dunn, Roby	son	11	TN	NC	NC	
	Dunn, Junior	son	8	TN	NC	NC	
	Dunn, Paul	son	5	TN	NC	NC	
	Dunn, Myrtle	daughter	1	TN	NC	NC	
10	Osborne, Lizzie	head (wd)	32	NC	TN	TN	farmer
	Osborne, John	son	12	TN	NC	NC	
	Osborne, Ruth	daughter	10	TN	NC	NC	
	Osborne, Mildred	daughter	6	TN	NC	NC	
	Osborne, Anna Lee	daughter	1	TN	NC	NC	
11	Payne, Sherman	head	53	TN	TN	TN	farmer
	Payne, Ella	wife	43	TN	TN	VA	
	Payne, Dana	son	18	TN	TN	TN	
	Payne, Mary	daughter	12	TN	TN	TN	
	Payne, Verna	daughter	6	TN	TN	TN	
12	Dunn, William E.	head	39	TN	TN	MO	farm laborer
	Dunn, Rebecca E.	wife	26	TN	NC	NC	
	Dunn, Arvil	son	8	TN	TN	TN	
	Dunn, Mabel	daughter	6	TN	TN	TN	
	Dunn, Leona	daughter	4	TN	TN	TN	
	Dunn, Edward	son	1	TN	TN	TN	
13	Dunn, John	head	62	TN	TN	TN	farmer
	Dunn, Rebecca	wife	60	MO	NC	GA	
	Dunn, Fred	son	21	TN	TN	MO	
	Dunn, Wade	son	13	TN	TN	MO	
14	Dunn, Della	head	46	TN	TN	TN	farmer
	Dunn, Denver	son	22	TN	TN	TN	farm laborer
	Dunn, Baxter	son	20	TN	TN	TN	farm laborer
	Dunn, Roseanna	daughter	19	TN	TN	TN	
	Dunn, Verna	niece	10	TN	TN	NC	
	Trivett, Ruth	boarder	8	TN	NC	TN	
	Trivett, Edward	boarder	2	TN	NC	TN	
15	Dunn, C. G.	head	45	TN	TN	TN	farmer
	Dunn, Susie	wife	31	TN	TN	TN	
	Dunn, Jasper	son	18	TN	TN	NC	
	Dunn, Edsel	son	16	TN	TN	NC	
	Dunn, Gaston	son	13	TN	TN	NC	
16	Johnson, A. C.	head (wd)	58	NC	NC	TN	farmer
	Johnson, Nellie	daughter	10	TN	NC	TN	
17	Walsh, Thomas	head (wd)	63	TN	NC	NC	farmer
	Walsh, Eugene	son	26	TN	TN	NC	farm laborer
	Walsh, Verda	dau in law	19	TN	TN	NC	

Family #	Name	Relation	Age	I	F	M	Occupation
	Tolbert, Howard	son in law	23	VA	VA	VA	farm laborer
	Tolbert, Dicy	daughter	23	TN	TN	NC	
	Tolbert, Ralph	gr son	2	TN	VA	TN	
18	Brown, J. A.	head	50	TN	NC	TN	farmer
	Brown, Rosa	wife	49	TN	TN	TN	
	Brown, Stella	daughter	8	TN	TN	TN	
19	Taylor, Charles	head	47	TN	TN	TN	farmer
	Taylor, Cora	wife	45	TN	TN	NC	
	Taylor, Ruth	daughter	24	TN	TN	TN	
	Taylor, Clyde	son	19	TN	TN	TN	
20	Dishman, Adolphus	head	66	NC	NC	NC	farmer
	Dishman, Dora	wife	63	NC	NC	NC	
	Dishman, Lundy	son	38	TN	NC	NC	farm laborer
	Dishman, William	son	30	TN	NC	NC	farm laborer
	Dishman, Ernest	gr son	8	TN	TN	TN	
21	Potter, Charles	head	69	TN	TN	NC	farmer
	Potter, Danford	wife	58	TN	NC	TN	
22	Mast, Wiley	head	52	TN	NC	TN	farmer
	Mast, Mary	wife	48	TN	NC	TN	
	Mast, Ferd	son	21	TN	TN	TN	farm laborer
	Mast, Hardy	son	19	TN	TN	TN	farm laborer
23	Dunn, William	head	42	TN	TN	TN	farmer
	Dunn, Maude	wife	36	NC	NC	NC	
	Dunn, Mamie	daughter	16	TN	TN	NC	
	Dunn, Ferd	son	14	TN	TN	NC	
	Dunn, Ella	daughter	10	TN	TN	NC	
	Dunn, Clinton	son	8	TN	TN	NC	
	Dunn, Oliva	daughter	5	TN	TN	NC	
	Dunn, Ruby	daughter	3	TN	TN	NC	
24	Curd, Alfred	head	36	TN	TN	VA	farmer
	Curd, Ira	wife	21	TN	TN	TN	
	Curd, Lynn	son	12	TN	TN	NC	
	Curd, Clay	son	9	ID	TN	NC	
	Curd, Adeonia	daughter	7	ID	TN	NC	
	Curd, Wanda	daughter	2	TN	TN	TN	
	Curd, Harold	son	0	TN	TN	TN	
25	Howard, James	head	44	TN	TN	TN	farmer
	Howard, Tisha	wife	43	TN	NC	TN	
	Howard, Fred	son	19	TN	TN	TN	farm laborer
	Howard, Russell	son	16	TN	TN	TN	
	Howard, Glenn	son	14	TN	TN	TN	
	Howard, Pearl	daughter	12	TN	TN	TN	
	Howard, Edna	daughter	10	TN	TN	TN	
26	Johnson, Lillie	head (wd)	30	TN	TN	NC	farmer
	Johnson, Oscar	son	13	TN	TN	TN	

Family #	Name	Relation	Age	I	F	M	Occupation
	Johnson, Irene	daughter	11	TN	TN	TN	
	Johnson, Ruth	daughter	8	TN	TN	TN	
	Johnson, Bruce	daughter	7	TN	TN	TN	
	Johnson, Sam	son	5	TN	TN	TN	
	Johnson, Hettie	daughter	3	TN	TN	TN	
	Johnson, Hattie	daughter	3	TN	TN	TN	
27	Eastridge, Roby	head	49	NC	NC	NC	farmer
	Eastridge, Ruth	wife	36	NC	NC	NC	
	Eastridge, Harley	son	13	NC	NC	NC	
	Eastridge, Flenor	son	9	NC	NC	NC	
	Eastridge, Lena	daughter	5	NC	NC	NC	
	Eastridge, Mable	daughter	1	TN	NC	NC	
28	Stout, Thomas	head	49	TN	TN	TN	farmer
	Stout, Polly	wife	39	TN	TN	TN	
	Stout, Pearl	daughter	18	TN	TN	TN	
	Stout, William	son	16	TN	TN	TN	
	Stout, Mina	daughter	13	TN	TN	TN	
	Stout, Thelma	daughter	12	TN	TN	TN	
	Stout, Eva	daughter	8	TN	TN	TN	
	Stout, Attry	daughter	8	TN	TN	TN	
	Stout, Vernie	daughter	7	TN	TN	TN	
	Stout, Roy	son	1	TN	TN	TN	
29	Mast, Joseph	head	70	TN	TN	TN	farmer
	Mast, Ella	wife	50	TN	NC	TN	
	Potter, Iris	boarder	36	NC	NC	NC	farm laborer
	Potter, Martin	boarder	4	NC	NC	NC	
30	Forrester, Charles	head	36	TN	NC	TN	farmer
	Forrester, Eva	wife	34	NC	NC	NC	
	Forrester, Lennith	daughter	13	TN	TN	NC	
	Forrester, Dicy	daughter	11	TN	TN	NC	
	Forrester, Conley	son	9	TN	TN	NC	
	Forrester, Ernest	son	7	TN	TN	NC	
	Forrester, Edith	daughter	6	TN	TN	NC	
	Forrester, Marie	daughter	3	TN	TN	NC	
	Forrester, Ruth	daughter	1	TN	TN	NC	
31	Woodard, Earl	head	19	TN	TN	TN	farmer
	Woodard, Mae	wife	18	TN	TN	TN	
32	Allen, Alvin	head	77	NC	TN	NC	farmer
	Allen, Tishie	wife	70	NC	NC	NC	
	Allen, Lillian	gr dau	14	TN	NC	TN	
	Allen, Lona	gr dau	12	TN	NC	TN	
33	Arnold, Larkin	head	25	TN	TN	TN	farmer
	Arnold, Mattie	wife	25	TN	TN	TN	
	Arnold, Ella Mae	daughter	9	TN	NC	TN	
34	Osborne, Mollie	head (wd)	54	TN	TN	NC	farmer

Family #	Name	Relation	Age	I	F	M	Occupation
	Osborne, Herman	son	17	TN	NC	TN	
35	Osborne, Edna	head	22	TN	NC	TN	farm laborer
	Osborne, Mildred	daughter	5	TN	TN	TN	
	Osborne, Bernice	daughter	3	TN	TN	TN	
	Osborne, Mae	daughter	1	TN	TN	TN	
36	Davenport, James	head	47	NC	NC	NC	farmer
	Davenport, Cora	wife	42	TN	TN	NC	
	Davenport, Marvin	son	11	TN	NC	TN	
37	Roark, Mandy	head	58	TN	TN	NC	farmer
38	McEwen, Robert	head	59	NC	VA	NC	farmer
39	Lipford, B. V.	head	52	TN	NC	TN	farmer
	Lipford, Vira	wife	44	TN	TN	TN	
	Lipford, Claude	son	22	TN	TN	TN	farm laborer
	Lipford, Dana	son	19	TN	TN	TN	farm laborer
	Lipford, Fred	son	15	TN	TN	TN	
	Lipford, Donald	son	13	TN	TN	TN	
	Lipford, Hazel	daughter	8	TN	TN	TN	
40	Forrester, Caroline	head	56	NC	NC	NC	farmer
	Forrester, Frances	boarder	15	TN	NC	TN	
41	Lewis, John	head	50	TN	NC	TN	farmer
	Lewis, Callie	wife	45	TN	TN	NC	
	Lewis, Della	daughter	18	TN	TN	TN	
	Lewis, Paul	son	16	TN	TN	TN	
	Lewis, Grace	daughter	14	TN	TN	TN	
	Lewis, Ellen	daughter	12	TN	TN	TN	
	Lewis, Wade	son	9	TN	TN	TN	
	Lewis, Ada	daughter	8	TN	TN	TN	
	Lewis, Lena	daughter	5	TN	TN	TN	
	Lewis, Gladys	daughter	2	TN	TN	TN	
42	Potter, Jacob	head	55	TN	TN	TN	farmer
	Potter, Myrtle	wife	40	TN	TN	TN	
	Potter, Verna	daughter	16	TN	TN	TN	
	Potter, Clyde	son	15	TN	TN	TN	
	Potter, Joe	son	12	TN	TN	TN	
	Potter, Josie	daughter	10	TN	TN	TN	
43	Forrester, Elsie	head	42	TN	NC	TN	farmer
44	Potter, Clarence	head	29	TN	TN	TN	farmer
	Potter, Ada	wife	30	TN	NC	TN	
	Potter, Hazel	daughter	9	TN	TN	TN	
	Potter, Fred	son	8	TN	TN	TN	
45	Dollar, Charley	head	53	TN	NC	NC	farmer
	Dollar, Lydia	wife	51	TN	TN	NC	
46	Davis, William	head	33	NC	TN	NC	farmer
	Davis, Cora	wife	34	NC	NC	NC	
	Davis, Robert	son	2	NC	NC	NC	

Family #	Name	Relation	Age	I	F	M	Occupation
47	Morefield, Joe	head	44	TN	TN	TN	farm laborer
	Morefield, Pearl	wife	34	TN	TN	TN	
	Morefield, Robert	son	19	TN	TN	TN	farm laborer
	Morefield, Elbert	son	18	TN	TN	TN	farm laborer
	Morefield, Ethel	daughter	7	TN	TN	TN	
	Morefield, Oliver	son	4	TN	TN	TN	
48	Wilson, Fate	head	36	NC	NC	NC	farmer
	Wilson, Hassie	wife	33	TN	TN	NC	
	Wilson, Mary Lou	daughter	1	TN	NC	TN	
49	Wilson, Joshua	head	32	NC	NC	NC	farmer
	Wilson, Betty	wife	31	TN	TN	NC	
	Wilson, Mary	daughter	11	TN	NC	TN	
	Wilson, Beula	daughter	9	TN	NC	TN	
	Wilson, Lester	son	3	TN	NC	TN	
	Wilson, Junior	son	2	TN	NC	TN	
	Wilson, Elmer	son	0	TN	NC	TN	
50	Roark, John	head	53	NC	NC	TN	farmer
	Roark, Laura	wife	45	TN	NC	TN	
	Roark, McKinley	son	25	TN	NC	TN	farm laborer
	Roark, Elsie	dau in law	25	NC	NC	TN	
	Roark, Margie	gr dau	1	TN	TN	NC	
	Roark, Glenn	gr son	18	TN	NC	NC	farm laborer
51	Howard, David	head	42	TN	TN	TN	farmer
	Howard, Susie	wife	42	TN	TN	TN	
	Howard, Edward	son	9	TN	TN	TN	
	Howard, Gladys	daughter	4	TN	TN	TN	
	Howard, Pauline	daughter	2	TN	TN	TN	
	Howard, Tisha	mother	75	TN	TN	NC	
52	Johnson, Manuel	head	53	TN	NC	NC	farmer
	Johnson, Maty Belle	wife	49	TN	VA	TN	
	Johnson, Dana	son	22	TN	TN	TN	
	Johnson, Carma	son	20	TN	TN	TN	
	Johnson, Zollie	son	18	TN	TN	TN	
	Johnson, Mae	daughter	16	TN	TN	TN	
	Johnson, Hassie	daughter	15	TN	TN	TN	
	Johnson, Mable	daughter	13	TN	TN	TN	
	Johnson, Verna	daughter	11	TN	TN	TN	
	Johnson, Fred	son	9	TN	TN	TN	
53	Johnson, Claud	head	27	TN	TN	TN	farm laborer
	Johnson, Lillian	wife	20	TN	TN	NC	
	Johnson, Virgie	daughter	1	TN	TN	TN	
54	Sluder, Roy	head	44	NC	NC	NC	farmer
	Sluder, Nancy	wife	35	TN	TN	TN	
	Sluder, Forrest	son	16	TN	NC	TN	
	Sluder, Muriel	daughter	13	TN	NC	TN	

Family #	Name	Relation	Age	I	F	M	Occupation
	Sluder, Leona	daughter	6	TN	NC	TN	
	Sluder, Viola	daughter	3	TN	NC	TN	
	Sluder, Bernice	daughter	0	TN	NC	TN	
55	Parsons, Henry	head	51	TN	IR	NC	farmer
	Parsons, O. Tavy	wife	46	TN	TN	NC	
	Parsons, Dana	son	12	TN	TN	TN	
	Parsons, Ruby	daughter	10	TN	TN	TN	
	Parsons, Mable	daughter	8	TN	TN	TN	
56	Potter, John	head	35	TN	TN	TN	farmer
	Potter, Viola	wife	28	NC	VA	NC	
	Potter, Clarence	son	8	NC	TN	NC	
	Potter, Thelma	daughter	7	NC	TN	NC	
	Potter, Roby	son	5	NC	TN	NC	
	Potter, Bonnie	daughter	3	NC	TN	NC	
	Potter, Irene	daughter	2	NC	TN	NC	
57	Lipford, Elbert	head	52	TN	NC	TN	farmer
	Lipford, Nora	wife	38	NC	NC	NC	
	Lipford, Nellie	daughter	16	TN	TN	NC	
	Lipford, Glenn	son	11	TN	TN	NC	
	Lipford, Lorene	daughter	6	TN	TN	NC	
	Lipford, Marvin	son	4	TN	TN	NC	
	Howard, Wallace	son in law	25	OR	TN	TN	farm laborer
	Howard, Delia	daughter	20	TN	TN	NC	
58	Taylor, S. T.	head	37	TN	TN	NC	farmer
	Taylor, Verna	wife	36	TN	TN	NC	
	Taylor, Wade	son	16	TN	TN	TN	
	Taylor, Walter	son	12	TN	TN	TN	
	Taylor, Robert	son	7	TN	TN	TN	
	Taylor, Billy	son	2	TN	TN	TN	
59	Proffitt, Leonard	head	60	TN	TN	TN	farmer
	Proffitt, Susie	wife	55	TN	TN	TN	
	Proffitt, Fred	son	19	TN	TN	TN	
	Proffitt, Elmer	son	18	TN	TN	TN	
60	Brown, Eugene	head	43	TN	NC	TN	building contractor
	Brown, Flossie	wife	36	TN	TN	TN	
	Brown, Carl	son	10	TN	TN	TN	
	Brown, Dorothy	daughter	7	TN	TN	TN	
	Brown, Vinnie	daughter	2	TN	TN	TN	
61	Greer, Albert	head	24	TN	NC	TN	farmer
	Greer, Gertie	wife	24	TN	TN	MO	
62	Hammons, John	head	50	TN	TN	NC	farmer
	Hammons, Florence	wife	42	TN	TN	NC	
	Hammons, Robert	gr son	7	NC	NC	TN	
63	Dowell, William	head	65	TN	NC	TN	farmer
	Dowell, Annie	wife	56	TN	VA	NC	

Family #	Name	Relation	Age	I	F	M	Occupation
	Dowell, Fred	son	27	TN	TN	TN	farm laborer
	Dowell, Ralph	son	19	TN	TN	TN	
	Dowell, Ruby	daughter	16	TN	TN	TN	
	Dowell, Edith	daughter	14	TN	TN	TN	
	Kosdis, Mae	daughter	29	TN	TN	TN	
	Kosdis, Virginia	gr dau	5	TN	HU	TN	
	Kosdis, Betty	gr dau	0	TN	HU	TN	
64	Potter, Rosa	head	48	TN	U.S.	TN	
	Potter, Delous	won	24	TN	TN	TN	farmer
	Potter, Mae	daughter	20	TN	TN	TN	
	Potter, Frances	daughter	14	TN	TN	TN	
	Potter, Blaine	son	11	TN	TN	Tn	
	Potter, Arvel	gr son	2	TN	TN	TN	
65	Nichols, Bynum	head	31	NC	NC	NC	road const laborer
	Nichols, Frances	wife	30	TN	NC	NC	
	Nichols, Pauline	daughter	9	TN	NC	TN	
	Nichols, Junior	son	4	TN	NC	TN	
66	Simcox, Stacy	head	45	TN	NC	NC	farmer
	Simcox, Villa	wife	45	NC	TN	NC	
	Simcox, Nannie	daughter	20	TN	TN	NC	
	Simcox, Gladys	daughter	18	TN	TN	NC	
	Simcox, Burl	son	16	TN	TN	NC	
67	Simcox, Dana	head	23	TN	TN	TN	farmer
	Simcox, Ruth	wife	20	TN	TN	TN	
68	Curd, Harrison	head	49	TN	TN	TN	farmer
	Curd, Della	wife	32	TN	TN	TN	
69	Taylor, Stephen	head (wd)	70	TN	VA	VA	farmer
70	Brown, George	head	24	TN	TN	TN	farm laborer
	Brown, Alice	wife	20	TN	TN	TN	
	Brown, Bruce	son	2	TN	TN	TN	
	Brown, Claude	son	1	TN	TN	TN	
	Brown, Charles	brother	21	TN	TN	TN	farm laborer
	Brown, Louis	brother	11	TN	TN	TN	
71	Brown, M. F.	head (wd)	72	NC	NC	NC	farmer
	Brown, Lafayette	son	39	TN	NC	NC	farm laborer
	Brown, Maggie	dau in law	35	NC	NC	NC	
	Brown, Marvin	gr son	13	TN	TN	TN	
	Brown, Howard	gr son	18	TN	TN	TN	
	Icenhour, Laura	boarder	19	TN	NC	NC	
72	Brown, Tillman	head	52	TN	NC	NC	farm machinist
	Brown, Flossy	wife	51	TN	TN	NC	
73	May, John	head	36	TN	TN	TN	farmer
	May, Texie	wife	36	NC	NC	NC	
	May, Hartley	son	19	TN	TN	TN	farm laborer
	May, Manuel	son	13	TN	TN	NC	

Family #	Name	Relation	Age	I	F	M	Occupation
	May, Annie	daughter	12	TN	TN	NC	
	May, Mamie	daughter	10	TN	TN	NC	
	May, Alene	daughter	7	TN	TN	NC	
	May, Della	daughter	5	TN	TN	NC	
	May, Lorraine	daughter	3	TN	TN	NC	
	May, Ester	daughter	0	TN	TN	NC	
74	Osborne, Lydia	head (wd)	56	TN	TN	TN	farmer
	Dunn, Betty	mth in law	78	TN	TN	NC	
75	Hammons, Millard	head	44	TN	TN	NC	farmer
	Hammons, Mattie	wife	35	NC	NC	VA	
	Hammons, Gladys	daughter	16	TN	TN	NC	
	Hammons, Viola	daughter	14	TN	TN	NC	
	Hammons, Mary	daughter	11	TN	TN	NC	
76	Dunn, Hilda	head	37	TN	TN	TN	farmer
	Dunn, Carrie	daughter	14	TN	TN	TN	
	Dunn, Fred	son	12	TN	TN	TN	
	Dunn, Pearl	daughter	9	TN	TN	TN	
	Dunn, Ethel	daughter	7	TN	NC	TN	
	Dunn, Glenn	son	5	TN	NC	TN	
	Dunn, Edna	daughter	1	TN	NC	TN	
	Dunn, Von	son in law	22	TN	TN	NC	farm laborer
	Dunn, Ruth	daughter	19	TN	NC	TN	
	Dunn, Dale	gr dau	1	TN	TN	TN	
77	Willen, Clifford	head	39	TN	TN	NC	farmer
	Willen, Florence	wife	39	TN	TN	TN	
	Willen, Conley	son	19	TN	TN	TN	
	Willen, Ray	son	17	TN	TN	TN	
	Willen, Maxie	daughter	14	TN	TN	TN	
	Willen, Howard	son	12	TN	TN	TN	
	Willen, Lexie	daughter	10	TN	TN	TN	
	Willen, Ollie	daughter	8	TN	TN	TN	
	Willen, Marie	daughter	6	TN	TN	TN	
	Willen, Lee Roy	son	2	TN	TN	TN	
78	Potter, Wiley	head	28	TN	TN	TN	farmer
	Potter, Emmer	wife	21	TN	TN	TN	
	Potter, Gurney	son	2	TN	TN	TN	
79	Arnold, John	head	49	TN	TN	TN	farmer
	Arnold, Maggie	wife	51	TN	TN	TN	
	Arnold, Fred	son	18	TN	TN	TN	farm laborer
	Arnold, Glenn	son	17	TN	TN	TN	
	Arnold, Anna	daughter	16	TN	TN	TN	
	Osborne, James	son in law	25	TN	TN	TN	public works laborer
	Osborne, Curly	daughter	24	TN	TN	TN	
	Osborne, Virginia	gr dau	0	TN	TN	TN	
80	Forrester, Asa	head	39	TN	NC	TN	farmer

Family #	Name	Relation	Age	I	F	M	Occupation
	Forrester, Mary	wife	42	TN	TN	TN	
	Forrester, Hattie	daughter	16	TN	TN	TN	
	Forrester, Sara Julie	daughter	14	TN	TN	TN	
81	Hammons, B. F.	head	38	TN	TN	NC	farmer
	Hammons, Ruth	wife	35	NC	NC	NC	
	Hammons, Nina	daughter	12	TN	TN	NC	
	Hammons, Ray	son	10	TN	TN	NC	
	Hammons, Fay	daughter	7	TN	TN	NC	
82	Hammons, A. W.	head	32	TN	TN	TN	farmer
	Hammons, Lora	wife	21	TN	TN	TN	
	Hammons, Bernice	daughter	4	TN	TN	TN	
	Hammons, Elmer	son	2	TN	TN	TN	
	Hammons, Paul	son	0	TN	TN	TN	
83	Hammons, Lue	head (wd)	71	NC	NC	NC	farmer
	Hammons, Mattie	daughter	34	TN	NC	NC	
84	Hammons, Conley	head	22	TN	NC	TN	farm laborer
	Hammons, Blanch	wife	23	TN	TN	TN	
85	Hall, M. C.	head	27	TN	TN	TN	sawmill laborer
	Hall, Emma	wife	22	TN	TN	TN	
	Hall, Dorotha	daughter	4	TN	TN	TN	
	Hall, Harley	son	2	TN	TN	TN	
	Hall, Waunita	daughter	0	TN	TN	TN	
86	Simcox, Tillman	head	55	TN	NC	NC	farmer
	Simcox, Cora	wife	51	TN	TN	TN	
	Simcox, Selmer	son	18	TN	TN	TN	
	Simcox, Ida	daughter	16	TN	TN	TN	
	Simcox, Dessie	daughter	14	TN	TN	TN	
	Hayworth, Burl	nephew	10	TN	TN	TN	
87	Curd, Henry	head	49	TN	TN	VA	farmer
	Curd, Vada	wife	41	TN	TN	TN	
	Curd, Claude	son	16	TN	TN	TN	
	Crawford, Nell	boarder	25	TN	TN	TN	public school tchr
	Reece, Grace	boarder	22	TN	TN	TN	public school tchr
88	Curd, Richard	head	70	TN	TN	TN	farmer
	Curd, Mary	wife	69	VA	VA	VA	
	Curd, Josie	dau (wd)	20	TN	TN	VA	
	Curd, Opalee	gr dau	3	TN	TN	TN	
89	Gambill, B. Smith	head	37	TN	NC	NC	farmer
	Gambill, Charlotte	wife	32	NC	NC	NC	
	Gambill, Mary	daughter	13	TN	TN	NC	
	Gambill, Roy	son	10	TN	TN	NC	
	Gambill, Henry	son	7	TN	TN	NC	
	Gambill, Dana	son	1	TN	NC	NC	
	Dunn, Celia	aunt	76	TN	TN	TN	
90	Dunn, Wesley	head	80	TN	TN	TN	farmer

Family #	Name	Relation	Age	I	F	M	Occupation
	Dunn, Sally	wife	60	NC	NC	NC	
91	Hammons, John	head	71	TN	TN	TN	farmer
	Hammons, Bessie	wife	26	NC	NC	TN	
	Hammons, Emma	daughter	9	TN	TN	NC	
	Hammons, Janetta	daughter	6	TN	TN	NC	
	Hammons, John	son	1	TN	TN	NC	
92	Hammons, W. M.	head (wd)	67	TN	TN	TN	farmer
	Hammons, Vada	daughter	24	TN	TN	TN	
	Hammons, Roosevelt	son	13	TN	TN	TN	
93	Woodard, David	head	41	TN	TN	TN	farmer
	Woodard, Verna	wife	30	NC	TN	TN	
	Woodard, Roby	son	15	TN	TN	TN	
	Woodard, June	daughter	2	TN	TN	NC	
94	Payne, U. B.	head	42	TN	TN	NC	farmer
	Payne, Lucille	wife	29	OK	TN	TN	
	Payne, Lawrence	son	19	TN	TN	TN	
	Payne, Mabel	daughter	13	TN	TN	TN	
	Payne, Blanch	daughter	11	TN	TN	TN	
	Payne, Walter	son	4	TN	TN	OK	
	Payne, Dessie	daughter	2	TN	TN	OK	
	Hammons, June	step dau	10	MT	TN	OK	
	Hammons, Raymond	step son	8	TN	TN	OK	
95	Payne, M. H.	head	36	TN	TN	NC	farmer
	Payne, Lyda	wife	32	TN	TN	VA	
	Payne, Leona	daughter	9	TN	TN	TN	
	Payne, Billy	son	7	TN	TN	TN	
	Payne, Emmaline	daughter	4	TN	TN	TN	
	Payne, Pauline	daughter	0	TN	TN	TN	
96	Payne, Lyda	head (wd)	75	NC	NC	TN	
97	Taylor, Eli	head	56	TN	TN	VA	farmer
	Taylor, Zora	wife	55	TN	TN	NC	
	Taylor, Bradley	son	24	TN	TN	TN	farm laborer
	Taylor, Steven	son	21	TN	TN	TN	farm laborer
	Taylor, Eli	son	20	TN	TN	TN	farm laborer
	Taylor, Mary	daughter	17	TN	TN	TN	
	Taylor, Alma	daughter	15	TN	TN	TN	
	Taylor, Hope	daughter	14	TN	TN	TN	
98	Willen, Thomas	head	50	TN	TN	TN	farmer
	Willen, Jane	wife	23	TN	TN	TN	
	Willen, Perdie	daughter	14	TN	TN	TN	
	Willen, Ardney	daughter	8	TN	TN	TN	
	Willen, Amos	son	3	TN	TN	TN	
99	Farmer, William	head	30	TN	TN	NC	farmer
	Farmer, Myrtle	wife	27	TN	TN	NC	
	Farmer, Edgar	son	8	TN	TN	TN	

Family #	Name	Relation	Age	I	F	M	Occupation
	Farmer, Curtis	son	4	TN	TN	TN	
	Farmer, Pansy	daughter	2	TN	TN	TN	
	Farmer, Nathaniel	son	0	TN	TN	TN	
100	Woodard, Emma	head (wd)	28	TN	NC	TN	farmer
	Woodard, Ernest	son	11	WV	NC	TN	
	Woodard, Blanch	daughter	8	NC	TN	TN	
	Woodard, Oneil	son	6	TN	TN	TN	
	Woodard, Etta Mae	daughter	4	TN	TN	TN	
	Woodard, James	son	1	TN	TN	TN	
	Woodard, Elliott	son	0	TN	TN	TN	
	Eldreth, Lettie	sister	24	TN	NC	TN	
	Eldreth, Elmer	nephew	7	TN	TN	TN	
	Eldreth, Fred	nephew	2	TN	NC	TN	
	Eldreth, Vernie	sister	22	TN	NC	TN	
	Eldreth, Vicie	niece	6	TN	TN	TN	
	Eldreth, Fanny	niece	4	TN	TN	TN	
	Eldreth, Arless	nephew	2	TN	TN	TN	
	Eldreth, Virgil	brother	12	TN	NC	TN	
	Eldreth, Robert	brother	9	TN	NC	TN	
101	Perkins, Roscoe	head	32	NC	NC	NC	farmer
	Perkins, Alice	wife	40	TN	TN	TN	
	Perkins, Blanch	step dau	18	TN	TN	TN	
	Perkins, Cleo	step dau	14	TN	TN	TN	
	Perkins, Earl	son	11	TN	NC	TN	
	Perkins, Ruby	daughter	9	TN	NC	TN	
	Perkins, Shelton	son	6	TN	NC	TN	
	Perkins, Eddie	son	1	TN	NC	TN	
102	Potter, Hartley	head	21	TN	TN	TN	farmer
103	Eastridge, Wilburn	head	46	NC	NC	NC	farmer
	Eastridge, Delia	wife	30	TN	TN	TN	
	Eastridge, Hacker	son	9	TN	NC	TN	
	Eastridge, Ethel	daughter	2	TN	NC	TN	
	Eastridge, Mae	daughter	0	TN	NC	TN	
104	Gambill, Payton	head	71	NC	NC	NC	farmer
	Gambill, Polly	wife	69	TN	TN	TN	
	Gambill, Hazel	niece	12	TN	TN	NC	
105	Hammons, Thomas	head	73	TN	TN	TN	farmer
	Hammons, Nancy	wife	69	TN	TN	NC	
106	Hammons, Roy	head	45	TN	TN	TN	farmer
	Hammons, Emma	wife	34	TN	TN	TN	
	Hammons, Ida	daughter	17	TN	TN	TN	
	Hammons, Lacy	son	15	TN	TN	TN	
	Hammons, Wade	son	12	TN	TN	TN	
	Hammons, Thelma	daughter	5	TN	TN	TN	
	Hammons, Robert	son	3	TN	TN	TN	

Family #	Name	Relation	Age	I	F	M	Occupation
	Hammons, R. B.	son	0	TN	TN	TN	
107	Head, W. Scott	head	69	TN	NC	TN	farmer
	Head, Oma	wife	61	TN	TN	TN	
	Head, Ronda	gr son	12	TN	TN	TN	
	Head, Ruth	gr dau	10	TN	TN	Tn	
	Head, Roy	gr son	9	TN	NC	TN	
	Head, R. S.	gr son	7	TN	TN	TN	
	Head, John	gr son	3	TN	TN	TN	
	Head, J. G.	gr son	5	TN	TN	TN	
108	Hammons, Wm. E.	head	48	TN	TN	NC	farmer
	Hammons, Ida	wife	44	TN	TN	NC	
	Hammons, Bonnie	daughter	23	TN	TN	TN	public school tchr
	Hammons, Ernest	son	19	TN	TN	TN	
	Hammons, Erline	daughter	17	TN	TN	TN	
	Hammons, Thelma	daughter	15	TN	TN	TN	
	Hammons, Edward	son	5	TN	TN	TN	
109	Curd, Susan	head (wd)	54	TN	NC	TN	farmer
	Curd, Emma	daughter	19	TN	TN	TN	
110	Curd, Eula	head (wd)	31	TN	TN	TN	farmer
	Curd, Carl	son	8	TN	TN	TN	
	Curd, Sadie	daughter	3	TN	TN	TN	
111	Payne, Roby S.	head	48	TN	TN	NC	farmer
	Payne, Maggie	wife	48	NC	NC	NC	
	Payne, Dayton	son	19	TN	TN	NC	construction laborer
	Payne, Faye	daughter	16	TN	TN	NC	
112	Payne, David	head	40	TN	TN	NC	farmer
	Payne, Dora	wife	40	NC	NC	NC	
	Payne, Della	daughter	19	TN	TN	NC	
	Payne, Bonnie	daughter	17	TN	TN	NC	
	Payne, Stella	daughter	15	TN	TN	NC	
	Payne, Elmer	son	13	TN	TN	NC	
	Payne, James	son	10	TN	TN	NC	
	Payne, Clay	son	7	TN	TN	NC	
	Payne, Blanch	daughter	3	TN	TN	NC	
113	Tedder, Joel	head	23	NC	NC	NC	farmer
	Tedder, Ethel	wife	20	NC	NC	Nc	
	Tedder, Delmar	son	1	TN	NC	NC	
114	Payne, James	head	69	TN	NC	NC	farmer
	Payne, Laura	wife	65	NC	NC	NC	
	Payne, Lennis	daughter	19	TN	TN	NC	
115	Jones, Frank	head	43	NC	NC	NC	farmer
	Jones, Rosa	wife	42	NC	NC	NC	
	Jones, Ollie	daughter	19	NC	NC	NC	
	Jones, Mae	daughter	17	NC	NC	NC	
	Jones, Elmer	son	14	NC	NC	NC	

Family #	Name	Relation	Age	I	F	M	Occupation
	Jones, Bonnie	daughter	12	NC	NC	NC	
	Jones, Effie	daughter	11	NC	NC	NC	
	Jones, Carl	son	1	TN	NC	NC	
116	Payne, Roy	head	29	TN	TN	NC	farmer
	Payne, Hetty	wife	24	TN	TN	TN	
	Payne, Glenn	son	2	TN	TN	TN	
117	Hockedy, Lennis	head	34	NC	NC	NC	farmer
	Hockedy, Rosa	wife	34	NC	NC	NC	
	Hockedy, Grace	daughter	13	NC	NC	NC	
	Hockedy, Opal	daughter	9	TN	NC	NC	
	Hockedy, Ross	son	3	TN	NC	NC	
118	Lipford, Bamman	head	28	TN	TN	TN	farmer
	Lipford, Mae	wife	27	NC	NC	NC	
	Lipford, Doyle	son	9	TN	TN	NC	
	Lipford, Perry	son	7	TN	TN	NC	
	Lipford, Fastine	daughter	5	TN	TN	NC	
	Lipford, Norma	daughter	3	TN	TN	NC	
	Lipford, Ralph	son	0	TN	TN	NC	
	Lipford, R. G.	father	59	TN	NC	NC	
	Lipford, Sallie	mother	54	TN	TN	TN	
	Lipford, Ray	brother	21	TN	TN	TN	farm laborer
119	Arnold, Clarence	head	35	TN	NC	TN	farmer
	Arnold, Alice	wife	29	TN	TN	TN	
	Arnold, Agatha	daughter	10	TN	TN	TN	
	Arnold, Glenn	son	9	TN	TN	TN	
	Arnold, Hallie	daughter	7	TN	TN	TN	
	Arnold, Ray	son	5	TN	TN	TN	
	Arnold, John	son	3	TN	TN	TN	
	Arnold, Wade	son	1	TN	TN	TN	
120	Allen, Sallie	head	48	TN	NC	TN	farmer
	Allen, Hazel	daughter	22	TN	NC	TN	
	Allen, Grace	daughter	18	TN	NC	TN	
	Allen, Harding	son	8	TN	NC	TN	
	Allen, Coolidge	son	6	TN	NC	TN	
121	Howard, Robert	head	53	TN	TN	TN	farmer
	Howard, Susan	wife	48	TN	TN	TN	
	Howard, Luther	son	26	TN	TN	TN	farm laborer
	Howard, David	son	21	TN	TN	TN	farm laborer
	Howard, Ella	daughter	18	TN	TN	TN	
	Howard, Mattie	daughter	13	TN	TN	TN	
	Howard, Ross	son	11	TN	TN	TN	
	Howard, Burton	son	9	TN	TN	TN	
122	Smith, John C.	head	54	TN	TN	TN	farmer
	Smith, Oma Potter	wife	49	TN	TN	TN	
	Smith, Bessie	daughter	24	TN	TN	TN	

Family #	Name	Relation	Age	I	F	M	Occupation
	Smith, J. T.	son	19	TN	TN	TN	
123	Lewis, Spencer	head	26	TN	NC	NC	farm laborer
	Lewis, Bell	wife	20	TN	TN	TN	
	Lewis, Fred	son	5	TN	TN	TN	
	Lewis, Edgar	son	3	TN	TN	TN	
	Lewis, Roy	son	1	TN	TN	TN	
124	Martin, Walter	head	28	TN	TN	TN	farm laborer
	Martin, Dora	wife	28	TN	TN	TN	
	Martin, Ruby	daughter	7	TN	TN	TN	
	Martin, Gerney	son	5	TN	TN	TN	
125	Jones, Preston	head	21	NC	NC	NC	farm laborer
	Jones, Estie	wife	18	NC	NC	NC	
126	Lewis, Hillary	head	44	NC	NC	NC	farmer
	Lewis, Failie	wife	36	TN	TN	TN	
	Lewis, Hallie	daughter	15	TN	NC	TN	
	Lewis, Roy	son	13	TN	NC	TN	
	Lewis, Ancel	daughter	11	TN	NC	TN	
	Lewis, Cloe	daughter	9	TN	NC	TN	
	Lewis, Dela	daughter	5	TN	NC	TN	
	Lewis, Charlene	daughter	3	TN	NC	TN	
	Lewis, Nellie Gracy	daughter	0	TN	NC	TN	
	Hampton, Victoria	mth in law	72	TN	TN	TN	
127	Lewis, George	head	43	TN	NC	TN	farmer
	Lewis, Matilda	wife	44	NC	NC	NC	
	Lewis, Ben	son	11	TN	TN	NC	
128	Lewis, Frank	head	50	NC	NC	TN	farmer
	Lewis, Rosenia	wife	48	TN	TN	TN	
	Lewis, Dorthy	daughter	18	TN	NC	TN	
	Lewis, Ethel	daughter	14	TN	NC	TN	
	Lewis, Lida	daughter	12	TN	NC	TN	
	Lewis, Zola	daughter	9	TN	NC	TN	
129	Dowell, Charles	head	39	TN	TN	TN	farmer
	Dowell, Nancy	wife	39	TN	TN	TN	
	Dowell, Hazel	daughter	15	TN	TN	TN	
	Dowell, Virda	daughter	14	TN	TN	TN	
	Dowell, Opel	daughter	12	TN	TN	TN	
	Dowell, Virginia	daughter	9	TN	TN	TN	
	Dowell, Ester	daughter	7	TN	TN	TN	
	Dowell, Junior	son	4	TN	TN	TN	
	Dowell, Ralph	son	2	TN	TN	TN	
	Dowell, J. W.	son	0	TN	TN	TN	
130	Dowell, George	head	41	TN	TN	TN	farmer
	Dowell, Verda	wife	32	TN	TN	NC	
	Dowell, Helen	daughter	1	TN	TN	TN	
	Dowell, Martin	son	0	TN	TN	TN	

Family #	Name	Relation	Age	I	F	M	Occupation
131	Martin, David	head	50	TN	NC	NC	farmer
	Martin, Nealie	wife	44	NC	NC	NC	
	Potter, Abraham	fth in law	88	NC	NC	NC	
132	Martin, Nicholas	head	28	TN	TN	TN	farmer
	Martin, Ruth	wife	28	TN	TN	TN	
	Martin, Russell	son	5	TN	TN	TN	
	Martin, Wade	son	3	TN	TN	TN	
	Martin, Virginia	daughter	1	TN	TN	TN	
	Martin, Alex	son	0	TN	TN	TN	
	Goins, Wiley	boarder	36	TN	TN	TN	farm laborer
133	Potter, Clarence	head (wd)	45	NC	NC	NC	farmer
134	Poe, Enoch	head	20	TN	TN	TN	farmer
	Poe, Tisha	aunt	48	TN	NC	TN	
	Poe, Maggie	mother	36	TN	NC	TN	
135	Martin, George	head	59	TN	NC	TN	farmer
	Martin, Rebecca	wife	51	TN	NC	TN	
	Martin, Nancy	daughter	31	TN	TN	TN	
	Martin, Mary	daughter	18	TN	TN	TN	
136	Trivette, Garfield	head	35	TN	NC	NC	farmer
	Trivette, Viria	wife	32	TN	TN	TN	
	Trivette, Arliss	son	10	TN	TN	TN	
	Trivette, Roddie	son	8	TN	TN	TN	
	Trivette, Odey	son	5	TN	TN	TN	
	Trivette, Loss	son	3	TN	TN	TN	
	Trivette, Nyla Mae	daughter	0	TN	TN	TN	
	Martin, Thomas	fth in law	63	TN	NC	NC	
137	Greer, John	head	52	TN	NC	NC	farmer
	Greer, Laura	wife	48	NC	NC	NC	
	Greer, Thelma	daughter	21	TN	TN	NC	
	Greer, Roby	son	17	TN	TN	NC	
	Greer, Stacy	son	16	TN	TN	NC	
	Greer, Wiley	son	13	TN	TN	NC	
	Greer, Hattie	daughter	11	TN	TN	NC	
	Greer, Gurney	son	8	TN	TN	NC	
	Greer, Ollie	daughter	4	TN	TN	NC	
	Greer, Fred	son	2	TN	TN	NC	
138	Dunn, Henry	head	62	TN	TN	TN	farmer
	Dunn, Mary	wife	58	TN	KY	TN	
	Dunn, John	son	19	TN	TN	TN	farm laborer
	Dunn, Ruth	daughter	12	TN	TN	TN	
139	Dowell, John	head	59	TN	TN	TN	farmer
	Dowell, Lydia	wife	58	TN	TN	NC	
	Stewart, Mamie	gr dau	6	TN	US	TN	
140	Ellison, Pinkney	head	20	NC	NC	NC	farm laborer
	Ellison, Minnie	wife	16	NC	NC	NC	

Family #	Name	Relation	Age	I	F	M	Occupation
141	Herndon, Dana	head	31	VA	VA	VA	farmer
	Herndon, Bessie	wife	28	TN	TN	VA	
	Herndon, Bonnie	daughter	7	VA	VA	TN	
	Herndon, Margie	daughter	5	VA	VA	TN	
	Herndon, Henry	son	2	VA	VA	TN	
142	Dowell, Edward	head	43	TN	TN	TN	farmer
	Dowell, Arlene	wife	35	TN	NC	NC	
	Dowell, Ray	son	17	TN	TN	TN	
	Dowell, Lester	son	16	TN	TN	TN	
	Dowell, Spencer	son	14	TN	TN	TN	
	Dowell, Edith	daughter	11	TN	TN	TN	
	Dowell, Roy	son	9	TN	TN	TN	
	Dowell, Fred	son	6	TN	TN	TN	
	Dowell, Robert	son	4	TN	TN	TN	
	Dowell, Margaret	daughter	3	TN	TN	TN	
	Dowell, Geneva	daughter	0	TN	TN	TN	
143	Dowell, W. C.	head	38	TN	TN	TN	farmer
	Dowell, Janie	wife	33	NC	NC	TN	
	Dowell, Lena	daughter	12	TN	TN	NC	
	Dowell, Buela	daughter	7	TN	TN	NC	
144	Dowell, J. M.	head	67	TN	NC	TN	farmer
	Dowell, Annie	wife	62	TN	NC	TN	
	Dowell, Mae	gr dau	14	TN	TN	TN	
	Dowell, Margie	gr dau	6	TN	TN	TN	
	McEwen, Lula	daughter	42	TN	TN	TN	
145	Hodge, Mary	head	80	TN	TN	TN	farmer
146	Roark, Onie	head	41	NC	NC	NC	farmer
	Roark, Blanch	daughter	16	TN	TN	NC	
	Roark, Mae	daughter	14	TN	TN	NC	
	Roark, Ray	son	12	TN	TN	NC	
	Roark, Howard	son	8	TN	TN	NC	
	Roark, Edward	son	6	TN	TN	NC	
	Roark, Wayne	son	4	TN	TN	NC	
147	Hampton, David	head	31	TN	NC	NC	farm laborer
	Hampton, Margie	wife	19	TN	NC	TN	
	Hampton, Waneta	daughter	0	TN	TN	TN	
148	Hampton, W. W.	head	78	NC	NC	NC	farmer
	Hampton, Pauline	wife	76	NC	NC	TN	
	Hampton, Emma	daughter	48	NC	NC	TN	
	Hampton, Zollie	gr dau	18	TN	TN	TN	
149	Hampton, Lillard	head	49	TN	NC	TN	farmer
	Hampton, Georgia	daughter	13	TN	TN	TN	
	Hampton, Fay	daughter	4	TN	TN	TN	
150	Barrett, Matt	head (wd)	43	TN	TN	TN	farm laborer
	Barrett, Kyla	daughter	14	VA	TN	VA	

Family #	Name	Relation	Age	I	F	M	Occupation
	Barrett, Berdie	daughter	13	VA	TN	VA	
	Barrett, Sylvester	son	5	TN	TN	VA	
	Barrett, J. D.	son	3	TN	TN	VA	
151	Powell, Conley	head	38	TN	NC	TN	farmer
	Powell, Rebecca	wife	38	TN	TN	TN	
	Powell, Paris	daughter	8	TN	TN	TN	
	Powell, Henry	son	6	TN	TN	TN	
	Powell, Tisha	mother	75	TN	TN	TN	
152	Price, Wilford	head	40	TN	NC	NC	farmer
	Price, Ada	wife	28	TN	TN	TN	
	Price, Ellen	daughter	9	TN	TN	TN	
	Price, Hester	daughter	2	TN	TN	TN	
153	Snyder, Jacob	head	55	TN	TN	TN	farmer
(no 154)	Snyder, Alice	wife	51	NC	NC	NC	
155	Price, Vernon	head	32	TN	NC	NC	farmer
	Price, Dorothy	wife	19	TN	NC	NC	
	Price, Ralph	son	2	TN	TN	TN	
	Price, Ara	daughter	0	TN	TN	TN	
	Price, Margaret	mother(wd)	72	NC	NC	NC	
156	Price, Alva	head	37	TN	TN	NC	farmer
	Price, Maggie	wife	29	TN	TN	NC	
157	May, Anna	head (wd)	52	TN	NC	NC	farmer
	May, Lura	daughter	24	TN	TN	TN	
	May, Grace	daughter	19	TN	TN	TN	
158	Price, Alfred	head	52	NC	NC	TN	farmer
	Price, Nealie	wife	47	TN	NC	NC	
	Price, Mae	daughter	17	TN	NC	TN	
	Price, Fred	son	12	TN	NC	TN	
159	Phillips, Joseph	head	40	TN	TN	NC	farmer
	Phillips, Bell	wife	25	TN	TN	TN	
	Phillips, J. R.	son	1	TN	TN	TN	
	Phillips, Sam	brother	43	TN	TN	NC	farm laborer
	Phillips, Nessie	sis in law	25	TN	TN	TN	
	Phillips, Callie	sister	47	TN	TN	NC	
	Phillips, Jane	sister	36	TN	TN	NC	
160	Howard, George	head	47	TN	TN	TN	farmer
	Howard, Elizabeth	wife	39	TN	TN	TN	
	Howard, Clyde	son	12	TN	TN	TN	
	Howard, Ida	daughter	10	TN	TN	TN	
161	Shelton, Frank	head	30	NC	TN	TN	farmer
	Shelton, Bessie	wife	30	TN	NC	TN	
	Shelton, Hattie	daughter	10	TN	NC	TN	
	Shelton, Robert	son	8	TN	NC	TN	
	Shelton, Myrtle	daughter	4	TN	NC	TN	
	Shelton, Anna Lee	daughter	0	TN	NC	TN	

Family #	Name	Relation	Age	I	F	M	Occupation
162	Roark, Stacy	head	52	TN	TN	TN	farmer
	Roark, Polly	wife	52	TN	TN	TN	
	Roark, Lelia	daughter	21	TN	TN	TN	
	Roark, Carrie	daughter	17	TN	TN	TN	
	Roark, R. C.	son	14	TN	TN	TN	
	Roark, Ferd	son	12	TN	TN	TN	
	Roark, Mary	daughter	9	TN	TN	TN	
163	Arnold, Kelley	head	37	TN	TN	TN	farmer
	Arnold, Cliffie	wife	29	TN	TN	TN	
	Arnold, Lafayette	son	13	TN	TN	TN	
	Arnold, Emmitt	son	10	TN	TN	TN	
	Arnold, Rena	daughter	8	TN	TN	TN	
	Arnold, Hester	daughter	5	TN	TN	TN	
	Arnold, Nell	daughter	2	TN	TN	TN	
164	Arnold, Clyde	head	30	TN	TN	TN	farmer
	Arnold, Pearl	wife	28	TN	TN	TN	
	Arnold, Lester	son	5	TN	TN	TN	
	Arnold, Chester	son	3	TN	TN	TN	
165	Williams, Joe	head	29	TN	NC	TN	farmer
	Williams, Susan	mother(wd)	68	TN	TN	TN	
166	Lipford, Sherman	head (wd)	62	TN	NC	TN	farmer
	Lipford, Verda	daughter	34	TN	TN	TN	
	Lipford, Clint	son	26	TN	TN	TN	farm laborer
	Lipford, Hazel	dau in law	21	TN	TN	TN	
	Lipford, Estel	son	19	TN	TN	TN	farm laborer
167	Potter, Thomas	head	29	NC	TN	NC	farmer
	Potter, Maud	wife	24	NC	NC	NC	
	Potter, Bruce	son	2	TN	NC	NC	
	Potter, Mae	daughter	0	TN	NC	NC	
168	Ellison, Emmett	head	42	NC	NC	NC	farmer
	Ellison, Betty	wife	41	TN	NC	TN	
	Ellison, Roy	son	11	TN	NC	TN	
169	Williams, Rainer	head	34	TN	NC	TN	farmer
	Williams, Lillie	wife	29	TN	TN	NC	
	Williams, Shelley	daughter	11	TN	TN	TN	
	Williams, Ethel	daughter	8	TN	TN	TN	
	Williams, Beatrice	daughter	7	TN	TN	TN	
	Williams, May Bell	daughter	5	TN	TN	TN	
	Williams, Blanch	daughter	1	TN	TN	TN	
170	Snyder, Andy	head	52	NC	TN	NC	farmer
	Snyder, Callie	wife	51	TN	TN	NC	
	Snyder, Ethel	daughter	22	TN	TN	TN	
	Snyder, Edith	daughter	20	TN	TN	TN	
	Snyder, Earl	son	14	TN	TN	TN	
	Snyder, Howard	son	9	TN	TN	TN	

Family #	Name	Relation	Age	I	F	M	Occupation
	Snyder, Mary	daughter	4	TN	TN	TN	
171	Roark, Lue	head (wd)	78	TN	NC	TN	
repeat171	Lewis, Delbert	head	25	TN	TN	TN	farm laborer
repeat171	Stewart, Alice	head	42	NC	NC	NC	private fmly servant
repeat171	Eastridge, Alice	head	47	TN	TN	TN	farmer
172	Woodard, Noah	head	40	TN	TN	TN	
	Woodard, Arda	wife	35	TN	TN	TN	
	Woodard, Corsie	daughter	9	TN	TN	TN	
	Woodard, Marion	son	7	TN	TN	TN	
	Woodard, Wade	son	5	TN	TN	TN	
	Woodard, Artanse	daughter	2	TN	TN	TN	
	Woodard, Frances	daughter	0	TN	TN	TN	
173	Woodard, Isaac	head	60	TN	NC	TN	farmer
	Woodard, Lillie	wife	53	TN	NC	TN	
	Woodard, Alice	daughter	18	TN	TN	TN	
	Woodard, Thomas	son	16	TN	TN	TN	
	Woodard, Anice	daughter	15	TN	TN	TN	
	Woodard, Columbus	son	12	TN	TN	TN	
	Woodard, Marvin	son	9	TN	TN	TN	
174	Lewis, Carl	head	38	NC	NC	NC	farmer
	Lewis, Bethel	wife	37	NC	NC	NC	
	Lewis, Volna	son	19	TN	NC	NC	farm laborer
	Lewis, Hollie	daughter	16	TN	NC	NC	
	Lewis, Ollie	daughter	12	TN	NC	NC	
	Lewis, Lyna	daughter	9	TN	NC	NC	
	Lewis, Lola	daughter	6	TN	NC	NC	
	Lewis, Junior	son	1	TN	NC	NC	
175	Lewis, Adolphus	head	31	NC	NC	NC	farmer
	Lewis, Ines	wife	28	TN	TN	TN	
	Lewis, Ruth	daughter	7	TN	NC	TN	
	Lewis, Bruce	son	5	TN	NC	TN	
	Lewis, Dana	son	3	TN	NC	TN	
	Lewis, Ruby	daughter	0	TN	NC	TN	
176	Lewis, W. M.	head	61	NC	NC	NC	farmer
	Lewis, Lillie	wife	52	NC	NC	NC	
	Lewis, Asa	son	16	TN	NC	NC	
	Lewis, Vinnie	daughter	12	TN	NC	NC	
	Lewis, Edith	daughter	9	TN	NC	NC	
177	Eastridge, Callie	head (wd)	52	TN	VA	TN	farmer
	Eastridge, Everett	gr son	9	TN	TN	TN	
178	Owens, Joe	head	40	TN	TN	TN	farmer
	Owens, Nancy	wife	36	NC	NC	NC	
	Owens, Howard	son	18	NC	TN	NC	
	Owens, Clyde	son	14	NC	TN	NC	
179	Arnold, John	head	57	NC	VA	TN	farmer

Family #	Name	Relation	Age	I	F	M	Occupation
	Arnold, Mary	wife	55	TN	TN	TN	
	Arnold, Vida	daughter	14	NC	NC	TN	
	Hall, James	fth in law	82	TN	NC	TN	retired
	Hall, Morris	nephew	16	TN	TN	TN	
	Hall, Luke	nephew	14	TN	TN	TN	
	Hall, Mary	neice	11	TN	TN	TN	
	Hall, John	nephew	9	TN	TN	TN	
	Hall, Blanch	neice	6	TN	TN	TN	
180	Woodard, Nat	head	32	NC	TN	TN	farmer
	Woodard, Martha	wife	32	TN	TN	TN	
	Woodard, Tom	son	10	TN	NC	TN	
	Woodard, John	son	8	TN	NC	TN	
	Woodard, Oscar	son	6	TN	NC	TN	
	Woodard, Georgia	daughter	4	TN	NC	TN	
	Woodard, Dan	son	2	TN	NC	TN	
181	Arnold, Jesse	head	40	TN	TN	TN	farmer
	Arnold, Emma	wife	35	TN	TN	NC	
	Arnold, Pearl	daughter	19	TN	TN	TN	
	Arnold, Lilian	daughter	16	TN	TN	TN	
	Arnold, Callie	daughter	15	TN	TN	TN	
	Arnold, Denvel	son	13	TN	TN	TN	
	Arnold, Herman	son	11	TN	TN	TN	
	Arnold, Marvin	son	9	TN	TN	TN	
	Arnold, Opal	daughter	6	TN	TN	TN	
	Arnold, Ray	son	4	TN	TN	TN	
	Arnold, Lucille	daughter	2	TN	TN	TN	
	Arnold, Nina	daughter	0	TN	TN	TN	
	Arnold, Mary	mother	75	TN	TN	TN	
182	Payne, John	head	85	TN	NC	NC	farmer
	Payne, Myrtle	wife	53	NC	AL	NC	
	Hall, Clydie	servant	19	TN	TN	TN	private fmly servant
183	Woodard, Newton	head	40	TN	TN	TN	farmer
	Woodard, Alice	wife	34	NC	TN	TN	
	Woodard, Ernest	son	15	TN	NC	TN	
	Woodard, Sam	son	12	TN	NC	TN	
	Woodard, Mary	daughter	10	TN	NC	TN	
	Woodard, Anna	daughter	9	TN	NC	TN	
	Woodard, Ransom	son	5	TN	NC	TN	
	Woodard, Ruth	daughter	4	TN	NC	TN	
	Woodard, Honest	son	2	TN	NC	TN	
184	Woodard, McKinley	head	32	TN	TN	TN	farmer
	Woodard, Attie	wife	32	TN	TN	TN	
	Woodard, Bessie	daughter	11	TN	TN	TN	
	Woodard, Marie	daughter	6	TN	TN	TN	
185	Taylor, Columbus	head	45	TN	TN	NC	US postal carrier

Family #	Name	Relation	Age	I	F	M	Occupation
	Taylor, Nora	wife	39	TN	TN	TN	
	Taylor, Dewey	son	16	TN	TN	TN	
	Taylor, Ernest	son	14	TN	TN	TN	
186	Stout, Clyde	head	23	TN	TN	TN	farm laborer
	Stout, Etha	wife	22	TN	NC	NC	
	Stout, Ruth	daughter	0	TN	TN	TN	
187	Curd, David	head	60	TN	TN	TN	farmer
	Curd, Jane	wife	59	TN	TN	TN	
	Curd, Danford	daughter	25	TN	TN	TN	

Here ends the enumeration of the 3rd District
Enumeration of 7th begins on next page

Family #	Name	Relation	Age	I	F	M	Occupation
	Seventh District						
1	Shoun, Asa	head	53	TN	TN	TN	county trustee
	Shoun, Pearl	wife	44	TN	TN	TN	
	Shoun, John	son	20	TN	TN	TN	
	Shoun, Dorothy	daughter	15	TN	TN	TN	
	Shoun, Frances	daughter	8	TN	TN	TN	
	Laws, James	fth in law	75	TN	TN	TN	
2	Arnold, Cameron	head	29	TN	TN	TN	farm laborer
	Arnold, Lula	wife	24	NC	VA	NC	
	Arnold, George	son	5	TN	TN	NC	
	Arnold, Jesse	son	3	TN	TN	NC	
	Arnold, Edgar	son	1	KY	TN	TN	
3	Triplett, John	head	74	NC	NC	NC	farmer
	Triplett, Elizabeth	wife	64	NC	NC	NC	
4	Norris, Jane	head (wd)	28	NC	NC	TN	farmer
	Norris, Howard	son	9	TN	NC	NC	
	Norris, Hazel	daughter	7	TN	NC	NC	
	Norris, V.C.	son	5	TN	NC	NC	
5	Reed, John	head (wd)	43	TN	TN	NC	farmer
	Reed, Nova	daughter	14	TN	TN	TN	
	Reed, Jack	son	12	TN	TN	TN	
6	Robinson, Willie	head	22	TN	OK	TN	farmer
	Robinson, Vina	wife	24	TN	VA	TN	
	Robinson, Edsel	son	4	TN	TN	TN	
	Robinson, Fay	daughter	0	TN	TN	TN	
7	Robinson, Mollie	head (wd)	54	TN	TN	TN	farmer
	Robinson, Georgia	daughter	20	TN	TN	TN	
	Robinson, Claude	son	15	TN	TN	TN	
	Robinson, Paul	son	8	TN	TN	TN	
8	Greer, David	head	62	NC	NC	NC	farmer
	Greer, Bertha	wife	38	TN	TN	TN	
	Greer, Rosa	daughter	15	TN	NC	TN	
	Greer, Pearl	daughter	17	TN	NC	TN	
	Greer, Golda	daughter	13	TN	NC	TN	
	Greer, Beulah	daughter	5	TN	NC	TN	
	Greer, Avery	son	11	TN	NC	TN	
	Greer, Robert	son	8	TN	NC	TN	
	Greer, David	son	7	TN	NC	TN	
	Greer, Dallas	son	3	TN	NC	TN	
9	Veneble, Wm. Fayette	head (wd)	59	TN	TN	TN	farm laborer
	Veneble, Luther	son	19	TN	TN	TN	farm laborer
10	Howard, Wheeler	head	40	TN	TN	TN	farmer
	Howard, Nora	wife	28	TN	TN	TN	
	Howard, Haynes	son	18	TN	TN	TN	
	Howard, Nell	daughter	14	TN	TN	TN	

Family #	Name	Relation	Age	I	F	M	Occupation
	Howard, Chester	son	8	TN	TN	TN	
	Howard, Doris	daughter	0	TN	TN	TN	
11	Howard, Hamilton	head	67	TN	TN	TN	farmer
	Howard, Eliza	wife	65	TN	TN	TN	
12	Robinson, William	head	49	TN	TN	TN	farmer
	Robinson, Mary	wife	47	TN	TN	TN	
	Robinson, Bruce	son	18	TN	TN	TN	farm laborer
	Robinson, Callie	daughter	15	TN	TN	TN	
	Robinson, Dora	daughter	14	TN	TN	TN	
	Robinson, D. B.	son	12	TN	TN	TN	
	Robinson, Arthur	son	9	TN	TN	TN	
	Robinson, Bert	son	7	TN	TN	TN	
	Robinson, Mable	daughter	6	TN	TN	TN	
	Robinson, Curtis	son	4	TN	TN	TN	
	Robinson, Dallas	son	1	TN	TN	TN	
13	Stout, Daniel	head	63	TN	TN	TN	farmer
	Stout, Icy	wife	56	TN	TN	TN	
14	Stout, Brown	head	53	TN	TN	TN	farmer
	Stout, Eleline	wife	53	TN	TN	TN	
	Stout, Vaughn	son	20	TN	TN	TN	farm laborer
	Stout, Blanch	daughter	18	TN	TN	TN	
15	Stout, Blaine	head	35	TN	TN	NC	dry goods merchant
	Stout, Etiola	wife	33	TN	TN	TN	
	Stout, Reuben	son	9	TN	TN	TN	
	Stout, Bert	son	8	TN	TN	TN	
	Stout, Willard	son	6	TN	TN	TN	
	Stout, Vera	daughter	4	TN	TN	TN	
	Stout, Helen	daughter	3	TN	TN	TN	
16	Stout, George	head	42	TN	TN	NC	farmer
	Stout, Maude	wife	40	VA	VA	VA	
	Stout, Veta	daughter	8	VA	TN	VA	
17	Adams, James	head	22	TN	TN	TN	farm laborer
	Adams, Doris	wife	17	NC	NC	NC	
18	Brookshire, William	head	65	TN	NC	TN	farmer
	Brookshire, Julia	wife	52	TN	TN	TN	
	Brookshire, Samuel	son	21	TN	TN	TN	farm laborer
	Brookshire, Reta	daughter	19	TN	TN	TN	farm laborer
19	Adams, William	head	65	TN	TN	TN	farmer
	Adams, Hattie	wife	42	TN	TN	TN	
	Adams, Willie	son	25	TN	TN	TN	farm laborer
	Adams, Hazel Hicks	dau in law	17	TN	TN	TN	
	Adams, Ethel	daughter	20	TN	TN	TN	farm laborer
	Adams, Emma	daughter	17	TN	TN	TN	farm laborer
	Adams, Julia	daughter	16	TN	TN	TN	farm laborer
	Adams, Stella	daughter	11	TN	TN	TN	

Family #	Name	Relation	Age	I	F	M	Occupation
	Adams, William	son	8	TN	TN	TN	
	Adams, Fred	son	6	TN	TN	TN	
20	Pleasant, Clayton	head	30	TN	TN	TN	carpenter
	Pleasant, Mae	wife	30	TN	TN	TN	
	Pleasant, Jasper	son	8	TN	TN	TN	
	Pleasant, Ralph	son	6	TN	TN	TN	
	Pleasant, William	son	3	TN	TN	TN	
	Pleasant, Ranna	daughter	0	TN	TN	TN	
21	Campbell, Lafayette	head	39	TN	TN	TN	farmer
	Campbell, Mary	wife	34	TN	TN	TN	
	Campbell, Leona	daughter	17	TN	TN	TN	
22	Roberts, Gray	head (wd)	49	TN	TN	VA	farmer
	Roberts, Leta	daughter	24	TN	TN	TN	public school tchr
	Roberts, Mary	daughter	18	TN	TN	TN	
	Roberts, Mildred	daughter	16	TN	TN	TN	
	Roberts, Bruce	son	14	TN	TN	TN	
	Roberts, Grace	daughter	12	TN	TN	TN	
	Roberts, Ralph	son	7	TN	TN	TN	
	Roberts, Ben	son	2	TN	TN	TN	
23	Campbell, Anderson	head	33	TN	TN	TN	farm laborer
	Campbell, Zelda	wife	23	NC	NC	NC	
	Campbell, J. C.	son	5	TN	TN	NC	
	Campbell, D. R.	son	3	TN	TN	NC	
	Campbell, Hoover	son	0	TN	TN	NC	
24	Stout, Frank	head	49	TN	TN	TN	farmer
	Stout, Emma	wife	48	TN	TN	TN	
	Stout, Juanita	daughter	17	TN	TN	TN	
	Stout, Virginia	daughter	15	TN	TN	TN	
	Stout, George	son	11	TN	TN	TN	
25	Long, Roanza	head	53	TN	NC	NC	farmer
	Long, Mary	wife	43	TN	TN	TN	
	Long, Reba	daughter	21	TN	TN	TN	farm laborer
	Long, Joseph	son	17	TN	TN	TN	farm laborer
	Long, Dica	daughter	13	TN	TN	TN	
	Long, John	son	11	TN	TN	TN	
	Long, Harris	son	7	TN	TN	TN	
	Long, H. R. Jr.	son	5	TN	TN	TN	
26	Pierce, Clifford	head	41	TN	TN	TN	public school tchr
	Pierce, Dora	wife	36	TN	TN	TN	
	Pierce, Lennis	daughter	9	TN	TN	TN	
	Pierce, Warren	son	8	TN	TN	TN	
	Pierce, Truett	son	2	TN	TN	TN	
	Pierce, Bennie	son	0	TN	TN	TN	
	Pierce, Martha	mother(wd)	68	TN	TN	TN	
27	Greer, Wiley	head	28	TN	TN	TN	farm laborer

Family #	Name	Relation	Age	I	F	M	Occupation
	Greer, Elva	wife	20	TN	TN	TN	
	Greer, Mary	daughter	7	TN	TN	TN	
	Greer, Glenn	son	3	TN	TN	TN	
	Greer, Gladys	daughter	0	TN	TN	TN	
28	Norris, Clayt	head	38	TN	NC	TN	farmer
	Norris, Winnie	wife	33	TN	TN	TN	
	Norris, Nila	daughter	11	TN	TN	TN	
	Norris, Roma	daughter	10	TN	TN	TN	
	Norris, Verlin	son	4	TN	TN	TN	
	Norris, Justus	son	0	TN	TN	TN	
29	Lowe, Smith	head	45	TN	TN	TN	farmer
	Lowe, Cassie	wife	40	TN	TN	TN	
	Lowe, Edgar	son	22	TN	TN	TN	farm laborer
	Lowe, Paul	son	13	TN	TN	TN	
	Lowe, S. C.	son	9	TN	TN	TN	
	Lowe, Opal	daughter	7	TN	TN	TN	
	Lowe, Virginia	daughter	5	TN	TN	TN	
	Lowe, J. L.	son	4	TN	TN	TN	
	Lowe, Betty	daughter	1	TN	TN	TN	
30	Campbell, James	head	29	TN	TN	TN	farm laborer
	Campbell, Etta	wife	28	NC	NC	NC	
	Campbell, Millard	son	12	TN	TN	NC	
	Campbell, Haskel	son	9	TN	TN	NC	
	Campbell, Dale	son	2	TN	TN	NC	
31	Shoun, Ernest	head	24	TN	TN	TN	farmer
	Shoun, Ruth	wife	25	TN	TN	TN	
	Shoun, Ernestine	daughter	2	TN	TN	TN	
	Shoun, Sarah	ggmth(wd)	81	TN	TN	TN	
32	Lowe, Amanda	head (wd)	74	TN	TN	TN	farmer
	Lowe, Florence	daughter	52	TN	TN	TN	
33	Lowe, Earl	head	27	TN	TN	TN	farm laborer
	Lowe, Bessie	wife	24	TN	TN	TN	
34	Barlow, James	head	41	TN	TN	TN	farm laborer
	Barlow, Sarah	wife	31	TN	TN	TN	
	Barlow, Winnie	daughter	11	TN	TN	TN	
	Barlow, Julia	daughter	9	TN	TN	TN	
	Barlow, Andrew	son	6	TN	TN	TN	
	Barlow, P. L.	son	4	TN	TN	TN	
	Barlow, Verna	daughter	1	TN	TN	TN	
	Barlow, Nancy	mother(wd)	64	TN	TN	TN	farm laborer
35	Lowe, Elizabeth	head (wd)	78	NC	NC	NC	farmer
36	Lowe, Dewey	head	27	TN	TN	TN	farm laborer
	Lowe, Anna	wife	23	TN	TN	TN	
	Lowe, Eulis	son	4	TN	TN	TN	
	Lowe, Lois	daughter	2	TN	TN	TN	

Family #	Name	Relation	Age	I	F	M	Occupation
	Crosswhite, Minerva	mthinlaw	43	TN	TN	TN	farm laborer
37	Lowe, Joseph	head	56	TN	TN	NC	farmer
	Lowe, Celia	wife	53	TN	TN	TN	
	Lowe, Lottie	daughter	32	TN	TN	TN	farm laborer
	Lowe, Doran	son	22	TN	TN	TN	farm laborer
	Lowe, Etta	daughter	20	TN	TN	TN	farm laborer
	Lowe, Angel	daughter	15	TN	TN	TN	
38	Lowe, Samuel	head	61	TN	TN	TN	farmer
	Lowe, Martha	wife	53	TN	TN	TN	
39	Lowe, William	head	34	TN	TN	TN	farm laborer
	Lowe, Doxie	wife	29	TN	TN	TN	
	Lowe, Blanch	daughter	12	TN	TN	TN	
	Lowe, Foy	son	10	TN	TN	TN	
	Lowe, Winnie	daughter	8	TN	TN	TN	
	Lowe, Velma	daughter	6	TN	TN	TN	
	Lowe, Lon	son	3	TN	TN	TN	
	Lowe, Dorothy	daughter	1	TN	TN	TN	
40	Duffield, Samuel	head	58	TN	TN	TN	farmer
	Duffield, Eliza	wife	56	TN	TN	TN	
	Duffield, Mae	daughter	24	TN	TN	TN	farm laborer
	Duffield, Pearl	daughter	22	TN	TN	TN	farm laborer
	Duffield, Clyde	son	20	TN	TN	TN	farm laborer
	Duffield, Clayton	son	34	TN	TN	TN	rubber fcty laborer
	Duffield, Dorothy	dau in law	26	NC	TN	NC	
	Duffield, Joyce	gr dau	2	TN	TN	NC	
	Duffield, Sarah	sister	52	TN	TN	TN	farm laborer
41	Lowe, Kemp	head	55	TN	TN	TN	farmer
	Lowe, Callie	wife	48	TN	TN	TN	
	Lowe, Ruth	daughter	25	TN	TN	TN	farm laborer
	Lowe, Bessie	daughter	20	TN	TN	TN	farm laborer
	Lowe, Grace	daughter	20	TN	TN	TN	farm laborer
	Lowe, Anna	daughter	17	TN	TN	TN	farm laborer
	Lowe, Nat	son	15	TN	TN	TN	
	Lowe, Von	son	12	TN	TN	TN	
	Lowe, Kermit	son	8	TN	TN	TN	
	Lowe, Edwin	son	3	TN	TN	TN	
	Lowe, Ned	son	23	TN	TN	TN	carpenter
	Lowe, Cessie	dau in law	21	SL	SL	SL	bookkeeper
42	Shoun, Peter	head	64	TN	TN	TN	farmer
	Shoun, Champ	wife	57	TN	TN	TN	
	Shoun, Summa	daughter	20	TN	TN	TN	
43	Lowe, William	head	39	TN	TN	NC	farmer
	Lowe, Verna	wife	32	TN	TN	TN	
	Lowe, Farley	son	16	TN	TN	TN	
	Lowe, Clarence	son	13	TN	TN	TN	

Family #	Name	Relation	Age	I	F	M	Occupation
	Lowe, Roby	son	10	TN	TN	TN	
	Lowe, Sue	daughter	7	TN	TN	TN	
	Lowe, Delmer	son	3	TN	TN	TN	
	Lowe, Verna	daughter	3	TN	TN	TN	
	Shoun, Andrew	fth in law	67	TN	TN	TN	farm laborer
	Shoun, Callie	mth in law	57	TN	TN	NC	
44	Shoun, Caleb	head	69	TN	TN	TN	
	Shoun, Fina	wife	67	TN	TN	TN	
	Shoun, Mildred	gr dau	12	TN	TN	TN	
	Sluss, Mary	sis in law	69	TN	TN	TN	
45	Shoun, William	head	40	TN	TN	TN	farmer
	Shoun, Rachel	wife	44	TN	TN	TN	
	Shoun, Bernice	daughter	15	TN	TN	TN	
	Shoun, Thedford	son	14	TN	TN	TN	
	Shoun, Ray	son	10	TN	TN	TN	
	Shoun, Thelma	daughter	7	TN	TN	TN	
	Shoun, Wm. H. Jr.	son	3	TN	TN	TN	
46	Isaacs, Carroll	head	49	NC	NC	TN	farm laborer
	Isaacs, Rosa	wife	36	TN	TN	TN	
	Isaacs, Roy	son	4	TN	TN	TN	
47	Robinson, Alex	head (wd)	67	TN	TN	TN	farmer
48	Robinson, Webster	head	44	TN	TN	VA	farmer
	Robinson, Hattie	wife	44	TN	TN	TN	
49	Brookshire, Jackson	head	60	TN	NC	TN	farmer
	Brookshire, Macie	wife	39	TN	TN	TN	
	Brookshire, Edna	daughter	11	TN	TN	TN	
	Brookshire, Retta	daughter	9	TN	TN	TN	
50	Robinson, Elbert	head	75	TN	TN	TN	farmer
	Robinson, Melissa	wife	72	TN	TN	TN	
51	Brookshire, Noah	head	62	TN	NC	TN	farmer
	Brookshire, Laura	wife	60	TN	TN	TN	
	Brookshire, Bert	son	27	TN	TN	TN	farm laborer
	Brookshire, Joe	son	32	TN	TN	TN	farm laborer
	Brookshire, Dora	daughter	20	TN	TN	TN	
52	Brookshire, Eugene	head	24	TN	TN	TN	farm laborer
	Brookshire, Mae	wife	22	TN	TN	TN	
	Brookshire, Pansy	daughter	3	TN	TN	TN	
	Brookshire, Stella	daughter	1	TN	TN	TN	
53	Lee, Katherine	head (wd)	68	TN	NC	TN	farm laborer
54	Lee, Roby	head	43	TN	NC	TN	farmer
	Lee, Mary	wife	51	TN	NC	TN	
	Lee, Jemima	daughter	13	TN	TN	TN	
	Mullins, Sigh	son in law	20	TN	TN	TN	farm laborer
	Mullins, Jane	daughter	24	TN	TN	TN	
	Mullins, Curtis	gr son	4	TN	TN	TN	

Family #	Name	Relation	Age	I	F	M	Occupation
	Mullins, Mary	gr dau	1	TN	TN	TN	
55	Brookshire, Sherman	head	39	TN	TN	TN	farmer
	Brookshire, Mae	wife	39	TN	TN	TN	
	Brookshire, Elmer	son	10	TN	TN	TN	
	Brookshire, Hazel	daughter	8	TN	TN	TN	
56	Lowe, Roy	head	28	TN	TN	TN	farm laborer
	Lowe, Cassie	wife	20	TN	NC	TN	
	Lowe, Sarah	mother(wd)	70	TN	TN	TN	
57	Walsh, Rod B.	head	46	TN	TN	TN	farmer
	Walsh, Ethel	wife	43	TN	TN	TN	
	Walsh, Dallas	son	19	TN	TN	TN	
	Walsh, Jewell	daughter	17	TN	TN	TN	
	Walsh, Dana	son	14	TN	TN	TN	
	Walsh, S. Thomas	son	12	TN	TN	TN	
	Walsh, Justin	son	12	TN	TN	TN	
	Walsh, Ralph	son	7	TN	TN	TN	
	Walsh, Rod B. Jr.	son	4	TN	TN	TN	
58	Baird, Charles	head	54	NC	NC	NC	farmner
	Baird, Martha	wife	50	TN	TN	TN	
	Baird, Baron	son	18	NC	NC	NC	
	Baird, Elizabeth	daughter	14	NC	NC	NC	
59	Robinson, Armenia	head (wd)	83	VA	VA	VA	farmer
	Robinson, Drucilla	daughter	52	TN	TN	VA	
	Robinson, Clinton	son (wd)	42	TN	TN	VA	farm laborer
60	Nelson, John	head	47	TN	TN	TN	farmer
	Nelson, Alice	wife	39	NC	NC	NC	
	Nelson, Clarence	son	19	TN	TN	NC	
	Nelson, Bessie	daughter	17	TN	TN	NC	
	Nelson, Eunice	daughter	9	TN	TN	NC	
61	Buchanan, Dana	head	26	TN	NC	TN	farm laborer
	Buchanan, Jestie	wife	21	TN	TN	TN	
	Buchanan, Romeo	son	1	TN	TN	TN	
62	Loggins, Clint	head	49	TN	TN	TN	farm laborer
	Loggins, Mary	wife	27	TN	TN	TN	
	Loggins, Murray	son	9	TN	TN	TN	
	Loggins, Jarrett	son	6	TN	TN	TN	
	Loggins, Elmer	son	4	TN	TN	TN	
	Loggins, Beatrice	daughter	3	TN	TN	TN	
63	Stout, Stacy	head	47	TN	TN	TN	farmer
	Stout, Ellen	sister	55	TN	TN	TN	
	Stout, Hazel	daughter	15	TN	TN	TN	
64	Stout, Bessie	head	35	TN	TN	TN	
	Stout, Fred	brother	17	TN	TN	TN	farm laborer
	Stout, Paul	brother	7	TN	TN	TN	
65	Mullins, Elonza	head	46	TN	TN	TN	farmer

Family #	Name	Relation	Age	I	F	M	Occupation
	Mullins, Hattie	wife	46	TN	TN	TN	
	Mullins, Garrett	son	24	TN	TN	TN	farm laborer
	Mullins, Eula	daughter	22	TN	TN	TN	
	Mullins, Dottie	daughter	17	TN	TN	TN	
	Mullins, Otha	son	19	TN	TN	TN	
	Mullins, Opal	daughter	14	TN	TN	TN	
	Mullins, Boyd	son	11	TN	TN	TN	
	Mullins, Ruby	daughter	8	TN	TN	TN	
	Mullins, Pearl	daughter	5	TN	TN	TN	
	Mullins, James	son	3	TN	TN	TN	
	Mullins, Dillie	mother(wd)	83	TN	TN	TN	
66	Mullins, Ham	head (wd)	63	TN	TN	TN	farmer
	Mullins, Anna Bess	daughter	13	TN	TN	TN	
	Mullins, John	son	16	TN	TN	TN	farm laborer
	Mullins, Dora	daughter	12	TN	TN	TN	
	Mullins, Winford	son	10	TN	TN	TN	
	Mullins, Fleet	son	8	TN	TN	TN	
	Mullins, Herman	son	4	TN	TN	TN	
67	Pierce, Joseph	head	29	TN	TN	TN	farmer
	Pierce, Maud	wife	28	TN	TN	TN	
	Pierce, Joella	daughter	5	TN	TN	TN	
	Pierce, Edwin	son	2	OH	TN	TN	
	Pierce, Idella	daughter	0	TN	TN	TN	
	Pierce, Rhonda	mother	62	TN	TN	TN	
68	Buchanan, Martha	head (wd)	52	TN	TN	TN	farmer
	Buchanan, Donia	daughter	23	TN	TN	TN	
	Buchanan, Mira	daughter	22	TN	TN	TN	
	Buchanan, Donley	son	17	TN	TN	TN	
repeat 68	Stout, Miranda	head (wd)	52	VA	VA	VA	
	Stout, Onnie	daughter	20	TN	TN	VA	farm laborer
69	Loyd, Walter	head	46	TN	TN	TN	farmer
	Loyd, Ethel	wife	48	TN	TN	TN	
	Loyd, Mary	daughter	5	TN	TN	TN	
	Loyd, Jimmy	son	4	TN	TN	TN	
	Loyd, Robert	brother	64	TN	TN	TN	farm laborer
	Loyd, Retta	sister	48	TN	TN	TN	farm laborer
70	Lowe, William	head	63	TN	TN	TN	farmer
	Lowe, Lucinda	wife	56	TN	TN	TN	
	Lowe, Maud	daughter	30	TN	TN	TN	farm laborer
	Lowe, Bert	son	25	TN	TN	TN	farm laborer
	Lowe, Mary	daughter	23	TN	TN	TN	telephone operator
	Lowe, Lee	son	21	TN	TN	TN	farm laborer
	Lowe, Nell	daughter	19	TN	TN	TN	
71	Lowe, Samuel	head	67	TN	TN	TN	farmer
	Lowe, Jane	wife	64	TN	TN	TN	

Family #	Name	Relation	Age	I	F	M	Occupation
	Lowe, Walter	son	32	TN	TN	TN	mechanic mch shop
	Wilson, Fred	gr son	20	TN	TN	TN	
72	Isaacs, Calvin	head	38	NC	NC	NC	farm laborer
	Isaacs, Erline	wife	35	NC	NC	NC	
	Isaacs, Fay	niece	21	NC	NC	NC	
	Isaacs, Mini	niece	17	NC	NC	NC	
73	Triplett, Rebecca	head (wd)	50	NC	NC	NC	farm laborer
	Triplett, Elsie	daughter	16	TN	TN	NC	
	Triplett, Henry	son	9	TN	TN	NC	
	Triplett, Daisy	daughter	8	TN	TN	NC	
	Triplett, William	son	5	TN	TN	NC	
74	Isaacs, James	head	39	NC	NC	NC	farm laborer
	Isaacs, Bell	wife	39	NC	NC	NC	
	Isaacs, Ruth	daughter	12	NC	NC	NC	
	Isaacs, Chester	son	7	NC	NC	NC	
75	Lowe, Willie	head	30	TN	TN	TN	farmer
	Lowe, Pearl	wife	25	TN	TN	TN	
	Lowe, Jean	daughter	6	TN	TN	TN	
	Lowe, Doris	daughter	4	TN	TN	TN	
	Lowe, June	daughter	2	TN	TN	TN	
	Lowe, Jackson	son	0	TN	TN	TN	
76	Church, J. C.	head	63	NC	NC	NC	farmer
	Church, Susan S.	wife	47	TN	TN	TN	
	Church, A. Dewey	son	19	TN	NC	TN	farm laborer
	Church, Thomas J.	son	17	TN	NC	TN	farm laborer
	Church, Eula	daughter	15	TN	NC	TN	
	Church, Dora	daughter	13	TN	NC	TN	
	Church, J. C.	son	11	TN	NC	TN	
77	Roberts, Baxter	head	44	TN	TN	TN	farmer
	Roberts, Cassie B.	wife	41	TN	TN	TN	
	Roberts, Dona	daughter	18	TN	TN	TN	farm laborer
	Roberts, Virginia	daughter	8	TN	TN	TN	
	Roberts, Edwin	son	3	TN	TN	TN	
	Roberts, Isaac	son	3	TN	TN	TN	
	Roberts, Catherine	mother(wd)	89	TN	TN	TN	
78	Jordan, Hugh	head	48	TN	TN	TN	farmer
	Jordan, Hattie	wife	37	TN	TN	TN	
	Jordan, Beatrice	daughter	17	TN	TN	TN	
79	Fenner, Ham	head	61	TN	TN	TN	farmer
	Fenner, Mattie	wife	68	TN	TN	TN	
	Fenner, Blanch	daughter	39	TN	TN	TN	farm laborer
	Fenner, Fred	son	25	TN	TN	TN	farm laborer
	Fenner, George	son	19	TN	TN	TN	
80	Long, C. R.	head	59	TN	TN	TN	grist mill operator
	Long, Eliza E.	wife	53	TN	TN	TN	

Family #	Name	Relation	Age	I	F	M	Occupation
	Long, Gertrude	daughter	21	TN	TN	TN	
81	Roberts, Mary J.	head (wd)	52	TN	TN	TN	farmer
	Roberts, Ina May	daughter	23	TN	TN	TN	
	Roberts, Viola	daughter	15	TN	TN	TN	
82	Fritts, Elbert	head (wd)	62	TN	TN	TN	farmer
	Fritts, Wayne	son	39	TN	TN	TN	carpenter
	Fritts, Lettie	dau in law	33	VA	NC	VA	
	Fritts, Margaret	gr dau	12	TN	TN	VA	
	Fritts, Lois	gr dau	9	TN	TN	VA	
	Fritts, Phyllis	gr dau	6	TN	TN	VA	
83	Proffitt, Stacy	head	36	NC	NC	US	farm laborer
	Proffitt, Pearl	wife	28	TN	TN	US	
	Proffitt, Monroe	son	10	VA	NC	TN	
	Proffitt, James	son	8	VA	NC	TN	
	Proffitt, Arvil	son	7	VA	NC	TN	
	Proffitt, Pauline	daughter	5	VA	NC	TN	
	Proffitt, Ruby	daughter	1	TN	NC	TN	
	Proffitt, Mary Ruth	daughter	0	TN	NC	TN	
84	Stout, Leon	head	72	TN	TN	TN	farmer
	Stout, Eliza	wife	62	TN	NC	TN	
	Stout, William	son	34	TN	TN	TN	forest service
	Stout, Minnie	dau in law	30	TN	TN	TN	
	Stout, Porter	gr son	8	TN	TN	TN	
	Stout, Gerald	gr son	3	TN	TN	TN	
	Stout, Henry	gr son	1	TN	TN	TN	
85	Crosswhite, James	head	54	TN	TN	TN	farmer
	Crosswhite, Sarah	wife	49	TN	TN	TN	
	Crosswhite, Hazel	daughter	22	TN	TN	TN	farm laborer
	Crosswhite, Dallas	son	15	TN	TN	TN	farm laborer
86	Stout, James	head	69	TN	TN	TN	farmer
	Stout, Victoria	wife	56	TN	TN	TN	
	Stout, Delia	daughter	21	TN	TN	TN	farm laborer
	Stout, Hascal	son	18	TN	TN	TN	farm laborer
	Stout, Mary	daughter	16	TN	TN	TN	
	Stout, Fred	son	12	TN	TN	TN	
	Stout, Marie	daughter	10	TN	TN	TN	
87	Pierce, Martha	head (wd)	43	TN	TN	TN	farmer
	Hinkle, Vada	sister	36	TN	TN	TN	farm laborer
	Hinkle, Bena	sister	26	TN	TN	TN	farm laborer
	Pierce, Ruby	daughter	10	TN	TN	TN	
88	Shoun, Wyatt	head	44	TN	TN	TN	farmer
	Shoun, Lollie	wife	42	TN	TN	TN	
	Shoun, Gladys	daughter	16	TN	TN	TN	
	Shoun, Ivan	son	7	TN	TN	TN	
89	Stamper, Cicero	head	73	NC	NC	NC	famer

Family #	Name	Relation	Age	I	F	M	Occupation
	Stamper, Ida	wife	47	VA	VA	OH	
	Stamper, Henry	son	17	TN	NC	VA	farm laborer
	Stamper, James	son	15	TN	NC	VA	
	Stamper, Retha	daughter	13	TN	NC	VA	
	Stamper, Wilburn	son	7	TN	NC	VA	
90	Wilson, Clyde C.	head	38	TN	TN	TN	farmer
	Wilson, Mamie	wife	38	TN	TN	TN	
	Wilson, Burnice	son	16	TN	TN	TN	
	Wilson, Annie	daughter	12	TN	TN	TN	
	Wilson, Earl	son	4	TN	TN	TN	
91	Loyd, Eugene	head	48	TN	TN	TN	farmer
	Loyd, Florence	wife	41	TN	TN	TN	
	Loyd, Alice	daughter	20	TN	TN	TN	
	Loyd, Edward	son	10	TN	TN	TN	
	Loyd, Tennessee	father(wd)	88	TN	TN	TN	
92	Arney, Darcus	head (wd)	66	NC	NC	NC	farm laborer
	Arney, Abby	daughter	21	TN	TN	NC	
	Hodge, Elizabeth	dau (wd)	42	TN	TN	NC	
93	Hicks, William	head	41	TN	TN	TN	farm laborer
	Hicks, Eva	wife	40	TN	TN	TN	
	Hicks, Winnie	daughter	16	TN	TN	TN	farm laborer
	Hicks, Rosetta	daughter	14	TN	TN	TN	
	Hicks, Frank	son	12	TN	TN	TN	
	Hicks, Bessie	daughter	10	TN	TN	TN	
	Hicks, Herbert	son	8	TN	TN	TN	
	Hicks, James	son	6	TN	TN	TN	
	Hicks, Kermit	son	4	TN	TN	TN	
	Hicks, Alice	daughter	2	TN	TN	TN	
	Hicks, Lester	son	0	TN	TN	TN	
94	Harper, Nelson	head	33	TN	TN	TN	farm laborer
	Harper, Dottie	wife	34	NC	NC	NC	farm laborer
	Harper, Lee	son	5	TN	TN	NC	
95	Lowe, Jacob	head	38	TN	TN	TN	lumbering mill
	Lowe, Earla	wife	30	NC	NC	NC	
	Lowe, Virginia	daughter	8	TN	TN	NC	
	Lowe, David	son	6	TN	TN	NC	
	Lowe, Nora Jane	daughter	3	TN	TN	NC	
	Lowe, Mildred	daughter	1	TN	TN	NC	
96	Jordan, Willis	head	42	TN	TN	TN	farmer
	Jordan, Vada	wife	37	TN	TN	TN	
	Jordan, Golda	daughter	12	TN	TN	TN	
	Jordan, Mary	daughter	11	TN	TN	TN	
	Jordan, James	son	9	TN	TN	TN	
	Jordan, Samuel	son	7	TN	TN	TN	
	Jordan, Willis Jr.	son	5	TN	TN	TN	

Family #	Name	Relation	Age	I	F	M	Occupation
	Jordan, Fred	son	4	TN	TN	TN	
	Jordan, Martha	mother(wd)	70	TN	TN	TN	
97	Shoun, Gird	head	49	TN	TN	TN	farmer
	Shoun, Minnie	wife	46	TN	TN	TN	
	Shoun, Carrie	daughter	26	TN	TN	TN	public school tchr
	Shoun, Blanche	daughter	24	TN	TN	TN	public school tchr
	Shoun, Frank	son	22	TN	TN	TN	
	Shoun, Rachel	daughter	18	TN	TN	TN	
	Shoun, Frances	daughter	16	TN	TN	TN	
	Shoun, Paul	nephew	8	TN	TN	TN	
98	Goodwin, Ronder	head	31	TN	TN	TN	retail merchant
	Goodwin, Bulah	wife	25	TN	TN	TN	
	Goodwin, Lorane	daughter	4	TN	TN	TN	
	Goodwin, Ailana	daughter	2	TN	TN	TN	
	Goodwin, Betty	daughter	0	TN	TN	TN	
99	Hicks, John Buck	head	76	TN	TN	TN	farm laborer
	Hicks, Jane	wife	67	TN	TN	TN	
	Roberts, Clarence	gr son	20	TN	TN	TN	farm laborer
	Roberts, Lawrence	gr son	18	TN	TN	TN	farm laborer
	Roberts, Worley	gr son	12	TN	TN	TN	
100	Goodwin, Samuel	head	59	TN	TN	TN	farmer
	Goodwin, Nora	wife	56	TN	TN	TN	
	Goodwin, Joe	son	27	TN	TN	TN	public school tchr
	Goodwin, Ruby	daughter	20	TN	TN	TN	
	Goodwin, Alva	son	17	TN	TN	TN	
	Shoun, Edwin	gr son	7	TN	TN	TN	
101	Mast, Donald	head	29	NC	NC	NC	farmer
	Mast, Adail	wife	31	NC	NC	NC	
	Mast, Frances	daughter	13	NC	NC	NC	
	Mast, Margaret	daughter	11	NC	NC	NC	
	Mast, Donald	son	8	NC	NC	NC	
	Mast, June	daughter	5	NC	NC	NC	
	Mast, Lue Dean	daughter	2	NC	NC	NC	
	Mast, Frederick	son	0	TN	NC	NC	
102	Robinson, Robert	head	49	TN	TN	TN	farmer
	Robinson, Bessie	wife	51	TN	TN	TN	
	Robinson, Pearl	daughter	16	TN	TN	TN	
	Robinson, Eva	daughter	11	TN	TN	TN	
	Robinson, Robert	son	8	TN	TN	TN	
103	Shoun, Kemp	head (wd)	60	TN	TN	TN	farmer
	Shoun, Emma	sister	54	TN	TN	TN	
	Shoun, J. C.	nephew	14	TN	TN	TN	farm laborer
	Shoun, Macon	brother	65	TN	TN	TN	farm laborer
104	Campbell, Wilder	head	25	TN	TN	TN	farm laborer
	Campbell, Martha	wife	22	TN	NC	NC	

Family #	Name	Relation	Age	I	F	M	Occupation
105	Moore, Robert	head	52	NC	NC	NC	farm laborer
	Moore, Mollie	wife	45	TN	TN	NC	
	Moore, Dehlia	daughter	15	NC	NC	TN	farm laborer
	Moore, James	son	14	NC	NC	TN	
	Moore, Spencer	son	11	NC	NC	TN	
	Moore, Emma	daughter	8	VA	NC	TN	
	Moore, Roy	son	6	VA	NC	TN	
	Moore, Annie	daughter	4	VA	NC	TN	
106	Roberts, Sallie	head (wd)	57	TN	TN	NC	farmer
	Donica, Ella	sister (wd)	58	TN	TN	NC	
107	Lowe, Charles	head	58	TN	TN	TN	farmer
	Lowe, Dollie	wife	60	TN	TN	TN	
	Lowe, Belle	daughter	27	TN	TN	TN	farm laborer
	Lowe, Dora	daughter	19	TN	TN	TN	farm laborer
	Lowe, Ray	gr son	18	TN	TN	TN	farm laborer
	Lowe, Trula	gr dau	5	TN	TN	TN	
	Lowe, Suma	gr dau	3	TN	TN	TN	
	Lowe, Herbert	gr son	0	TN	TN	TN	
	Robinson, Charles	gr son	11	TN	TN	TN	
108	Lowe, Sherman	head	30	TN	TN	TN	farmer
	Lowe, Eva	wife	26	TN	NC	TN	
	Lowe, Lionell	son	10	TN	TN	TN	
	Lowe, Junior	son	7	TN	TN	TN	
	Lowe, William	son	5	TN	TN	TN	
109	Walsh, Billy	head	54	TN	NC	TN	farmer
	Walsh, Sallie	wife	28	TN	TN	TN	
110	Walsh, Ellen	head (wd)	52	TN	NC	TN	
	Walsh, Louise	sister	58	TN	NC	TN	farmer
	Walsh, Billy	nephew	38	TN	NC	TN	farm laborer
111	Loggins, John	head	52	TN	VA	NC	farmer
	Loggins, Hilda	wife	52	NC	NC	TN	
	Loggins, Charles	son	20	TN	TN	NC	farm laborer
	Loggins, Jack	son	18	TN	TN	NC	farm laborer
	Loggins, Annie	daughter	16	TN	TN	NC	
	Loggins, Maggie	daughter	14	TN	TN	NC	
	Loggins, Venia	daughter	12	TN	TN	NC	
	Loggins, James	son	10	TN	TN	NC	
112	Loggins, Annaline	head (wd)	70	TN	NC	NC	farmer
113	Eggers, Retta	head	48	TN	NC	TN	farmer
	Eggers, Minnie	sister (wd)	43	TN	NC	TN	farm laborer
	Eggers, Gertrude	niece	6	TN	TN	TN	
114	Jones, Robert	head	46	TN	NC	TN	farmer
	Jones, Isabella	wife	52	TN	TN	TN	
	Jones, Eula	daughter	18	TN	TN	TN	
	Jones, Nora	daughter	16	TN	TN	TN	

Family #	Name	Relation	Age	I	F	M	Occupation
	Jones, William	son	12	TN	TN	Tn	
	Jones, Verna	daughter	9	TN	TN	TN	
115	Martin, John	head	78	TN	IR	TN	farmer
	Martin, Lula	wife	40	TN	NC	TN	
	Martin, Fay	daughter	8	TN	TN	TN	
	Martin, Ray	son	8	TN	TN	TN	
116	Stout, Thomas	head	52	TN	TN	TN	farmer
	Stout, Bessie	wife	39	NC	NC	NC	
	Stout, Eugene	son	18	TN	TN	TN	
	Stout, Susan	daughter	16	TN	TN	TN	
	Stout, Clay	son	13	TN	TN	TN	
	Stout, Vena	daughter	12	TN	TN	TN	
	Stout, Roscoe	son	9	TN	TN	TN	
117	Roberts, Arville	head	33	TN	TN	TN	farm laborer
	Roberts, Hattie	wife	26	TN	TN	TN	
	Roberts, Fred	son	8	TN	TN	TN	
	Roberts, L. C.	son	5	TN	TN	TN	
	Roberts, Bessie	daughter	3	TN	TN	TN	
	Roberts, Avery	son	0	TN	TN	TN	
118	Pleasant, Sidney	head (wd)	69	TN	TN	TN	farmer
	Roberts, Myrtle	gr dau	24	TN	TN	TN	farm laborer
	Roberts, May	gr dau	22	TN	TN	TN	farm laborer
	Roberts, Maud	gr dau	19	TN	TN	TN	
	Roberts, Clyde	gsoninlaw	25	TN	TN	TN	farm laborer
	Roberts, Billy	grgrson	0	TN	TN	TN	
119	Roberts, Lowry	head	54	TN	TN	TN	farmer
	Roberts, Laura	wife	50	TN	TN	TN	
	Roberts, Earl	son	24	TN	TN	TN	farm laborer
	Roberts, Walter	son	20	TN	TN	TN	farm laborer
	Roberts, Georgia	daughter	15	TN	TN	TN	
	Roberts, Frank	son	12	TN	TN	TN	
	Roberts, Ethel	daughter	10	TN	TN	TN	
	Roberts, Dan	son	8	TN	TN	TN	
	Roberts, Odell	son	6	TN	TN	TN	
	Roberts, Mabel	dau in law	16	TN	TN	NC	farm laborer
120	Lowe, James	head	22	TN	TN	NC	farmer
	Lowe, Gladys	wife	21	TN	TN	TN	
121	Roberts, James	head	57	TN	TN	TN	farmer
	Roberts, Dora	wife	35	TN	TN	TN	
	Roberts, Float	daughter	30	TN	TN	TN	farm laborer
	Roberts, Virginia	gr dau	9	TN	TN	TN	
	Roberts, Junior	gr son	7	TN	TN	TN	
	Roberts, Hugh	gr son	5	TN	TN	TN	
	Roberts, Arch	son in law	24	TN	TN	TN	saw mill laborer
122	Clark, Daniel B.	head	44	TN	TN	VA	farmer

Family #	Name	Relation	Age	I	F	M	Occupation
	Clark, Nannie	wife	47	NC	NC	NC	
123	Phipps, David	head	59	NC	NC	NC	farmer
	Phipps, Biner	wife	52	NC	NC	NC	
	Phipps, Roy	son	21	NC	NC	NC	
	Phipps, Manda	daughter	19	TN	NC	NC	
124	Robinson, Lillie	head (wd)	57	TN	VA	TN	farmer
125	Lowe, Noah	head	48	TN	TN	TN	farm laborer
	Lowe, Lura	wife	36	TN	TN	TN	
	Lowe, Pearl	daughter	7	TN	TN	TN	
	Lowe, Wayne	son	4	TN	TN	TN	
	Lowe, Bertha	daughter	3	TN	TN	TN	
	Lowe, Vance	son	0	TN	TN	TN	
126	Pleasant, Ben	head (wd)	43	TN	TN	TN	farmer
	Pleasant, Julia	daughter	12	TN	TN	TN	
	Pleasant, Charles	son	7	TN	TN	TN	
	Pleasant, Grady	son	5	TN	TN	TN	
	Pleasant, Estel	son	3	TN	TN	TN	
127	Worley, Simon	head	69	NC	NC	NC	farmer
	Worley, Jennie	wife	45	NC	NC	NC	
	Worley, Clifton Ted	son	17	TN	NC	NC	farm laborer
	Worley, Hutchinson	son	12	TN	NC	NC	
	Worley, Boyd	son	11	NC	NC	NC	
	Worley, Edward	son	9	TN	NC	NC	
128	Shoun, Baxter	head	51	TN	TN	NC	farmer
	Shoun, Sallie	wife	50	TN	TN	VA	
	Shoun, Kermit	son	18	TN	TN	TN	
	Shoun, Helen	daughter	15	TN	TN	TN	
	Shoun, Harold	son	14	TN	TN	TN	
	Shoun, Vernon	son	11	TN	TN	TN	
	Shoun, James	son	10	TN	TN	TN	
	Shoun, Harry	son	8	TN	TN	TN	
129	May, Riley	head	57	NC	NC	NC	farmer
	May, Louise	wife	57	NC	NC	NC	
	May, Hillie	son	20	TN	NC	NC	farm laborer
	May, John	son	16	TN	NC	NC	farm laborer
	May, Maud	daughter	14	TN	NC	NC	
130	White, Thomas	head	73	TN	TN	TN	farm laborer
	White, Rosa	wife	37	TN	TN	TN	
131	Johnson, George	head	55	TN	TN	NC	farm laborer
	Johnson, Julia	wife	55	NC	NC	NC	
	Johnson, Ronda	son	18	NC	TN	NC	
	Johnson, Burla	daughter	16	TN	TN	NC	
	Johnson, Russell	son	10	NC	TN	NC	
132	Dillon, John	head	61	TN	NC	NC	farmer
	Dillon, Winnie	wife	60	TN	TN	VA	

Family #	Name	Relation	Age	I	F	M	Occupation
	Dillon, Wiley	son	29	TN	TN	TN	
	Dillon, Archie	son	22	TN	TN	TN	
	Dillon, Annie	daughter	20	TN	TN	TN	public school tchr
	Dillon, Alice	daughter	17	TN	TN	TN	
	Dillon, Ben	son	15	TN	TN	TN	
	Dillon, Vena	sister(wd)	80	NC	NC	NC	
133	Wilson, Roy	head	53	TN	TN	TN	farmer
	Wilson, Dortha	wife	48	NC	NC	NC	
	Wilson, Mary	daughter	25	TN	TN	NC	public school tchr
	Wilson, Anna	daughter	22	TN	TN	NC	public school tchr
	Wilson, Viola	daughter	20	TN	TN	NC	public school tchr
	Wilson, Shelburn	son	18	TN	TN	NC	
134	Eggers, William	head	53	TN	TN	TN	farmer
	Eggers, Callie	wife	53	TN	TN	TN	
	Eggers, Bonita	daughter	18	TN	TN	TN	
	Eggers, Willie	son	10	TN	TN	TN	
135	Shoun, Isaac M.	head (wd)	68	TN	TN	NC	farmer
	Shoun, Ina Beatrice	gr dau	19	TN	TN	TN	
	Shoun, Bulah	gr dau	17	TN	TN	TN	
136	Graybeal, Rufus	head	71	NC	NC	NC	farmer
	Graybeal, Nancy	wife	68	VA	NC	VA	
	Graybeal, Sidney	gr son	5	TN	NC	TN	
137	Shoun, Roy	head	46	TN	TN	NC	farm laborer
	Shoun, Mollie	wife	29	TN	TN	TN	
	Spradle, Lee	boarder	27	TX	TX	TX	state hwy laborer
138	Robinson, Samuel	head	60	TN	VA	TN	farmer
	Robinson, Sallie	wife	53	TN	TN	TN	
	Robinson, Bulah	daughter	28	TN	TN	TN	
	Robinson, Allen	son	17	TN	TN	TN	
139	Heaton, John	head	55	TN	TN	NC	farmer
	Heaton, Millie	wife	50	NC	NC	NC	
	Heaton, Mack	son	17	TN	TN	NC	
	Hicks, Wiley	grfather	89	TN	TN	TN	
	Patrick, Thomas	boarder	47	TN	TN	TN	state hwy laborer
140	Roberts, Stacy	head	36	TN	TN	NC	farmer
	Roberts, Venia	wife	36	TN	TN	NC	
	Roberts, Julia	mother(wd)	75	NC	NC	NC	
141	Horn, Robert	head	40	TN	TN	TN	farmer
	Horn, Aira	wife	34	TN	TN	TN	
142	Horn, Emmett	head	53	TN	NC	TN	farmer
	Horn, Mary	wife	49	NC	NC	NC	
	Horn, Edna	daughter	12	TN	TN	NC	
143	Roberts, Dora	head (wd)	49	TN	TN	TN	farmer
	Brookshire, Irene	daughter	26	TN	TN	TN	
	Brookshire, Bert	son in law	27	TN	TN	TN	farm laborer

Family #	Name	Relation	Age	I	F	M	Occupation
	Brookshire, Elleree	gr dau	2	TN	TN	TN	
	Roberts, Fuller	son	22	TN	TN	TN	rayon mill laborer
	Roberts, Ina Bell	daughter	20	TN	TN	TN	
	Roberts, Doran	son	15	TN	TN	TN	
144	Roberts, France	head (wd)	71	TN	TN	TN	farmer
	Roberts, Sallie	daughter	42	TN	TN	TN	
	Curby, Myrtle	gr dau	19	TN	TN	TN	
145	Roberts, Edward	head	34	TN	TN	TN	farm laborer
	Roberts, Clydie	wife	23	TN	TN	TN	
	Roberts, Romella	daughter	5	TN	TN	TN	
	Roberts, Pauline	daughter	3	TN	TN	TN	
	Roberts, Robert	son	0	TN	TN	TN	
146	Davis, W. B. (Bet)	head	78	NC	NC	NC	farmer
	Davis, Sallie	wife	55	NC	NC	NC	
147	Davis, James	head	67	NC	NC	NC	farmer
	Davis, Ellen	wife	76	TN	TN	TN	
148	Horn, Steve	head	48	TN	NC	TN	farmer
	Horn, Nannie	wife	41	NC	NC	NC	
	Horn, Belma	daughter	15	NC	TN	NC	
	Horn, Bernie	son	9	TN	TN	NC	
	Horn, Louis	son	8	TN	TN	NC	
149	Shoun, Leonard Pedro	head	54	TN	TN	NC	farmer
	Shoun, Laura	wife	47	TN	TN	NC	
	Shoun, Gale	daughter	23	TN	TN	TN	
	Shoun, Ruth	daughter	14	TN	TN	TN	
	Shoun, Mary	daughter	8	TN	TN	TN	
	Shoun, Gladys	daughter	5	TN	TN	TN	
150	Gregg, Luther	head	41	TN	NC	NC	timber cutter
	Gregg, Susan	wife	47	NC	TN	NC	
	Gregg, Arlie	son	17	TN	TN	NC	
	Gregg, Laura	daughter	15	TN	TN	NC	
	Gregg, Paul	son	12	TN	TN	NC	
	Gregg, Edith	daughter	10	TN	TN	NC	
	Gregg, Mamie	daughter	8	TN	TN	NC	
	Gregg, Buford	son	6	TN	TN	NC	
	Gregg, Bulah	daughter	2	TN	TN	NC	
	Gregg, John	father (wd)	80	NC	NC	NC	
151	Cole, Blaine	head	42	TN	TN	TN	farmer
	Cole, Ida	wife	41	TN	NC	NC	
	Cole, Bruce	son	18	TN	TN	TN	
	Cole, Lucas	son	14	TN	TN	TN	
152	Shoun, D. B.	head	58	TN	TN	TN	farmer
153	Trivette, Edward	head	20	NC	NC	NC	state hwy laborer
	Trivette, Pearl	wife	23	NC	NC	NC	
	Trivette, Curtis	son	1	NC	NC	NC	

Family #	Name	Relation	Age	I	F	M	Occupation
154	Davis, William	head	44	TN	VA	TN	farmer
	Davis, Winnie	wife	51	TN	TN	NC	
	Davis, James	son	18	TN	TN	TN	
155	Shoun, Walter	head	51	TN	TN	NC	farmer
	Shoun, Carrie V.	wife	51	TN	TN	TN	
	Shoun, Burley	son	19	TN	TN	TN	
156	Smith, Dan	head	39	TN	TN	TN	farm laborer
	Smith, Susan	wife	33	TN	TN	TN	
	Smith, Fred	son	13	TN	TN	TN	
	Smith, Luther	son	11	TN	TN	TN	
	Smith, Hazel	daughter	8	TN	TN	TN	
	Smith, Sanford	son	6	TN	TN	TN	
	Smith, Annabess	daughter	2	TN	TN	TN	
157	Garland, Matthew	head	61	TN	TN	TN	farmer
	Garland, Belle	wife	47	TN	NC	TN	
	Garland, Hazel	dau (wd)	25	TN	TN	TN	
	Garland, Ambers	son	16	TN	TN	TN	
	Robinson, Theodore	step son	16	TN	TN	TN	
158	Wilson, Daniel	head (wd)	45	TN	TN	VA	farmer
	Wilson, Annie	mother(wd)	89	VA	VA	VA	
	Wilson, Boyd	son	19	TN	TN	TN	
	Wilson, Hazel	daughter	17	TN	TN	TN	
	Wilson, Fred	son	15	TN	TN	TN	
	Wilson, Junior	son	13	TN	TN	TN	
	Wilson, Arthur	son	11	TN	TN	TN	
	Wilson, Ray	son	7	TN	TN	TN	
	Wilson, J. D.	brother	53	TN	TN	VA	
159	Wilson, Albert	head	61	TN	TN	VA	farmer
	Wilson, Loretta	wife	58	TN	TN	TN	
	Wilson, William	son	26	TN	TN	TN	
	Wilson, Isaac	son	20	TN	TN	TN	
	Wilson, Virginia	daughter	12	TN	TN	TN	
160	Davis, Mack	head	49	TN	NC	NC	farmer
	Davis, Callie	wife	49	TN	TN	TN	
	Davis, Nellie	daughter	13	TN	TN	TN	
161	Stout, Andrew	head	35	TN	TN	TN	farmer
	Stout, Bulah	wife	29	TN	TN	VA	
	Stout, Theodore	son	9	TN	TN	TN	
	Stout, Vernon	son	6	TN	TN	TN	
	Stout, Cloett	daughter	3	TN	TN	TN	
	Roberts, Mollie	mth in law	66	VA	VA	VA	
162	Stout, Fuller	head	26	TN	TN	TN	farmer
	Stout, Dora Lee	wife	26	TN	TN	TN	
163	Stout, Ham	head (wd)	69	TN	TN	TN	farmer
	Stout, Eula	daughter	31	TN	TN	TN	

Family #	Name	Relation	Age	I	F	M	Occupation
	Stout, Robert	son	45	TN	TN	TN	
	Stout, Raymond	son	17	TN	TN	TN	
164	Fenner, Harrison	head	37	TN	TN	TN	farmer
	Fenner, Verna	wife	33	TN	TN	TN	
	Fenner, Glee	son	12	TN	TN	TN	
	Fenner, Jessie	daughter	10	TN	TN	TN	
	Fenner, R. C.	son	6	TN	TN	TN	
165	Stout, Fannie	head	50	TN	TN	NC	
	Stout, Vicky	sister	56	TN	TN	NC	
166	Harbin, John	head	57	NC	NC	NC	farmer
	Harbin, Ella	wife	52	TN	TN	NC	
	Harbin, Verna	daughter	15	TN	NC	TN	
	Harbin, J. L.	son	12	TN	NC	TN	
167	Swift, Ham	head	51	TN	NC	TN	farm laborer
	Swift, Alice	wife	51	TN	TN	TN	
	Swift, Stacy	son	21	TN	TN	TN	
	Swift, Ola	daughter	19	TN	TN	TN	
	Swift, Rod	son	14	TN	TN	TN	
	Swift, Bonnie	daughter	11	TN	TN	TN	
168	Swift, James	head	31	TN	TN	TN	farmer
	Swift, Venia	wife	33	TN	TN	TN	
	Swift, Laura	daughter	8	TN	TN	TN	
	Swift, James	son	5	TN	TN	TN	
	Swift, Ruby	daughter	2	TN	TN	TN	
169	Swift, Richard	head (wd)	37	TN	TN	TN	farmer
	Swift, Sarah	mother(wd)	65	TN	TN	TN	
	Lewis, Della	niece	15	IN	TN	TN	
	Swift, Sallie	daughter	15	TN	TN	TN	
	Swift, Golda	daughter	13	TN	TN	TN	
	Lewis, Ernest	nephew	12	VA	TN	TN	
170	Swift, Allen	head	21	TN	TN	TN	farm laborer
	Swift, Carrie	wife	20	TN	TN	TN	
	Swift, Ray	son	0	TN	TN	TN	
171	Church, John	head	50	TN	TN	TN	farmer
	Church, Josie	wife	31	TN	TN	TN	
	Church, Denver	son	12	TN	TN	TN	
	Church, David	son	8	TN	TN	TN	
	Church, Claude	son	6	TN	TN	TN	
	Church, Anna	daughter	3	TN	TN	TN	
	Church, Delmas	son	1	TN	TN	TN	
172	Arnold, James	head	56	TN	TN	TN	farmer
	Arnold, Lizzie	wife	40	TN	TN	TN	
	Arnold, Clarence	son	20	TN	TN	TN	
	Arnold, Spencer	son	15	TN	TN	TN	
	Arnold, Gatha	son	10	TN	TN	TN	

Family #	Name	Relation	Age	I	F	M	Occupation
	Arnold, Pearl	daughter	6	TN	TN	TN	
	Arnold, Boyd	son	4	TN	TN	TN	
	Arnold, John	son	2	TN	TN	TN	
173	Pierce, George	head	37	TN	TN	TN	farmer
	Pierce, Vada	wife	35	TN	TN	TN	
	Pierce, Dale	son	11	TN	TN	TN	
	Pierce, Delmer	son	8	TN	TN	TN	
	Pierce, Georgie	daughter	5	TN	TN	TN	
	Pierce, Joseph	son	2	TN	TN	TN	
174	Fenner, Dayton	head	30	TN	TN	TN	farmer
	Fenner, Bertha	wife	26	TN	TN	TN	
175	Wilson, William	head	47	TN	TN	VA	farmer
	Wilson, Winnie	wife	46	NC	NC	NC	
	Wilson, Worth	son	19	TN	TN	NC	
	Wilson, Grace	daughter	16	TN	TN	NC	
	Wilson, Beulah	daughter	13	TN	TN	NC	
	Wilson, Ruby	niece	4	TN	TN	NC	
176	Shupe, Troy	head	39	TN	TN	TN	farmer
	Shupe, Fannie	wife	36	TN	TN	TN	
	Shupe, Arvil	son	18	TN	TN	TN	
	Shupe, Verna	daughter	15	TN	TN	TN	
	Shupe, Clarence	son	12	TN	TN	TN	
	Shupe, James	son	10	TN	TN	TN	
	Shupe, Francis	daughter	8	TN	TN	TN	
	Shupe, Troy Jr.	son	6	TN	TN	TN	
	Shupe, Everett	son	3	TN	TN	TN	
	Shupe, Emory	son	0	TN	TN	TN	
177	Smith, Doran	head	45	TN	TN	TN	farmer
	Smith, Cathleen	wife	35	TN	TN	TN	
	Smith, Ruby	niece	14	IN	TN	IN	
178	Slimp, Ernest	head	34	TN	TN	TN	state hwy foreman
	Slimp, Vada	wife	34	TN	TN	TN	
	Slimp, Dana	son	15	TN	TN	TN	
179	Harper, John	head	30	TN	TN	TN	farmer
	Harper, Annie	wife	30	TN	TN	TN	
	Harper, David	brother	26	TN	TN	TN	
	Harper, Ruby	daughter	2	TN	TN	TN	
	Harper, Dicy	mother	60	TN	TN	TN	
180	Jordan, Deadrick	head	37	TN	TN	TN	
	Jordan, Lillie	wife	38	TN	TN	TN	
	Jordan, Jimmy	son	9	TN	TN	TN	
	Jordan, Hershel	son	7	TN	TN	TN	
	Jordan, Opal	daughter	5	TN	TN	TN	
	Jordan, Eva	daughter	3	TN	TN	TN	
	Jordan, Curtis	son	1	TN	TN	TN	

Family #	Name	Relation	Age	I	F	M	Occupation
181	Barry, Hugh	head	38	TN	TN	TN	farmer
	Barry, Alice	wife	39	TN	TN	TN	
	Barry, Rachel	daughter	16	TN	TN	TN	
	Barry, Lulu	daughter	12	TN	TN	TN	
	Barry, Annie	daughter	8	TN	TN	TN	
	Barry, Berlie	son	6	TN	TN	TN	
	Barry, Ray	son	2	TN	TN	TN	
182	Shupe, Sherman	head	36	TN	TN	TN	state hwy truck drvr
	Shupe, Emma	wife	34	NC	NC	NC	
	Shupe, Hester	daughter	15	TN	TN	NC	
	Shupe, Gladys	daughter	13	TN	TN	NC	
	Shupe, Della	daughter	9	TN	TN	NC	
	Shupe, Raymond	son	6	TN	TN	NC	
	Shupe, Eula	daughter	4	TN	TN	NC	
183	Shupe, David	head	50	TN	TN	TN	farmer
	Shupe, Emma	wife	46	TN	TN	TN	
	Shupe, Margaret	daughter	23	TN	TN	TN	
	Shupe, Garfield	son	17	TN	TN	TN	
	Shupe, Bessie	daughter	14	TN	TN	TN	
	Shupe, Fred	son	12	TN	TN	TN	
	Shupe, Tommy	son	10	TN	TN	TN	
	Shupe, Julia	daughter	7	TN	TN	TN	
	Shupe, Earl	son	4	TN	TN	TN	
	Shupe, Gene	son	2	TN	TN	TN	
184	Shupe, Charles	head	56	TN	TN	TN	farmer
	Shupe, Jestie	wife	45	TN	TN	TN	
	Shupe, Early	son	17	TN	TN	TN	
	Shupe, Herbert	son	12	TN	TN	TN	
	Shupe, Eva	daughter	7	TN	TN	TN	
	Shupe, Helen	daughter	5	TN	TN	TN	
185	Fenner, Dana	head	27	TN	TN	TN	coal miner
	Fenner, Anna	wife	23	NC	NC	NC	
	Fenner, Everett	son	4	TN	TN	NC	
	Fenner, Gertie	daughter	2	WV	TN	NC	
186	Shupe, Joseph	head	45	TN	TN	TN	farmer
	Shupe, May	wife	39	TN	TN	TN	
	Shupe, Ora	daughter	19	TN	TN	TN	
	Shupe, Mary	daughter	17	TN	TN	TN	
	Shupe, James	son	14	TN	TN	TN	
	Shupe, Hershel	son	8	TN	TN	TN	
	Shupe, Roxy	daughter	3	TN	TN	TN	
187	Norris, John	head	45	NC	NC	NC	farmer
	Norris, Georgia	wife	45	NC	NC	NC	
	Norris, Frank	son	17	TN	NC	NC	
	Norris, Clyde	son	15	NC	NC	NC	

Family #	Name	Relation	Age	I	F	M	Occupation
	Norris, Kenneth	son	13	TN	NC	NC	
	Norris, Charles	son	9	TN	NC	NC	
	Norris, Bert	son	7	TN	NC	NC	
	Norris, Clay	son	5	TN	NC	NC	
	Adams, Julia	cook	16	TN	TN	TN	family cook
188	Gentry, James	head	44	TN	TN	TN	train fireman
	Gentry, Rosie	wife	39	NC	NC	NC	
	Gentry, Virginia	daughter	10	TN	TN	NC	
	Gentry, J. D.	son	8	TN	TN	NC	
	Gentry, Sammy	son	3	TN	TN	NC	
	Gentry, Annie	daughter	1	TN	TN	NC	
189	Gentry, Ferdinand	head	71	TN	TN	TN	farmer
	Gentry, Bertha	wife	42	TN	TN	TN	
	Gentry, Jessie	son	12	TN	TN	TN	
	Gentry, Curtis	son	1	TN	TN	TN	
190	Walsh, John	head	66	TN	NC	NC	farmer
	Walsh, Elizabeth	wife	69	TN	NC	TN	
	Walsh, Ham	son	43	TN	TN	TN	
191	Harbin, Stacy	head	49	NC	NC	NC	retail merchant
	Harbin, Athie	wife	48	TN	TN	TN	
192	Fenner, Theodore	head	29	TN	TN	TN	farmer
	Fenner, Oma	wife	27	TN	TN	TN	
	Fenner, Dewey	son	6	TN	TN	TN	
193	Harper, Frank	head	28	TN	TN	TN	rock quarry laborer
	Harper, Rosie	wife	33	TN	TN	TN	
	Harper, Elsie	daughter	8	TN	TN	TN	
	Harper, Virginia	daughter	6	TN	TN	TN	
	Harper, Helen	daughter	1	TN	TN	TN	
194	Harper, James	head (wd)	50	TN	NC	TN	farmer
	Swift, Kate	daughter	18	TN	TN	TN	
	Swift, John	son in law	26	TN	TN	TN	furniture fct laborer
195	Harper, Noah	head	49	TN	NC	TN	farmer
	Harper, Vick	wife	50	TN	TN	NC	
	Harper, Clara	daughter	26	TN	TN	TN	
	Harper, Floyd	son	19	TN	TN	TN	
	Harper, Ruth	daughter	16	TN	TN	TN	
	Harper, Pauline	daughter	13	TN	TN	TN	
196	Dyer, John	head	54	NC	NC	NC	farmer
	Dyer, Martha	wife	47	NC	NC	NC	boarding house kpr
	Dyer, Sara	daughter	35	NC	NC	NC	
	Dyer, Luther	son in law	35	TN	TN	NC	farm laborer
	Dyer, Paul	gr son	10	TN	TN	NC	
	Dyer, John	gr son	8	TN	TN	NC	
	Dyer, Fred	gr son	4	TN	TN	NC	
	Dyer, Mary	gr daughter	2	TN	TN	NC	

Family #	Name	Relation	Age	I	F	M	Occupation
	Hopkins, Mary	mth in law	67	NC	NC	NC	
	Vaught, James	boarder	32	NC	NC	NC	state hwy time kpr
	Vaught, Aris	boarder	20	AL	AL	AL	
	Vaught, Jewell	boarder	3	TN	NC	AL	
	Maddox, Troy	boarder	29	TN	TN	NC	state hwy laborer
	Richardson, Arthur	boarder	30	AL	AL	AL	state hwy laborer
197	Gentry, Elbert	head	49	TN	TN	TN	farmer
	Gentry, Mary	wife	52	TN	NC	TN	
	Gentry, Earl	son	22	TN	TN	TN	
	Gentry, Eugene	son	18	TN	TN	TN	
	Gentry, Elsie	daughter	15	TN	TN	TN	
	Gentry, Frances	daughter	11	TN	TN	TN	
	Harper, Jestie	sisterinlaw	59	TN	TN	TN	
198	Parker, Grady	head	36	NC	NC	VA	farm laborer
	Parker, Fannie	wife	35	TN	TN	TN	
	Parker, Dale	son	5	TN	NC	TN	
199	Gentry, Rosecrans	head	71	TN	TN	TN	farmer
	Gentry, Nancy	wife	70	NC	NC	TN	
200	Harbin, Leonard	head	44	NC	NC	NC	farmer
	Harbin, Mattie	wife	44	TN	TN	TN	
	Harbin, Juanita	daughter	14	TN	TN	TN	
	Harbin, Ruth	daughter	12	TN	TN	TN	
	Harbin, Essie	daughter	9	TN	TN	TN	
201	Fenner, Joe	head	51	TN	TN	TN	farmer
	Fenner, Callie	wife	44	TN	TN	TN	
	Fenner, Walter	son	24	TN	TN	TN	farm laborer
	Fenner, Nellie	dau in law	18	TN	TN	TN	
202	Cornett, William	head	57	NC	NC	NC	farm laborer
	Cornett, Cora	wife	46	NC	NC	NC	
	Cornett, Floy	daughter	21	TN	NC	NC	
	Cornett, Sallie	daughter	16	VA	NC	NC	
	Cornett, Nell	daughter	11	TN	NC	NC	
	Cornett, Mary	daughter	5	TN	NC	NC	
	Cornett, Mary	gr dau	2	TN	NC	NC	
	Osborne, George	boarder	18	TN	TN	TN	state hwy laborer
	Courtner, Jake	boarder	21	TN	TN	TN	state hwy laborer
	Henry, Jeff	boarder	18	GA	GA	GA	state hwy laborer
	Martin, Ezra	boarder	18	SC	SC	SC	state hwy laborer
	Williams, Joel	boarder	20	AL	AL	AL	state hwy laborer
	Danisen, Carl	boarder	22	NC	NC	NC	state hwy laborer
203	Buckland, Dan	head	40	MS	MS	MS	state hwy contractor
	Buckland, Ciddie	wife	34	AL	AL	AL	boarding house kpr
	Buckland, Dan Jr.	son	6	MS	MS	AL	
	Buckland, Ciddie	daughter	4	AL	MS	AL	
	Buckland, Marion	son	1	AL	MS	AL	

Family #	Name	Relation	Age	I	F	M	Occupation
	Ward, Frank	boarder	20	SC	SC	SC	state hwy laborer
	Ward, Jonnie	boarder	24	NC	NC	NC	camp cook
	Bird, Walter	boarder	24	SC	SC	SC	state hwy laborer
	Bird, Willie	boarder	21	SC	SC	SC	camp cook
	Rucker, Charles	boarder	21	AR	AR	AR	state hwy laborer

Here ends enumeration of the 7th District
Enumeration of 8th begins on next page

Family #	Name	Relation	Age	I	F	M	Occupation
Eighth District							
1	Main, Marion	head	32	NC	TN	TN	lumber yd laborer
	Main, Viola	wife	19	TN	NC	NC	
	Wyatt, Clinton	bro in law	16	TN	NC	NC	railroad laborer
2	Main, Lewis	head	70	TN	TN	NC	farmer
	Main, Lillie	wife	66	TN	TN	NC	
	Main, Dana	son	30	NC	TN	TN	truck farm laborer
3	Phillips, Bonnie	head (wd)	25	TN	TN	TN	
	Phillips, Clarence	son	6	NC	NC	TN	
	Phillips, Marshall	son	4	NC	NC	TN	
	Phillips, Edward	son	2	NC	NC	TN	
4	Watson, Nellie	head (wd)	52	TN	NC	TN	farmer
	Watson, E. J.	son	15	TN	NC	TN	
	Watson, Lethie	daughter	13	TN	NC	TN	
	Hodgson, Laura	dau (wd)	22	TN	NC	TN	
	Hodgson, Eugene	gr son	2	TN	NC	TN	
5	Lewis, David	head	38	NC	NC	NC	lumber yd laborer
	Lewis, Chelsie	wife	30	TN	TN	TN	
	Lewis, Creta	daughter	12	TN	NC	TN	
	Lewis, Fred	son	10	TN	NC	TN	
	Lewis, Albert	son	7	TN	NC	TN	
	Lewis, Lola	daughter	0	TN	NC	TN	
6	Main, Ira	head	38	TN	TN	TN	truck farmer
	Main, Lucy	wife	30	NC	NC	NC	
	Main, Earl	son	14	NC	TN	NC	
	Main, Ira Jr.	son	12	NC	TN	NC	
	Main, Harly	son	11	NC	TN	NC	
	Main, Boyd	son	9	NC	TN	NC	
	Main, Oscar	son	8	NC	TN	NC	
7	Blevins, John	head	73	TN	TN	NC	farmer
	Blevins, Dolly	wife	72	TN	VA	TN	
	Blevins, Dennis	son	30	TN	TN	TN	farmer
	Blevins, Ethel	dau in law	23	TN	NC	NC	
	Blevins, Margie	gr dau	5	TN	TN	TN	
	Blevins, Corina	gr dau	3	TN	TN	TN	
	Blevins, Clay	gr son	2	TN	TN	TN	
	Blevins, Walter	gr son	0	TN	TN	TN	
8	Eller, Avery	head	46	NC	NC	NC	farmer
	Eller, Minnie	wife	34	TN	TN	VA	
	Eller, Robert	son	17	WV	NC	TN	
	Eller, Ellen	daughter	15	WV	NC	TN	
	Eller, William	son	13	VA	NC	TN	
	Eller, Margie	daughter	12	TN	NC	TN	
	Eller, Ina	daughter	10	TN	NC	TN	
	Eller, Bessie	daughter	9	TN	NC	TN	

Family #	Name	Relation	Age	I	F	M	Occupation
	Eller, Ruby	daughter	6	TN	NC	TN	
	Eller, Gladys	daughter	5	TN	NC	TN	
	Eller, Bertha	daughter	3	TN	NC	TN	
	Eller, Lena	daughter	1	TN	NC	TN	
9	Wyatt, Calvin	head	75	NC	NC	NC	farmer
	Wyatt, Susan	wife	73	TN	TN	TN	
	Main, James	son in law	45	NC	TN	TN	farm laborer
	Main, Anne	daughter	23	NC	NC	NC	
	Main, Charles	gr son	14	TN	NC	NC	
	Main, Blanch	gr dau	12	TN	NC	NC	
	Main, James	gr son	9	NC	NC	NC	
	Main, Violet	gr dau	7	TN	NC	NC	
	Main, Sally	gr dau	4	TN	NC	NC	
	Main, Walter	gr son	1	TN	NC	NC	
	Wyatt, Jacob	son (wd)	45	NC	NC	NC	farm laborer
	Wyatt, Elva	gr dau	11	TN	NC	NC	
	Wyatt, Hazle	gr dau	6	TN	NC	NC	
10	Manuel, Joe	head	27	NC	NC	NC	truck farm laborer
	Manuel, Effie	wife	26	TN	TN	TN	
	Manuel, Ina	daughter	0	TN	NC	TN	
11	Hutchinson, Fred	head	27	TN	TN	TN	state hwy laborer
	Hutchinson, Sally	wife	19	TN	NC	TN	
12	Heaberlin, Noah	head	58	TN	KY	TN	farmer
	Heaberlin, Nancy	wife	57	TN	NC	TN	
	Heaberlin, Sophie	daughter	33	TN	TN	TN	
	Heaberlin, Edward	son	17	TN	TN	TN	state hwy laborer
	Heaberlin, Iva	gr dau	5	TN	TN	TN	
13	Greer, Luke	head	32	NC	TN	NC	state hwy laborer
	Greer, Loretta	wife	34	NC	NC	NC	
	Greer, Joan	daughter	9	NC	NC	NC	
14	Greer, Ham	head	36	TN	NC	TN	farmer
	Martin, Elizabeth	mother(wd)	57	TN	NC	NC	
	Rutter, Cicero	boarder	17	TN	TN	TN	farm laborer
15	Blevins, Guy	head	35	TN	TN	TN	coal mines laborer
	Blevins, Liza	wife	34	NC	NC	NC	
	Blevins, Dana	son	9	TN	TN	NC	
	Blevins, Lou	daughter	4	TN	TN	NC	
16	Rutter, Silas	head	24	TN	TN	VA	lumber yd laborer
	Rutter, Ora	wife	28	NC	NC	NC	
17	Lipford, Edward	head	27	TN	TN	TN	farm laborer
	Lipford, Nelia	wife	17	TN	TN	TN	
18	Lipford, Arch	head	34	TN	TN	TN	farmer
	Lipford, Tishia	wife	27	TN	NC	TN	
	Lipford, Luther	son	11	TN	TN	TN	
	Lipford, Vennie	daughter	6	NC	TN	TN	

Family #	Name	Relation	Age	I	F	M	Occupation
	Lipford, Hazle	daughter	4	TN	TN	TN	
	Lipford, Ruth	daughter	2	TN	TN	TN	
19	Rutter, Ernest	head	45	TN	TN	TN	state hwy laborer
	Rutter, Ellen	wife	40	TN	TN	NC	
	Rutter, Florence	daughter	19	TN	TN	TN	
	Rutter, Ocia	daughter	13	TN	TN	TN	
	Rutter, Willard	son	10	TN	TN	TN	
	Rutter, Paul	son	4	TN	TN	TN	
	Rutter, Laura	gr dau	0	TN	TN	TN	
	Rutter, James	son	3	TN	TN	TN	
	Rutter, Lindy	daughter	0	TN	TN	TN	
20	Manuel, Rebecca	head	50	NC	NC	NC	farmer
	Manuel, Russell	son	14	TN	VA	NC	
	Manuel, William	son	29	NC	NC	NC	odd job laborer
	Manuel, Margaret	dau in law	20	VA	NC	VA	
	Manuel, Violet	gr dau	0	TN	NC	VA	
21	Wilson, John Jr.	head	44	TN	TN	TN	farmer
	Wilson, Martha	wife	36	TN	TN	TN	
	Wilson, Ham	son	16	TN	TN	TN	
22	Cretsinger, Albert	head	50	TN	PA	TN	farmer
	Cretsinger, Bina	wife	44	TN	TN	TN	
	Cretsinger, Cecil	son	20	TN	TN	TN	farm laborer
	Cretsinger, Jabin	son	18	TN	TN	TN	odd job laborer
	Cretsinger, Acry	son	12	TN	TN	TN	
23	Hutchinson, Ada	head (wd)	33	TN	TN	VA	farmer
	Hutchinson, Grover	son	15	TN	TN	TN	
	Hutchinson, Iretta	daughter	13	TN	TN	TN	
	Hutchinson, Verlon	son	11	TN	TN	TN	
	Hutchinson, C. B.	son	8	TN	TN	TN	
	Hutchinson, Danfey	daughter	7	TN	TN	TN	
	Hutchinson, Robert	son	5	TN	TN	TN	
	Hutchinson, Alta	daughter	0	TN	TN	TN	
	Arnold, Eliza	mthinlaw	63	KY	TN	TN	
24	Steagall, George	head (wd)	69	VA	VA	VA	farmer
	Steagall, Edgar	son	25	TN	VA	VA	private family cook
	Steagall, Oscar	son	18	TN	VA	VA	
25	Blevins, Warren	head	49	TN	TN	TN	farmer
	Blevins, Emma	wife	51	TN	NC	TN	
	Blevins, Paul	son	18	TN	TN	TN	
	Blevins, Jaunita	daughter	17	TN	TN	TN	
	Blevins, Cebert	son	14	TN	TN	TN	
	Blevins, Burl	son	12	TN	TN	TN	
	Bowling, David	son in law	24	TN	TN	TN	retail groc merchant
	Bowling, Ruth	daughter	28	TN	TN	TN	public school tchr
26	Nichols, Shobert	head	32	NC	NC	NC	

Family #	Name	Relation	Age	I	F	M	Occupation
	Nichols, Lelia	wife	26	WV	PA	VA	
27	Garland, Allen	head	34	TN	TN	TN	farm laborer
	Garland, Vennie	wife	36	TN	TN	NC	
	Garland, Ronda	son	12	TN	TN	TN	
	Garland, Edgar	son	9	TN	TN	TN	
	Garland, R. D.	son	7	TN	TN	TN	
	Garland, Dale	son	5	TN	TN	TN	
28	McQueen, Cornelus	head	53	TN	TN	TN	famer
	McQueen, Annie	wife	43	TN	VA	TN	
	McQueen, Chester	son	20	TN	TN	TN	odd job laborer
	McQueen, Walter	son	15	TN	TN	TN	
	McQueen, Irene	daughter	13	TN	TN	TN	
	McQueen, Pauline	daughter	13	TN	TN	TN	
	McQueen, Glena	daughter	7	TN	TN	TN	
29	McQueen, Marcus	head	33	TN	TN	TN	farmer
	McQueen, Myrtle	wife	24	TN	TN	TN	
	McQueen, Evelyn	daughter	2	TN	TN	TN	
	Gentry, Clarence	bro in law	19	VA	TN	TN	odd job laborer
30	Dickinson, Maggie	head (wd)	48	TN	TN	NC	truck farmer
	Elswick, Ola	daughter	19	TN	TN	TN	
	Hale, Ottis	gr son	6	KY	VA	TN	
	Elswick, Charles	son in law	22	VA	VA	TN	
31	Griffin, William	head	55	NC	NC	NC	farmer
	Griffin, Nancy	wife	56	NC	NC	NC	
	Griffin, Stella	daughter	30	NC	NC	NC	
	Griffin, James	son	19	TN	NC	NC	odd job laborer
	Griffin, Thomas	son	16	TN	NC	NC	
32	Griffin, Landers	head	33	NC	NC	NC	truck farmer
	Griffin, Lena	wife	37	TN	TN	NC	
	Griffin, Hessie	niece	14	TN	TN	TN	
33	Blevins, Corda	head (wd)	53	NC	NC	NC	farmer
	Blevins, Hartzel	gr son	26	TN	NC	TN	
	Watson, Otto	son	30	VA	NC	NC	farmer
	Watson, Mary	dau in law	21	TN	NC	NC	
	Watson, Rondel	gr son	5	TN	VA	TN	
	Watson, Thomas	gr son	1	TN	VA	TN	
34	Blevins, William	head	33	TN	TN	TN	farmer
	Blevins, Melinda	mother(wd)	70	TN	TN	TN	
	Blevins, Chester	brother	31	TN	TN	TN	public school tchr
	Patton, James	boarder	17	TN	VA	TN	farm laborer
35	Blevins, C. K.	head	52	TN	TN	TN	farmer
36	Long, Edward	head	62	VA	NC	NC	farmer
	Long, Ellen	wife	63	TN	VA	TN	
	Long, Lundy	son	34	TN	VA	TN	farmer
	Long, Frances	dau in law	33	TN	NC	TN	

Family #	Name	Relation	Age	I	F	M	Occupation
	Long, Giles	gr son	12	TN	TN	TN	
	Long, Pansy	gr dau	11	TN	TN	TN	
	Long, Opie	gr son	7	TN	TN	TN	
	Long, Onzala	gr son	0	TN	TN	TN	
	Long, Vida	gr dau	13	TN	TN	TN	
37	Shepherd, John	head	69	TN	TN	TN	farmer
	Shepherd, Callie	wife	61	TN	TN	TN	
	Shepherd, Hazel	daughter	18	TN	TN	TN	
	Hill, A. J.	gr son	6	WV	NC	VA	
38	Garland, Riley	head	51	TN	TN	TN	black smith laborer
	Garland, Stella	wife	36	TN	TN	TN	
	Garland, Ruchia	daughter	24	TN	TN	TN	
	Garland, Mabel	daughter	13	TN	TN	TN	
39	Wallace, Jordan	head	64	TN	TN	NC	farmer
	Wallace, Alexander	son	29	TN	TN	NC	farm laborer
	Wallace, Polly	daughter	25	TN	TN	NC	
	Wallace, Roosevelt	son	19	TN	TN	NC	
	Wallace, Hettie	daughter	15	TN	TN	NC	
	Ford, Conda	son in law	28	TN	KY	TN	coal mine laborer
	Ford, Clara	daughter	38	TN	TN	NC	
	Ford, William	gr son	8	TN	US	TN	
	Ford, Pearl	gr dau	3	TN	TN	TN	
	Ford, Roy	gr son	1	TN	TN	TN	
	Johnson, Gertie	daughter	32	TN	TN	NC	
40	Hutchinson, John C.	head	58	TN	NC	NC	physician
	Hutchinson, Maggie	wife	52	TN	TN	VA	
	Hutchinson, Helena	daughter	15	TN	TN	TN	
41	Hutchinson, Robert	head	31	TN	TN	TN	dentist
	Hutchinson, Ada	wife	31	TN	TN	TN	
	Hutchinson, R. G.	son	7	TN	TN	TN	
	Hutchinson, Harry	son	5	TN	TN	TN	
	Hutchinson, Jimmy	son	3	TN	TN	TN	
	Hutchinson, Billy	son	0	TN	TN	TN	
42	Stout, Georgia	head	29	TN	TN	TN	
	Stout, Margaret	daughter	4	TN	TN	TN	
43	Roberts, Rachel	head (wd)	46	NC	NC	NC	laundress at home
	Roberts, Edgar	son	18	TN	NC	NC	farm laborer
	Roberts, Beatrice	daughter	11	TN	NC	NC	
	Roberts, Etta	daughter	9	TN	NC	NC	
44	Blevins, T. Emmett	head	48	TN	TN	VA	roller mills laborer
	Blevins, Dorotha	wife	30	TN	NC	TN	
	Blevins, Boyce	son	11	TN	TN	TN	
	Blevins, Gale	son	8	TN	TN	TN	
	Blevins, Howard	son	5	TN	TN	TN	
	Blevins, Kyle	son	4	TN	TN	TN	

Family #	Name	Relation	Age	I	F	M	Occupation
	Blevins, Doris	daughter	1	TN	TN	TN	
45	Long, Jefferson	head	54	NC	NC	NC	farmer
	Long, Bessie	wife	44	TN	TN	TN	
	Long, Isaac	son	17	TN	NC	TN	farm laborer
	Long, Ira	son	17	TN	NC	TN	farm laborer
	Long, Hila	son	14	TN	NC	TN	
	Long, Don	son	13	TN	NC	TN	
	Long, Doyle	son	9	TN	NC	TN	
	Long, Willa	daughter	6	TN	NC	TN	
	Long, Conrad	son	4	TN	NC	TN	
46	Blevins, Arlina	head	36	TN	TN	TN	farmer
	Blevins, Ellen	daughter	21	TN	TN	TN	
	Blevins, Ethel	daughter	17	TN	TN	TN	
	Blevins, Retha	daughter	15	TN	TN	TN	
	Blevins, Presley	son	13	TN	TN	TN	
	Blevins, Denver	son	11	TN	TN	TN	
	Blevins, Hilda	daughter	9	TN	TN	TN	
	Blevins, Vickie	daughter	7	TN	TN	TN	
	Blevins, Floyd	son	5	TN	TN	TN	
	Blevins, Geraldine	daughter	3	TN	TN	TN	
47	Reeves, Hardin	head	62	NC	NC	NC	monument salesman
	Reeves, Virgie	wife	60	TN	TN	TN	
	Reeves, Lucas	son	21	TN	NC	TN	coal mine laborer
	Reeves, Mary	dau in law	18	TN	TN	TN	
	Reeves, Josie	gr dau	0	TN	TN	TN	
48	Reeves, Sanford	head	27	TN	NC	TN	dry goods merchant
	Reeves, Fannie	wife	28	TN	TN	TN	
	Reeves, Harold	son	4	TN	TN	TN	
	Reeves, Charles	son	2	TN	TN	TN	
	Reeves, Billy	son	0	TN	TN	TN	
49	Blevins, Andrew	head	70	TN	TN	TN	farmer
	Blevins, Laura	wife	62	TN	TN	NC	
	Blevins, Carma	daughter	22	TN	TN	TN	
	Blevins, Azel	son	20	TN	TN	TN	farm laborer
	Blevins, David	gr son	4	TN	TN	TN	
50	Blevins, George	head	42	TN	NC	TN	farmer
	Blevins, Maggie	wife	41	NC	NC	NC	
	Blevins, Nancy	daughter	18	TN	TN	NC	
	Blevins, Bonnie	daughter	16	TN	TN	NC	
	Blevins, Robert	son	15	TN	TN	NC	
	Blevins, Eugene	son	11	TN	TN	NC	
	Blevins, Laura	daughter	11	TN	TN	NC	
	Blevins, George	son	10	TN	TN	NC	
	Blevins, Malenia	daughter	5	TN	TN	NC	
51	Garland, James	head	27	TN	TN	TN	farmer

Family #	Name	Relation	Age	I	F	M	Occupation
	Garland, Matilda	wife	28	VA	VA	VA	public school tchr
	Garland, Fred	brother	13	TN	TN	TN	
52	Long, Cynthia	head (wd)	39	TN	TN	NC	
	Long, Loyd	son	19	TN	TN	TN	farm laborer
	Long, Edith	dau in law	19	NC	NC	NC	
	Long, Ralph	gr son	0	TN	TN	NC	
53	Blevins, William	head	37	TN	TN	TN	farmer
	Blevins, Eliza	sister	33	TN	TN	TN	
	Blevins, Pierce	brother	25	TN	TN	TN	
	Blevins, Rhuda	sis in law	17	TN	TN	TN	
	Blevins, Morris	nephew	1	TN	TN	TN	
54	Garland, Jesse	head	48	TN	TN	TN	lumber mill laborer
	Garland, Eliza	wife	40	TN	TN	NC	
	Garland, Cebert	son	23	TN	TN	TN	coal mines laborer
	Garland, I. C.	son	15	TN	TN	TN	
	Garland, Myrtle	daughter	5	TN	TN	TN	
55	Robbins, Robert	head	51	NC	NC	NC	farm laborer
	Robbins, Cora	wife	35	TN	TN	NC	
	Robbins, Flora	daughter	18	TN	NC	TN	
	Robbins, Bertin	son	16	TN	NC	TN	
	Robbins, Baxter	son	11	TN	NC	TN	
	Robbins, John	son	5	TN	NC	TN	
	Robbins, William	son	3	TN	NC	TN	
	Robbins, Ethel	daughter	1	TN	NC	TN	
56	Blevins, Roderick	head	48	TN	TN	TN	farmer
	Blevins, Lillie	wife	36	NC	NC	NC	
	Blevins, Pauline	daughter	15	TN	TN	NC	
	Blevins, Woodrow	son	13	TN	TN	NC	
	Blevins, Bessie	daughter	8	TN	TN	NC	
	Blevins, Gerald	son	3	TN	TN	NC	
57	Gilley, George	head	62	NC	NC	NC	farmer
	Gilley, Maggie	wife	62	NC	NC	NC	
	Gilley, Henry	son (wd)	31	NC	NC	NC	farm laborer
	Gilley, Lester	son	24	NC	NC	NC	farm laborer
	Gilley, Moses	son	21	NC	NC	NC	farm laborer
	Gilley, Hagai	son	18	TN	NC	NC	
58	Gilley, Roy	head	27	NC	NC	NC	farmer
	Gilley, Bulah	wife	24	TN	NC	TN	
59	Lewis, Wilburn	head	66	NC	NC	NC	farmer
	Lewis, Ellen	wife	53	TN	NC	NC	
	Lewis, Kemp	son	20	TN	NC	TN	
	Lewis, Ruth	daughter	2	TN	NC	TN	
	Lewis, Hoover	son	1	TN	NC	TN	
	Swift, Mary	mthinlaw	75	NC	NC	TN	
	Swift, Beatrice	step dau	11	TN	TN	TN	

Family #	Name	Relation	Age	I	F	M	Occupation
	Swift, Marge	step dau	5	TN	TN	TN	
60	Robinson, Henry	head	68	TN	TN	NC	farmer
	Robinson, Melinda	wife	66	TN	TN	TN	
	Robinson, Fred	son	19	TN	TN	TN	coal mines laborer
	Robinson, Myrtle	daughter	15	TN	TN	TN	
61	Bishop, James	head	68	NC	NC	NC	farmer
	Bishop, Ila	wife	57	TN	TN	TN	
	Bishop, Irda	daughter	22	TN	NC	TN	
	Bishop, Hillary	son	21	TN	NC	TN	farm laborer
	Bishop, Effie	daughter	7	TN	NC	TN	
62	Barry, Elbert	head	58	TN	TN	TN	farmer
	Barry, Minnie	wife	48	TN	TN	TN	
	Barry, Bernice	daughter	17	TN	TN	TN	
	Barry, M. L.	son	15	TN	TN	TN	
	Barry, Dillon	son	11	TN	TN	TN	
	Barry, Ida	daughter	7	TN	TN	TN	
63	Garland, Mitchell	head	41	TN	TN	TN	road const laborer
	Garland, Virginia	wife	40	TN	TN	NC	
	Garland, Etta	daughter	21	TN	TN	TN	
	Garland, Mary	daughter	10	TN	TN	TN	
	Blevins, Mary	mthinlaw	65	NC	NC	NC	
64	Bishop, Millard	head	26	TN	NC	NC	farm laborer
	Bishop, Golda	wife	22	TN	TN	TN	
	Bishop, Ivey	son	5	TN	TN	TN	
	Bishop, Lonnie	son	2	TN	TN	TN	
	Bishop, Thelma	daughter	1	TN	TN	TN	
65	Blevins, Milly	head (wd)	40	TN	VA	NC	
	Blevins, Bert	son	15	TN	TN	TN	
	Blevins, Ethel	daughter	12	TN	TN	TN	
	Blevins, Virginia	daughter	3	TN	TN	TN	
66	Blevins, Oscar	head	41	TN	TN	TN	farmer
	Blevins, Victoria	wife	41	TN	TN	TN	
	Blevins, Edda	daughter	17	TN	TN	TN	
	Blevins, Benjamin	son	12	TN	TN	TN	
	Blevins, Bruce	son	10	TN	TN	TN	
	Blevins, Grase	son	6	TN	TN	TN	
67	Blevins, Ambrose	head	29	TN	TN	NC	farmer
	Blevins, Ethel	wife	25	TN	TN	TN	
	Blevins, Alta	daughter	3	TN	TN	TN	
	Blevins, Wiley	son	1	TN	TN	TN	
	Blevins, Alice	mother(wd)	68	NC	NC	NC	
68	Blevins, Isaac	head	38	TN	TN	NC	farmer
	Blevins, Gertie	wife	29	TN	TN	TN	
	Blevins, Blaine	son	13	TN	TN	TN	
	Blevins, Mona	daughter	11	TN	TN	TN	

Family #	Name	Relation	Age	I	F	M	Occupation
	Blevins, Sue	daughter	8	TN	TN	TN	
	Blevins, Benny	son	6	TN	TN	TN	
	Blevins, Nina	daughter	3	TN	TN	TN	
	Blevins, Ozra	son	0	TN	TN	TN	
69	Garland, Robert	head	50	TN	TN	TN	farmer
	Garland, Lula	wife	48	TN	TN	TN	
	Cretsinger, Lacy	soninlaw	24	TN	TN	TN	farm laborer
	Cretsinger, Josie	daughter	22	TN	TN	TN	
	Cretsinger, Virgel	gr son	1	TN	TN	TN	
70	Mays, William	head	58	NC	NC	NC	farmer
	Mays, Sidney	wife	60	NC	NC	NC	
	Mays, Fannie	daughter	21	TN	NC	NC	
	Steagall, Lorene	gr dau	4	TN	VA	TN	
71	Brooks, Walter	head	34	NC	NC	NC	farmer
	Brooks, Catherine	wife	22	TN	TN	TN	
	Brooks, Leslie	son	11	TN	NC	TN	
	Brooks, Carrie	daughter	10	TN	NC	TN	
	Brooks, Edward	son	7	TN	NC	TN	
	Brooks, Shelton	son	3	TN	NC	TN	
72	Lewis, James	head	34	NC	NC	NC	farmer
	Lewis, Sally	wife	25	TN	TN	TN	
	Lewis, Byron	son	4	TN	NC	TN	
	Lewis, Margie	daughter	1	TN	NC	TN	
73	Blevins, George	head	49	TN	TN	TN	farmer
	Blevins, Martha	wife	48	TN	TN	TN	
	Blevins, Homer	son	17	TN	TN	TN	
	Blevins, Carl	son	15	TN	TN	TN	
	Blevins, Winnie	daughter	14	TN	TN	TN	
	Blevins, Gaither	son	9	TN	TN	TN	
	Blevins, Cline	son	4	TN	TN	TN	
74	Garland, James	head	54	TN	TN	TN	farmer
	Garland, Catherine	wife	51	TN	TN	TN	
	Garland, Homer	son	21	TN	TN	TN	farm laborer
	Garland, Stella	daughter	18	TN	TN	TN	
	Garland, Ada	daughter	15	TN	TN	TN	
	Garland, Fred	son	12	TN	TN	TN	
	Garland, Evelyn	daughter	10	TN	TN	TN	
75	Nichols, David	head	58	NC	NC	NC	odd job laborer
	Nichols, Fanny	wife	42	NC	NC	NC	
	Nichols, Mae	daughter	17	TN	NC	NC	
	Nichols, Carrie	daughter	10	TN	NC	NC	
	Nichols, Dora	daughter	7	TN	NC	NC	
	Nichols, Charlie	son	3	TN	NC	NC	
76	McQueen, Wiley	head	33	TN	TN	IN	farmer
	McQueen, Elsie	wife	23	TN	TN	TN	

Family #	Name	Relation	Age	I	F	M	Occupation
	McQueen, Virginia	daughter	0	TN	TN	TN	
	Scott, Lottie	cousin	25	TN	TN	TN	public school tchr
77	McQueen, Roby	head	30	TN	TN	IN	farmer
	McQueen, Harriett	wife	28	TN	VA	TN	
	McQueen, Kathleen	daughter	4	TN	TN	TN	
	McQueen, Vernon	son	2	TN	TN	TN	
78	Adams, Hampton	head	54	NC	NC	NC	farmer
	Adams, Martha	wife	44	NC	NC	NC	
79	Brown, William	head	59	NC	NC	NC	farmer
	Brown, Julia	wife	63	NC	NC	NC	
80	Owens, Clyde	head	29	TN	TN	TN	farm laborer
	Owens, Emma	wife	26	VA	NC	NC	
	Owens, Robert	son	7	WV	TN	VA	
	Owens, Lillian	daughter	3	VA	TN	VA	
	Owens, William	son	0	VA	TN	VA	
81	McQueen, Albert	head	34	TN	TN	TN	farmer
	McQueen, Janella	wife	31	TN	SY	TN	
	McQueen, Pauline	daughter	14	TN	TN	TN	
	McQueen, Earl	son	11	TN	TN	TN	
	McQueen, Harold	son	8	TN	TN	TN	
	McQueen, Edgar	son	6	TN	TN	TN	
82	Walker, Grover	head	40	NC	NC	NC	farmer
	Walker, Anna	wife	43	NC	NC	NC	
	Walker, Pansy	daughter	17	TN	NC	NC	
	Walker, Roy	son	14	TN	NC	NC	
	Walker, Rose	daughter	12	TN	NC	NC	
83	Greer, Roby	head	38	TN	TN	TN	farmer
	Greer, Vonda	wife	28	TN	TN	TN	
	Greer, Loretta	daughter	8	TN	TN	TN	
	Greer, Tisha	daughter	6	TN	TN	TN	
	Greer, Susana	daughter	4	TN	TN	TN	
	Greer, Maudalin	daughter	3	TN	TN	TN	
	Greer, Ellen	daughter	2	TN	TN	TN	
	Greer, Nancy	daughter	0	TN	TN	TN	
84	Price, Zilphia	head (wd)	62	NC	NC	NC	farmer
	Price, Ruth	gr dau	15	NC	NC	NC	
85	Wright, Robert	head	35	TN	TN	TN	farmer
	Wright, Alfred	brother	32	TN	TN	TN	
	Wright, Judith	niece	14	TN	TN	TN	
	Wright, Vera	niece	9	TN	TN	TN	
	Wright, Thomas	nephew	7	TN	TN	TN	
	Wright, Calvin	nephew	5	TN	TN	TN	
	Wright, Viola	niece	0	TN	PA	TN	
86	Hines, Dale	head	28	VA	VA	NC	farmer
	Hines, Bessie	wife	23	VA	VA	VA	

Family #	Name	Relation	Age	I	F	M	Occupation
	Hines, Herbert	son	3	TN	VA	VA	
	Sluder, Russell	broinlaw	22	NC	NC	VA	coal mine laborer
87	Wright, William	head	35	TN	TN	TN	farmer
	Wright, Rosie	wife	28	NC	VA	NC	
	Wright, Lura	daughter	11	TN	TN	NC	
	Wright, Laura	daughter	3	TN	TN	NC	
88	Sluder, James	head	59	NC	NC	NC	farmer
	Sluder, Melissa	wife	69	NC	NC	VA	
89	Sluder, Amos	head	52	NC	NC	NC	farmer
	Sluder, Abbie	wife	62	TN	TN	TN	
	Sluder, Ottis	son	22	NC	NC	TN	farm laborer
	Sluder, Dollie	daughter	18	NC	NC	TN	
	Sluder, Fred	son	16	NC	NC	TN	
90	Blevins, Isaac	head	45	TN	TN	VA	farmer
	Blevins, Pearl	wife	31	TN	TN	TN	
	Blevins, Norma	daughter	1	TN	TN	TN	
91	Wright, David	head	73	TN	TN	TN	farmer
	Wright, Caroline	wife	65	TN	TN	TN	
	Wright, James	son	24	TN	TN	TN	farm laborer
92	Brooks, Morgan	head	49	NC	NC	NC	farmer
	Brooks, Lucy	wife	42	TN	VA	NC	
	Brooks, Ethel	daughter	20	TN	NC	TN	
	Brooks, Clarence	son	18	TN	NC	TN	
	Brooks, Cora	daughter	16	TN	NC	TN	
	Brooks, Thelma	daughter	10	TN	NC	TN	
	Brooks, Gina	daughter	7	TN	NC	TN	
	Brooks, Hattie	daughter	5	TN	NC	TN	
	Brooks, Clyde	son	3	TN	NC	TN	
	Brooks, Dale	son	1	TN	NC	TN	
93	Neal, Robert	head	49	VA	VA	VA	farmer
	Neal, Emma	wife	46	TN	TN	TN	
	Neal, Clarence	son	20	VA	VA	TN	farm laborer
	Neal, Ambrose	son	13	VA	VA	TN	
	Neal, J. C.	son	9	TN	VA	TN	
	Neal, Fred	son	6	TN	VA	TN	
	Neal, Elsie	daughter	2	TN	VA	TN	
94	Miller, George Ham	head	58	TN	TN	TN	farmer
	Miller, Clara Blevins	wife	41	TN	TN	VA	
	Miller, Garfield	son	19	TN	TN	TN	
	Miller, Aster	son	17	TN	TN	TN	
	Miller, Donnie	daughter	15	TN	TN	TN	
	Miller, Avery	son	12	TN	TN	TN	
	Miller, Isaiah	son	9	TN	TN	TN	
	Miller, Izetta	daughter	7	TN	TN	TN	
95	Garland, Thomas	head	58	TN	TN	TN	farmer

Family #	Name	Relation	Age	I	F	M	Occupation
	Garland, Lilly	wife	52	TN	TN	TN	
	Cuddy, Eugene	boarder	11	TN	TN	TN	
96	Etter, Fred	head	24	NC	NC	NC	farm laborer
	Etter, Edith	wife	20	NC	NC	NC	
	Etter, Helen	daughter	2	NC	NC	NC	
	Etter, Ray	son	1	NC	NC	NC	
	Etter, Edna	sister	11	NC	NC	NC	
97	Garland, Gordon	head	34	TN	TN	TN	farm laborer
	Garland, Rosie	wife	31	TN	TN	TN	
	Garland, Warren	son	9	TN	TN	TN	
98	Buckles, Laura	head (wd)	65	TN	TN	TN	farmer
	Landore, Robert	soninlaw	42	CU	CU	CU	farm laborer
	Landore, Lizzie	daughter	34	TN	TN	TN	
	Landore, Fannie	gr dau	15	TN	CU	TN	
	Landore, Robert	gr son	13	TN	CU	TN	
	Landore, Laura	gr dau	9	TN	CU	TN	
	Landore, Mary	gr dau	6	TN	CU	TN	
	Landore, Annie	gr dau	2	TN	CU	TN	
99	McQueen, Floyd	head	57	TN	TN	TN	farmer
	McQueen, Fannie	wife	56	IN	NC	NC	
	McQueen, Mattie	daughter	19	TN	TN	IN	
	McQueen, Mary	daughter	16	TN	TN	IN	
100	Crosswhite, William	head	62	TN	TN	TN	farmer
	Crosswhite, Sally	wife	57	NC	NC	NC	
	Crosswhite, Clyde	son	32	TN	TN	NC	road const laborer
	Crosswhite, Trula	dauinlaw	28	TN	TN	TN	
	Crosswhite, Mary	gr dau	0	TN	TN	TN	
101	Garland, Sam	head	30	TN	TN	TN	farmer
	Garland, Jessie	wife	19	TN	TN	TN	
	Garland, Herbert	son	1	TN	TN	TN	
102	Crosswhite, Robert	head (wd)	59	TN	TN	TN	farmer
	Crosswhite, Sherman	son	29	TN	TN	TN	farm laborer
	Crosswhite, Nellie	dauinlaw	23	TN	TN	TN	
	Crosswhite, J. E.	gr son	4	TN	TN	TN	
	Crosswhite, Obie	gr son	1	TN	TN	TN	
103	Harper, Jerry	head	35	TN	TN	TN	farmer
	Harper, Elva	wife	33	TN	TN	TN	
	Harper, Clarence	son	15	TN	TN	TN	
	Harper, Robert	son	9	TN	TN	TN	
	Harper, Edna	daughter	3	TN	TN	TN	
104	Cole, Isaac	head	72	TN	TN	TN	farmer
	Cole, Sarah	wife	72	VA	VA	VA	
	Cole, Edgar	son (wd)	30	TN	TN	VA	farm laborer
	Cole, Adella	gr dau	2	TN	TN	TN	
105	Cole, William	head	60	TN	TN	TN	farmer

Family #	Name	Relation	Age	I	F	M	Occupation
	Cole, Sally	wife	57	TN	TN	TN	
	Cole, Maida	daughter	21	TN	TN	TN	public school tchr
	Cole, Earl	son	20	TN	TN	TN	
106	Morley, George	head	36	TN	TN	TN	dry goods merchant
	Morley, Hattie	wife	34	TN	VA	TN	
	Morley, Ernest	son	13	TN	TN	TN	
	Morley, Winford	son	11	TN	TN	TN	
	Morley, Helma	son	9	TN	TN	TN	
	Morley, Thelma	daughter	9	TN	TN	TN	
	Morley, Mae	daughter	2	TN	TN	TN	
107	Walker, Obie	head	47	NC	NC	NC	farmer
	Walker, Trula	wife	40	TN	TN	NC	
	Walker, Ida Mae	daughter	15	TN	NC	TN	
	Walker, Garrison	son	11	TN	NC	TN	
	Walker, Myrtle	daughter	9	TN	NC	TN	
	Pennington, Sylva	daughter	18	TN	NC	TN	
	Pennington, James	gr son	0	TN	NC	TN	
108	Sage, John	head	51	NC	NC	NC	railroad mechanic
	Sage, Charlotte	wife	47	VA	VA	VA	
109	Wright, William	head	48	TN	TN	TN	farmer
	Wright, Gertie	wife	46	TN	TN	TN	
	Wright, Kyle	son	21	TN	TN	TN	farm laborer
	Wright, Preston	son	19	TN	TN	TN	
	Wright, Retha	daughter	17	TN	TN	TN	
	Wright, Letha Jane	daughter	15	TN	TN	TN	
	Wright, Lena	daughter	13	TN	TN	TN	
	Wright, Ruby	daughter	10	TN	TN	TN	
	Wright, J. W. Jr.	son	7	TN	TN	TN	
	Wright, Celia	mother(wd)	89	TN	TN	TN	
110	Sluder, Burl	head	29	NC	NC	NC	farmer
	Sluder, Margarette	wife	36	TN	TN	TN	
	Sluder, Leona	daughter	7	NC	NC	TN	
111	Cook, William	head	61	NC	NC	NC	farmer
	Cook, Sarah	wife	49	NC	NC	NC	
	Fulch, William	gr son	7	NC	NC	NC	
	Church, Lockie	gr dau	6	NC	NC	NC	
112	Jones, Laura	head (wd)	59	TN	TN	NC	farmer
	Jones, Jennie	daughter	25	TN	NC	TN	
	Jones, Fannie	daughter	12	TN	NC	TN	
	Jones, Winfred	gr son	6	TN	NC	TN	
	Jones, Fay	gr dau	3	TN	NC	TN	
113	Parker, Susannah	head (wd)	68	NC	NC	NC	farmer
	Parker, Oscar	son	39	NC	NC	NC	farm laborer
114	Toliver, Martin	head	44	VA	NC	NC	farmer
	Toliver, Dora	wife	42	NC	NC	NC	

Family #	Name	Relation	Age	I	F	M	Occupation
	Toliver, Hazel	daughter	22	VA	VA	NC	factory laborer
	Toliver, Calvin	son	20	VA	VA	NC	farm laborer
	Toliver, Glenn	son	18	VA	VA	NC	farm laborer
	Toliver, Ruth	daughter	14	TN	VA	NC	
	Toliver, Sylva	daughter	10	TN	VA	NC	
	Toliver, Rosanna	daughter	8	TN	VA	NC	
	Toliver, Earl	son	6	TN	VA	NC	
	Toliver, Stella	daughter	4	TN	VA	NC	
115	Church, J. A.	head	59	NC	NC	NC	farmer
	Church, Sally	wife	55	NC	NC	NC	
	Wilson, Lucy	gr dau	7	NC	NC	NC	
116	Sluder, E. E.	head	33	NC	NC	NC	farmer
	Sluder, Grace	wife	33	VA	VA	VA	
	Sluder, Viola	daughter	8	TN	NC	VA	
	Sluder, Martha	daughter	6	TN	NC	VA	
	Sluder, Arina	daughter	4	TN	NC	VA	
	Sluder, Mabel	daughter	1	TN	NC	VA	
	Sluder, Martha	aunt	49	NC	NC	NC	
117	Crosswhite, W.Stacy	head	34	TN	TN	TN	farmer
	Crosswhite, Ethel	wife	32	NC	NC	NC	
	Crosswhite, Elmer	son	13	TN	TN	NC	
	Crosswhite, Essie	daughter	11	TN	TN	NC	
	Crosswhite, Lester	son	9	TN	TN	NC	
	Crosswhite, Walter	son	8	TN	TN	NC	
	Crosswhite, Grace	daughter	4	TN	TN	NC	
	Crosswhite, Ruby	daughter	2	TN	TN	NC	
	Crosswhite, Ula	daughter	1	TN	TN	NC	
	Crosswhite, Beula	daughter	1	TN	TN	NC	
118	Snyder, Hiram	head	60	NC	NC	NC	farmer
	Snyder, Cora	wife	57	NC	NC	NC	
	Snyder, Pearl	daughter	37	TN	NC	NC	
	Snyder, Maude	daughter	19	TN	NC	NC	
	Snyder, Georgia	daughter	15	TN	NC	NC	
	Stout, Howard	gr son	8	TN	TN	TN	
	Snyder, Von	son	21	TN	NC	NC	steel mill machinist
	Snyder, Hester	dauinlaw	26	TN	TN	TN	
	Snyder, Connelly	gr son	1	OH	TN	TN	
119	Roberts, Jacob	head	65	TN	NC	TN	roller miller
	Roberts, Florence	wife	33	VA	TN	TN	
	Fulch, James	son(adopt)	3	TN	TN	TN	
	Fulch, Joseph	broinlaw(wd)	67	TN	NC	TN	farm laborer
	Greer, William	uncle(wd)	60	NC	NC	NC	
120	Miller, Luther	head	33	TN	TN	TN	lumber yd laborer
	Miller, Rebecca	wife	34	TN	TN	TN	
	Miller, Leona	daughter	13	TN	TN	TN	

Family #	Name	Relation	Age	I	F	M	Occupation
	Miller, Edith	daughter	11	TN	TN	TN	
	Miller, Bailey	son	10	TN	TN	TN	
	Miller, Frank	son	7	TN	TN	TN	
	Miller, Georgia	daughter	5	TN	TN	TN	
	Miller, Prassie	daughter	3	TN	TN	TN	
	Miller, T. S.	son	1	TN	TN	TN	
121	May, William	head	45	NC	NC	NC	farmer
	May, Julia	wife	36	TN	TN	TN	
	May, Angus	son	13	TN	NC	TN	
	May, Virginia	daughter	10	TN	NC	TN	
	May, Burl	daughter	8	TN	NC	TN	
	May, Fred	son	5	TN	NC	TN	
	May, William	son	4	TN	NC	TN	
122	Price, John	head	48	TN	NC	NC	farmer
	Price, Josie	wife	39	TN	TN	TN	
	Price, Laverne	son	14	TN	TN	TN	
	Price, Viena	daughter	10	TN	TN	TN	
	Price, Elmer	son	6	TN	TN	TN	
123	Walker, Andrew	head	62	NC	NC	NC	farmer
	Walker, Rebecca	wife	52	TN	TN	TN	
	Walker, Arabella	daughter	13	TN	NC	TN	
	Walker, Emilee	daughter	10	TN	NC	TN	
124	Stewart, Marion	head	56	TN	TN	TN	farmer
	Stewart, Cordela	wife	53	TN	TN	TN	
	Stewart, Marion	nephew	24	TN	TN	TN	farm laborer
	Stewart, Inez	niece	18	VA	TN	VA	
	Stewart, Junior	gr son	1	IL	TN	VA	
	Stewart, J.C.	gr son	0	TN	TN	VA	
	Pleasant, John	broinlaw	50	TN	TN	TN	farm laborer
	Pleasant, Laura	sisinlaw	56	TN	TN	TN	
125	Garland, Robert	head	59	TN	TN	TN	farmer
	Garland, Emma	wife	45	TN	TN	TN	
	Garland, Venie	dauinlaw	22	TN	TN	TN	
	Garland, Hugh	son	20	TN	TN	TN	farm laborer
	Garland, Georgia	daughter	17	TN	TN	TN	
	Garland, Ambrose	son	16	TN	TN	TN	
	Garland, Doug	son	13	TN	TN	TN	
	Garland, Fleet	son	11	TN	TN	TN	
	Garland, Herman	son	7	TN	TN	TN	
	Garland, Ruth	daughter	5	TN	TN	TN	
126	Hodge, Stephen	head	47	TN	TN	TN	farmer
	Hodge, Minnie	wife	43	NC	NC	NC	
	Owens, James	cousin	25	TN	NC	NC	farm laborer
	Owens, Dora	cousin	21	VA	VA	VA	
	Owens, Loretta	cousin	1	TN	TN	VA	

Family #	Name	Relation	Age	I	F	M	Occupation
	Jones, Ham	cousin	5	TN	TN	TN	
127	Fletcher, Cecil	head	33	TN	TN	TN	farmer
	Fletcher, Bertha	wife	38	TN	TN	TN	
	Fletcher, Edna	daughter	9	TN	TN	TN	
	Fletcher, Blanche	daughter	5	TN	TN	TN	
	Fletcher, Lena	daughter	3	TN	TN	TN	
	Fletcher, Kermit	son	0	TN	TN	TN	
128	Campbell, Louis	head	35	TN	TN	TN	odd job laborer
	Campbell, Lillie	wife	31	TN	NC	TN	
	Campbell, Winnie	daughter	5	TN	TN	TN	
	Campbell, William	son	2	TN	TN	TN	
	Campbell, Viola	st dau	16	TN	TN	TN	
	Campbell, Sanford	st son	9	TN	TN	TN	
	Campbell, Mosmie	st daughter	7	TN	TN	TN	
129	Garland, V. T.	head	70	TN	TN	TN	farmer
	Garland, Eliza	wife	48	TN	NC	TN	
	Garland, Clostine	daughter	17	TN	TN	TN	
	Garland, Vance	son	14	TN	TN	TN	
130	Wilson, Newton	head	45	TN	TN	TN	odd job laborer
	Wilson, Callie	wife	49	TN	TN	TN	
	Campbell, Winnie	niece	4	TN	TN	TN	
131	Garland, Charles	head	39	TN	TN	TN	farmer
	Garland, Alice	wife	38	NC	NC	NC	
	Garland, J. L.	son	17	TN	TN	NC	farm laborer
	Garland, Walter	son	15	TN	TN	NC	
	Garland, Arvil	son	13	TN	TN	NC	
	Garland, Anne	daughter	9	TN	TN	NC	
	Garland, Wilma	daughter	7	TN	TN	NC	
	Garland, Marion	son	5	TN	TN	NC	
132	Miller, John	head	68	TN	TN	TN	farmer
	Miller, Callie	wife	56	NC	NC	NC	
	Miller, Claude	son	22	TN	TN	NC	farm laborer
	Garland, Cinda	sister(wd)	75	TN	TN	TN	
133	Dugger, Peter	head	54	TN	TN	TN	odd job laborer
	Dugger, Mina	wife	48	NC	NC	NC	
	Dugger, David	son	28	TN	TN	NC	odd job laborer
	Dugger, Mamie	daughter	26	TN	TN	NC	
	Dugger, Vada	daughter	23	TN	TN	NC	
	Dugger, Enoch	son	22	TN	TN	NC	farm laborer
	Dugger, Crathie	daughter	21	TN	TN	NC	
	Dugger, Viola	daughter	18	TN	TN	NC	
	Dugger, Rador	daughter	17	TN	TN	NC	
	Dugger, Ralph	son	16	TN	TN	NC	
	Dugger, Ode	son	14	TN	TN	NC	
	Dugger, Una	daughter	11	TN	TN	NC	

Family #	Name	Relation	Age	I	F	M	Occupation
	Dugger, Ott	son	7	TN	TN	NC	
	Dugger, Clyde	son	3	TN	TN	NC	
	Dugger, Claude	gr son	2	TN	NC	NC	
	Dugger, Ruth	gr dau	0	TN	TN	TN	
	Shoun, Della	boarder	24	TN	TN	TN	
	Shoun, Dora	boarder	2	TN	TN	TN	
134	Brinkley, William	head	59	NC	NC	NC	farmer
	Brinkley, Mattie	wife	43	NC	NC	NC	
	Brinkley, Odell	son	20	TN	NC	NC	farm laborer
	Brinkley, Floyd	son	13	TN	NC	NC	
	Brinkley, George	son	11	TN	NC	NC	
	Brinkley, Grace	gr dau	5	TN	NC	NC	
	Brinkley, Gervis	son	26	NC	NC	NC	road const laborer
	Brinkley, Prucil	dauinlaw	27	TN	NC	TN	public school tchr
135	Loggins, Noah	head	47	TN	TN	TN	odd job laborer
	Loggins, Daisy	wife	43	TN	TN	TN	
	Loggins, Junior	son	10	TN	TN	TN	
136	Roark, David	head (wd)	65	NC	NC	NC	farm laborer
	Roark, Stacy	son	22	TN	NC	NC	farm laborer
137	Miller, Elijah	head	69	TN	TN	TN	farmer
	Miller, Elizabeth	wife	35	NC	NC	NC	
138	White, Thomas	head	76	TN	TN	TN	farmer
	White, Alice	wife	61	TN	TN	NC	
139	Campbell, Isaac	head	54	TN	TN	TN	farm laborer
	Campbell, Laura	wife	57	TN	TN	TN	
140	Hodge, John	head	62	TN	TN	TN	farm laborer
	Hodge, Lossie Ann	wife	47	NC	NC	NC	
	Hodge, Wiley	son	18	TN	TN	NC	farm laborer
	Hodge, Nathan	son	15	TN	TN	NC	
	Hodge, George	son	12	TN	TN	NC	
	Hodge, Emma Lou	daughter	5	TN	TN	NC	
	Hodge, Annie	daughter	4	TN	TN	NC	
	Hodge, Arthur	son	1	TN	TN	NC	
141	Pennington, Soloman	head	67	NC	NC	TN	farmer
	Pennington, Lillie	wife	52	NC	NC	NC	
142	Roark, John	head	29	NC	NC	NC	farm laborer
	Roark, Kate	wife	23	TN	TN	TN	
	Roark, Daniel	son	3	TN	NC	TN	
	Roark, William	son	2	TN	NC	TN	
143	Brooks, Arthur Jms	head	40	NC	NC	NC	farmer
	Brooks, Lillie Cress	wife	41	TN	TN	TN	
	Brooks, Conley	son	14	TN	NC	TN	
	Brooks, Wayne	son	11	TN	NC	TN	
	Brooks, Alma	daughter	10	TN	NC	TN	
	Brooks, Hilley	son	7	TN	NC	TN	

Family #	Name	Relation	Age	I	F	M	Occupation
	Brooks, Radd	son	4	TN	NC	TN	
144	Speer, Minnie	head	26	TN	NC	NC	
	Speer, James	son	8	TN	NC	TN	
	Speer, Jane	mother(wd)	63	NC	NC	NC	
145	Blackburn, Nathan	head	57	NC	NC	NC	farmer
	Blackburn, Elva	wife	49	TN	TN	TN	
	Blackburn, Doag	son	25	TN	NC	TN	farm laborer
	Blackburn, Vie	daughter	24	TN	NC	TN	
	Blackburn, Nie	daughter	22	TN	NC	TN	
	Blackburn, Wann	son	12	TN	NC	TN	
	Blackburn, Flo	daughter	10	TN	NC	TN	
	Blackburn, Eva	daughter	8	TN	NC	TN	
	Gerald, Andrew	cousin	28	WV	WV	WV	odd job laborer
	Greer, Mattie	aunt	60	NC	NC	NC	
146	Stamper, Walter	head	26	WV	NC	NC	farm laborer
	Stamper, Fannie	wife	17	TN	NC	NC	
147	Osborne, Wilda	head	31	NC	NC	NC	odd job laborer
	Osborne, Mae	wife	25	NC	NC	NC	
	Osborne, Lessie	daughter	8	TN	NC	Nc	
	Osborne, Lennie	son	5	TN	NC	NC	
	Osborne, Ruth	daughter	2	TN	NC	NC	
	Osborne, Howard	son	0	TN	NC	NC	
148	Blevins, Alex	head	58	NC	NC	NC	farmer
	Blevins, Caroline	wife	60	NC	TN	NC	
149	Furchess, Ulysses	head	45	NC	NC	NC	farmer
	Furchess, Rose	wife	36	VA	TN	TN	
	Furchess, Joseph	son	7	TN	NC	VA	
	Furchess, Mae	daughter	4	TN	NC	VA	
	Furchess, John	son	2	TN	NC	VA	
150	Rambo, Isaac	head	52	TN	TN	TN	farm laborer
	Rambo, Isabelle	wife	38	VA	NC	NC	
	Rambo, Dora	daughter	15	TN	TN	VA	
	Rambo, Gladys	daughter	12	TN	TN	VA	
	Rambo, Arvil	son	8	TN	TN	VA	
	Rambo, Cordenia	daughter	5	TN	TN	VA	
	Phillippi, Arthur	step son	19	TN	TN	VA	farm laborer
151	Osborne, David	head	53	NC	NC	NC	farmer
	Osborne, Victoria	wife	50	NC	NC	NC	
	Osborne, Chester	son	13	NC	NC	NC	
	Osborne, Paul	son	6	TN	NC	NC	
152	Wood, Alex	head	68	NC	NC	NC	
	Wood, Ida	wife	67	NC	NC	NC	
153	Scott, Winfield	head	53	TN	TN	TN	farmer
	Scott, Jennie Wood	wife	44	NC	NC	NC	
	Scott, Ronald	son	16	TN	TN	NC	

Family #	Name	Relation	Age	I	F	M	Occupation
	Scott, Taylor	son	12	TN	TN	NC	
	Scott, Ruth	daughter	10	TN	TN	NC	
	Scott, Irani	daughter	8	TN	TN	NC	
	Scott, Wade	son	5	TN	TN	NC	
	Scott, Lena	daughter	2	TN	TN	NC	
	Scott, Charles	son	0	TN	TN	NC	
154	Pennington, Levi	head	70	NC	NC	NC	farmer
	Pennington, Alice	wife	47	NC	NC	NC	
	Pennington, Ruth	daughter	17	NC	NC	NC	
	Pennington, Davon	son	13	TN	NC	NC	
	Pennington, Queen	daughter	10	TN	NC	NC	
	Pennington, Della	gr dau	5	TN	NC	NC	
155	Ellis, Floyd	head	35	NC	NC	NC	farm laborer
	Ellis, Virginia	wife	27	NC	NC	NC	
	Ellis, Roy	son	5	NC	NC	NC	
	Ellis, Carlie	son	1	TN	NC	NC	
156	Blevins, Roy	head	34	TN	TN	TN	farmer
	Blevins, Mavis	wife	28	TN	TN	TN	
	Blevins, June	daughter	7	TN	TN	TN	
	Blevins, Shirley	daughter	5	TN	TN	TN	
	Blevins, Scott	son	3	TN	TN	TN	
	Garland, Gertie	servant	21	TN	TN	TN	private fmly servant
157	Scott, Fleming	head	58	TN	TN	TN	farmer
	Scott, Ida	wife	49	TN	TN	TN	
	Scott, Hattie	dau (wd)	31	TN	TN	TN	
	Scott, Zura	son	27	TN	TN	TN	farm laborer
	Scott, Edward	son	19	TN	TN	TN	machinist
	Scott, Guy	son	17	TN	TN	TN	farm laborer
	Scott, Daley	son	16	TN	TN	TN	
	Scott, Harold	son	13	TN	TN	TN	
	Scott, Myrtle	daughter	9	TN	TN	TN	
158	Morley, David	head	45	TN	TN	TN	farmer
	Morley, Catherine	wife	39	TN	TN	TN	
	Morley, Felton	son	18	TN	TN	TN	
	Morley, Leo	son	15	TN	TN	TN	
	Morley, Otis	son	13	TN	TN	TN	
	Morley, Curtis	son	11	TN	TN	TN	
	Morley, Lucille	daughter	7	TN	TN	TN	
	Morley, Dale	son	5	TN	TN	TN	
	Morley, Delmas	son	5	TN	TN	TN	
	Morley, N. F.	son	3	TN	TN	TN	
159	Chappell, Jessie	head	40	PA	PA	PA	carpenter
	Chappell, Catherine	wife	29	TN	TN	TN	
	Chappell, Junior	son	8	TN	TN	TN	
	Chappell, J. C.	son	4	TN	TN	TN	

Family #	Name	Relation	Age	I	F	M	Occupation
	Chappell, S. T.	son	4	TN	TN	TN	
160	Jones, Frank	head	37	NC	NC	NC	odd job laborer
	Jones, Lockey	wife	29	NC	NC	NC	
	Jones, Jessie	son	10	TN	NC	NC	
	Jones, Ruby	daughter	6	TN	NC	NC	
	Jones, Eveline	daughter	1	TN	NC	NC	
161	Jones, Orin	head	35	NC	NC	NC	road const laborer
	Jones, Danford	wife	23	NC	NC	NC	
	Jones, Helen	daughter	4	TN	NC	NC	
	Jones, Casey	son	2	TN	NC	NC	
162	Plummer, Eaven	head	51	NC	NC	NC	farmer
	Plummer, Blair	wife	33	TN	NC	TN	
	Plummer, Loyd	son	12	TN	NC	TN	
	Plummer, Thelma	daughter	10	TN	NC	TN	
	Plummer, Dennis	son	8	TN	NC	TN	
	Plummer, Wade	son	6	TN	NC	TN	
	Plummer, Opal	daughter	2	TN	NC	TN	
163	Hawk, Rhubian	head	32	TN	VA	VA	farmer
	Hawk, Villa	wife	33	NC	NC	NC	
	Hawk, Weston	son	10	TN	TN	NC	
	Hawk, Lola	daughter	7	TN	TN	NC	
	Hawk, Marvin	son	5	TN	TN	NC	
	Hawk, Leona	daughter	3	TN	TN	NC	
	Hawk, Vergie	daughter	1	TN	TN	NC	
164	Buckles, Mark	head	36	VA	TN	TN	farmer
	Buckles, Minnie	stepmo(wd)	50	TN	TN	TN	
	Buckles, Clarence	half bro	17	TN	TN	TN	farmer
	Buckles, Glenn	half bro	14	TN	TN	TN	
165	Barry, David	head	54	TN	TN	TN	farmer
	Barry, Jettie	wife	40	VA	VA	VA	
	Barry, Hubert	son	13	TN	TN	VA	
	Barry, Georgia	daughter	12	TN	TN	VA	
	Barry, Beulah	daughter	9	TN	TN	VA	
	Barry, Alvin	son	7	TN	TN	VA	
	Barry, Ralph	son	3	TN	TN	VA	
	Barry, R. C.	son	0	TN	TN	VA	
	Barry, Laura	sister	47	TN	TN	TN	private fmly servant
	Plummer, Eugene	nephew	12	TN	VA	TN	
	Cole, Henry	gr son	2	VA	TN	VA	
166	Miller, Fredric	head	40	TN	TN	NC	farmer
	Miller, Laura	wife	33	TN	TN	VA	
	Miller, Mary	daughter	15	TN	TN	TN	
	Miller, J. D.	son	12	TN	TN	TN	
	Miller, Netalia	daughter	10	TN	TN	TN	
	Miller, Hass	son	8	TN	TN	TN	

Family #	Name	Relation	Age	I	F	M	Occupation
167	Cole, Robert	head	46	TN	TN	TN	farmer
	Cole, Sue	wife	46	TN	TN	TN	
	Cole, Lester	son	20	TN	TN	TN	
	Owens, Maude	servant	20	TN	NC	NC	private fmly servant
168	Neal, William	head	52	VA	VA	VA	farmer
	Neal, Edna	wife	47	TN	TN	TN	
	Neal, Lacey	son	17	VA	VA	TN	
	Neal, Hattie	mother(wd)	74	VA	VA	VA	
169	Walker, Calvin	head	77	NC	NC	NC	farmer
	Walker, Elizabeth	wife	62	NC	NC	NC	
170	Gentry, Bejamin	head	60	TN	TN	TN	farmer
	Gentry, Ida	wife	41	TN	TN	NC	
	Gentry, S. T.	son	9	TN	TN	TN	
	Gentry, Gather	son	7	TN	TN	TN	
171	Bishop, Robert	head	64	NC	NC	NC	farmer
	Bishop, Alta	wife	43	NC	NC	NC	
	Gentry, Arvil	step son	18	TN	TN	NC	farm laborer
172	Hawks, Ruebin	head (wd)	72	VA	VA	VA	farmer
	Hawks, Sally	daughter	40	VA	VA	VA	
	Hawks, Fred	gr son	27	TN	VA	TN	farm laborer
173	Williams, John	head	32	NC	NC	NC	farmer
	Williams, Julia	wife	28	NC	NC	NC	
	Williams, Odell	son	10	TN	NC	NC	
	Williams, Ula	daughter	9	WV	NC	NC	
	Williams, Gladys	daughter	7	WV	NC	NC	
	Williams, Hester	daughter	4	WV	NC	NC	
	Williams, Millard	son	1	TN	NC	NC	
174	Blevins, Ervin	head	60	TN	TN	NC	farmer
	Blevins, Geneva	wife	40	NC	NC	NC	
	Blevins, Etta	daughter	15	TN	TN	NC	
	Blevins, Argus	son	13	TN	TN	NC	
	Blevins, Edsel	son	8	TN	TN	NC	
175	Walker, James	head	25	TN	NC	TN	farmer
	Walker, Delsie	wife	19	WV	WV	NC	
	Walker, Fernando	son	1	TN	TN	WV	
176	Rouse, John	head	30	TN	TN	TN	farmer
	Rouse, Rosilee	wife	25	NC	NC	NC	
	Rouse, Paul	son	6	TN	TN	NC	
	Rouse, Lena	daughter	4	TN	TN	NC	
	Rouse, Margaretta	daughter	2	TN	TN	NC	
	Rouse, Charles	son	0	TN	TN	NC	
177	Blevins, Chester	head	32	TN	TN	TN	farmer
	Blevins, Sue	wife	31	TN	TN	TN	
	Blevins, Helen	daughter	7	TN	TN	TN	
	Blevins, Edsel	son	1	TN	TN	TN	

Family #	Name	Relation	Age	I	F	M	Occupation
	Burton, Ernest	boarder	66	VA	NC	VA	farm laborer
178	Haney, Ocid	head	28	TN	SY	TN	farmer
	Haney, Catherine	mother	65	TN	TN	TN	
179	Walker, William	head	51	NC	NC	NC	farmer
	Walker, Josephine	wife	53	TN	TN	TN	
	Walker, Roxie	daughter	18	TN	NC	TN	
	Walker, Dexter	son	16	TN	NC	TN	farm laborer
180	Gentry, Mary	head (wd)	78	TN	TN	TN	
181	Gentry, Rod	head	39	TN	TN	TN	farmer
	Gentry, Martha	wife	37	NC	NC	NC	
	Gentry, Vernie	daughter	14	TN	TN	NC	
	Gentry, Hazel	daughter	12	TN	TN	NC	
	Gentry, Mark	son	10	TN	TN	NC	
	Gentry, Franklin	son	8	TN	TN	NC	
	Gentry, Ancil	son	6	TN	TN	NC	
	Gentry, Chester	son	2	TN	TN	NC	
182	Bentley, George	head	52	NC	NC	NC	farmer
	Bentley, Alice	wife	47	TN	TN	TN	
	Bentley, Catherine	daughter	24	TN	NC	TN	
	Bentley, Bessie	daughter	20	TN	NC	TN	
	Bentley, Clyde	son	18	TN	NC	TN	farm laborer
	Bentley, Gladys	daaughter	16	TN	NC	TN	
	Bentley, Curtis	son	13	TN	NC	TN	
	Bentley, James	son	10	TN	NC	TN	
183	McQueen, Willis	head	38	TN	TN	TN	farmer
	McQueen, Hattie	wife	31	TN	TN	TN	
	McQueen, Cleo	daughter	10	TN	TN	TN	
	McQueen, Raleigh	son	9	TN	TN	TN	
	McQueen, Buford	son	7	TN	TN	TN	
	McQueen, Louise	daughter	3	TN	TN	TN	
	McQueen, Okle	daughter	0	TN	TN	TN	
184	Bentley, John	head	53	TN	NC	NC	farmer
	Bentley, Minnie	wife	51	TN	NC	NC	
	Bentley, Cynthia	daughter	32	TN	TN	TN	
	Bentley, Letha	daughter	20	TN	TN	TN	
	Bentley, Clifford	son	15	TN	TN	TN	
	Bentley, Nora	daughter	9	TN	TN	TN	
	Bentley, Virginia	gr dau	5	TN	VA	TN	
185	Rouse, Charles	head (wd)	53	TN	VA	TN	farmer
	Rouse, Fred	son	23	TN	TN	TN	farm laborer
	Rouse, Ida	daughter	21	TN	TN	TN	
	Rouse, Minnie	daughter	19	TN	TN	TN	
	Rouse, Maude	daughter	17	TN	TN	TN	
	Rouse, Una	daughter	15	TN	TN	TN	
	Rouse, Jessie	daughter	9	TN	TN	TN	

Family #	Name	Relation	Age	I	F	M	Occupation
186	Roark, Timothy	head	60	TN	TN	NC	farmer
	Roark, Nevada	wife	51	TN	TN	TN	
	Roark, Ola	daughter	14	NC	TN	TN	
	Roark, Ruth	daughter	11	TN	TN	TN	
	Roark, Raymond	son	10	TN	TN	TN	
	Roark, Beatrice	daughter	7	TN	TN	TN	
	Roark, Willy	daughter	3	TN	TN	TN	
	Hawk, Hubert	step son	19	TN	TN	TN	farm laborer
187	Bowling, Sam	head	52	TN	TN	TN	farmer
	Bowling, Wattie	wife	40	TN	TN	TN	
	Bowling, Maggie	daughter	18	TN	TN	TN	
	Bowling, Sanford	son	16	TN	TN	TN	
	Bowling, Herbert	son	13	TN	TN	TN	
	Bowling, Carl	son	9	TN	TN	TN	
188	Jones, Losanna	head (wd)	66	NC	NC	NC	farmer
	Jones, Clarence	son	24	NC	NC	NC	farm laborer
189	Hawks, Ervin	head	36	TN	VA	VA	farmer
	Hawks, Lula	wife	28	NC	NC	NC	
	Hawks, Howard	son	7	NC	TN	NC	
	Hawks, Thurman	son	5	TN	TN	NC	
	Hawks, Helena	daughter	3	TN	TN	NC	
190	Gentry, James	head	42	TN	TN	TN	farmer
	Gentry, Altha	wife	38	TN	TN	TN	
	Gentry, Amel	son	17	TN	TN	TN	farm laborer
	Gentry, Garret	son	15	TN	TN	TN	
	Gentry, Mildred	daughter	14	TN	TN	TN	
	Gentry, Wayne	gr son	1	TN	TN	TN	
	Shepherd, Wiley	soninlaw	32	TN	TN	TN	farm laborer
	Shepherd, Ola	daughter	19	TN	TN	TN	
191	Cress, Clinton	head	43	TN	TN	TN	farmer
	Cress, Lillie Ethel	wife	39	TN	TN	TN	
	Cress, Paul	son	16	TN	TN	TN	nitrate plant laborer
	Cress, Alva	daughter	13	TN	TN	TN	
	Cress, Beatrice	daughter	11	TN	TN	TN	
	Cress, Spencer	son	8	TN	TN	TN	
	Cress, Florence	daughter	5	TN	TN	TN	
	Cress, Sylvia	daughter	2	TN	TN	TN	
	Cress, Delcia	daughter	0	TN	TN	TN	
192	Hutchinson, Lilburn	head	44	TN	TN	TN	farmer
	Hutchinson, Jennie	wife	33	NC	NC	NC	
	Hutchinson, John	son	15	TN	TN	NC	
	Hutchinson, William	son	13	TN	TN	NC	
	Hutchinson, Walter	son	12	TN	TN	NC	
	Hutchinson, Lillian	daughter	9	TN	TN	NC	
	Hutchinson, Herman	son	5	TN	TN	NC	

Family #	Name	Relation	Age	I	F	M	Occupation
	Hutchinson, Sam	nephew	20	TN	TN	TN	coal mines laborer
	Culbertson, Leona	boarder(wd)	20	TN	TN	TN	
	Culbertson, Billie	boarder	0	KY	KY	TN	
193	McNeill, Walter	head (wd)	55	NC	NC	NC	monument agent
	McNeill, William	son	15	TN	NC	NC	
	Reece, Homer	soninlaw	41	VA	VA	MD	electric co lineman
	Reece, Winnie	daughter	35	NC	NC	NC	
	Reece, Vinton	gr son	16	TN	VA	NC	
	Reece, James	gr son	13	TN	VA	NC	
	Reece, Sam	gr son	9	TN	VA	NC	
	Reece, Harold	gr son	7	TN	VA	NC	
	Reece, Mildred	gr dau	4	TN	VA	NC	

Here ends the enumeration of the 8th District
Enumeration of the 9th begins on next page

Family #	Name	Relation	Age	I	F	M	Occupation
Ninth District							
1	Grogan, David	head	56	NC	SC	NC	farmer
	Grogan, Minnie	wife	54	NC	NC	NC	
	Grogan, Pearl	daughter	27	NC	NC	NC	
2	Grogan, Hunter	head	30	NC	NC	NC	farmer
	Grogan, Ollie	wife	28	NC	NC	NC	
	Grogan, Irene	daughter	9	TN	NC	NC	
	Grogan, Geraldine	daughter	3	TN	NC	NC	
3	Brown, Emmitt	head	37	TN	TN	NC	farmer
	Brown, Lossie	wife	30	TN	TN	TN	
	Brown, Hazel	daughter	11	TN	TN	TN	
	Brown, Ernest	son	9	TN	TN	TN	
	Brown, Ruby	daughter	6	TN	TN	TN	
	Brown, Leila	daughter	4	TN	TN	TN	
	Brown, Edna	daughter	1	TN	TN	TN	
4	Eggers, Charles	head	29	TN	TN	TN	farmer
	Eggers, Martitia	wife	29	TN	TN	TN	
	Eggers, Everett	son	9	TN	TN	TN	
	Eggers, Leona	daughter	7	TN	TN	TN	
	Eggers, Earl	son	4	TN	TN	TN	
	Eggers, Ruth	daughter	2	TN	TN	TN	
	Eggers, James	son	0	TN	TN	TN	
5	Wilson, King	head	27	NC	NC	NC	farmer
	Wilson, Cora	wife	21	TN	NC	NC	
	Wilson, Eugene	son	1	TN	NC	TN	
6	Wallace, Morris	head	47	TN	TN	TN	farmer
	Wallace, Myrtie	wife	30	TN	TN	TN	
	Wallace, Glen	son	10	TN	TN	TN	
	Wallace, Wade	son	8	TN	TN	TN	
	Wallace, Ralph	son	6	TN	TN	TN	
	Wallace, Pearl	daughter	0	TN	TN	TN	
7	Forrester, Dana	head	27	TN	TN	NC	farmer
	Forrester, Lona	wife	25	TN	TN	TN	
	Forrester, Geneva	daughter	6	TN	TN	TN	
	Forrester, Everett	son	4	TN	TN	TN	
	Love, Joe	gfather(wd)	79	NC	NC	NC	
8	McGlamery, G. F.	head	47	NC	NC	NC	farmer
	McGlamery, Callie	wife	43	TN	TN	NC	
	McGlamery, Dortha	daughter	17	TN	NC	TN	
	McGlamery, Gladys	daughter	14	TN	NC	TN	
	Reece, Mayme	daughter	18	TN	NC	TN	
	Reece, Mort	gr son	0	TN	NC	TN	
9	Main, Dock	head	60	NC	NC	TN	farmer
	Main, Callie	wife	55	NC	NC	NC	
	Main, Glen	son	16	NC	NC	NC	farm laborer

Family #	Name	Relation	Age	I	F	M	Occupation
	Main, Hazel	gr dau	5	VA	NC	NC	
	Norris, Sallie	mthinlaw	72	NC	NC	NC	
10	Miller, Pink	head	55	NC	NC	NC	farmer
	Miller, Lillie	wife	23	TN	NC	NC	
	Miller, Dorthy	daughter	1	TN	NC	TN	
	Miller, Julia	daughter	0	TN	NC	TN	
11	Cole, Oscar	head	43	NC	VA	NC	farmer
	Cole, Annie	wife	28	NC	TN	NC	
12	Musgrave, William	head	66	TN	IL	NC	farmer
	Musgrave, Cardisee	wife	55	NC	NC	NC	
	Musgrave, Grace	daughter	20	NC	TN	NC	
	Musgrave, Grant	son	19	NC	TN	NC	farm laborer
	Musgrave, Mae	daughter	17	NC	TN	NC	
13	Ellison, William	head	30	NC	NC	NC	farmer
	Ellison, Lois	wife	29	NC	NC	NC	
	Ellison, Edna	daughter	10	NC	NC	NC	
	Ellison, Elizabeth	daughter	6	NC	NC	NC	
	Ellison, Mary	daughter	4	NC	NC	NC	
	Ellison, Benjamin	son	0	NC	NC	NC	
14	Martin, Thomas	head	68	NC	TN	NC	farmer
	Martin, Elizabeth	wife	39	TN	TN	TN	
	Martin, Luther	son	12	TN	NC	TN	
	Martin, James	son	9	TN	NC	TN	
	Martin, Ella	daughter	7	TN	NC	TN	
	Martin, Ola	daughter	5	TN	NC	TN	
	Martin, Nell	daughter	3	TN	NC	TN	
	Martin, William	son	1	TN	NC	TN	
15	Greer, Frank	head	32	TN	NC	TN	farmer
	Greer, Rennie	wife	26	TN	TN	TN	
	Greer, Ester	daughter	8	TN	TN	TN	
	Greer, Mable	daughter	5	TN	TN	TN	
16	Lawrence, Martin	head	27	NC	NC	NC	farmer
	Lawrence, Cassie	wife	25	NC	NC	NC	
	Lawrence, Earl	son	5	NC	NC	NC	
	Lawrence, Eleanor	daughter	2	NC	NC	NC	
17	Johnson, Louise	head (wd)	69	TN	NC	NC	farmer
	Johnson, Sallie	daughter	45	NC	NC	TN	
	Johnson, James	son	40	NC	NC	TN	farm laborer
18	Potter, Robert	head	39	NC	NC	NC	farmer
	Potter, Buna	wife	34	NC	NC	NC	
	Potter, Brady	son	16	TN	NC	NC	
	Potter, George	son	14	NC	NC	NC	
	Potter, Vena	daughter	1	TN	NC	NC	
19	Osborne, Luther	head	52	TN	TN	TN	farmer
	Osborne, Emma	wife	48	TN	TN	TN	

Family #	Name	Relation	Age	I	F	M	Occupation
	Osborne, Essie	daughter	27	TN	TN	TN	
	Osborne, Arlie	son	24	TN	TN	TN	farm laborer
	Osborne, Olan	son	20	TN	TN	TN	farm laborer
	Osborne, Voley	son	19	TN	TN	TN	
	Osborne, Velma	daughter	14	TN	TN	TN	
	Osborne, Beula Kate	daughter	11	TN	TN	TN	
	Osborne, Elmer	son	7	TN	TN	TN	
20	Trivette, Charles	head	34	TN	NC	NC	farmer
	Trivette, Myrtle	wife	33	TN	TN	NC	
	Trivette, Myrtle	daughter	10	TN	TN	TN	
	Trivette, Eula	daughter	2	TN	TN	TN	
21	Reece, Columbus	head	59	TN	TN	TN	farmer
	Reece, Leonia	wife	56	NC	NC	NC	
	Reece, Hobart	son	29	TN	TN	NC	farm laborer
	Reece, Grace	daughter	21	TN	TN	NC	public school tchr
	Reece, Gladys	daughter	19	TN	TN	NC	
22	Brown, George	head	69	NC	NC	NC	farmer
	Brown, Mary	wife	66	NC	NC	NC	
	Sisk, Martha	sister(wd)	71	NC	NC	NC	
23	Thomas, James	head	60	TN	NC	VA	farmer
	Thomas, America	wife	61	NC	NC	NC	
	Mains, Donnelly	gr son	17	NC	NC	TN	farm laborer
	Mains, Ruth	gr dau	15	NC	NC	TN	
	Mains, Ralph	gr son	13	NC	NC	TN	farm laborer
	Mains, Frank	gr son	11	NC	NC	TN	
24	Brown, Ham	head	38	TN	TN	TN	farmer
	Brown, Emma	wife	35	NC	NC	NC	
	Brown, Maude	daughter	16	NC	TN	NC	
	Brown, Frank	son	11	TN	TN	NC	
	Brown, Fay	daughter	7	TN	TN	NC	
	Brown, Wade	son	3	TN	TN	NC	
25	Reece, Robert	head	55	TN	TN	TN	farmer
	Reece, Jennie	wife	47	NC	NC	VA	
	Reece, Maggie	daughter	22	TN	TN	NC	
	Reece, Blanch	daughter	20	TN	TN	NC	
	Reece, Jonas	son	18	TN	TN	NC	farm laborer
	Reece, Oscar	son	16	TN	TN	NC	farm laborer
	Reece, Ronda	son	14	TN	TN	NC	farm laborer
	Reece, Howard	son	12	TN	TN	NC	farm laborer
	Reece, Ray	son	8	TN	TN	NC	
26	Reece, Ed	head	24	TN	TN	NC	farmer
	Reece, Eada	wife	23	NC	NC	NC	
	Reece, Jewell	daughter	3	NC	TN	NC	
	Reece, Johnny	son	1	TN	TN	NC	
27	Wilson, Millard	head	56	TN	NC	TN	farmer

Family #	Name	Relation	Age	I	F	M	Occupation
	Wilson, Minnie	wife	52	NC	NC	NC	
	Morgan, Irene	gr dau	16	AR	TN	TN	
28	Bumgardner, Roy	head	25	TN	TN	TN	farmer
	Bumgardner, Lillian	wife	22	NC	NC	NC	
29	Greer, Charles	head	44	TN	TN	NC	farmer
	Greer, Nettie	wife	56	TN	TN	TN	
	Greer, Jessie	son	20	TN	TN	TN	farm laborer
	Greer, Ellie	daughter	16	TN	TN	TN	
30	Jenkins, Marelda	head (wd)	88	TN	TN	TN	farmer
	Jenkins, Susie	daughter	50	TN	TN	TN	
	Jenkins, Lennis	daughter	42	TN	TN	TN	farm laborer
	Mays, Lloyd	gr son	32	NC	NC	TN	farm laborer
31	Wilson, William	head	63	NC	NC	NC	farmer
	Wilson, Martha	wife	63	NC	NC	NC	
32	Smith, Rufus	head	39	NC	NC	NC	farmer
	Smith, Lula	wife	34	TN	NC	TN	
33	Lawrence, John	head	56	NC	NC	NC	farmer
	Lawrence, Emma	wife	52	NC	NC	NC	
	Lawrence, Fuller	son	24	NC	NC	NC	farm laborer
	Lawrence, Paul	son	20	TN	NC	NC	farm laborer
	Lawrence, Birdie	daughter	16	TN	NC	NC	
	Lawrence, Wright	son	15	TN	NC	NC	
	Lawrence, Ruth	daughter	11	TN	NC	NC	
	Lawrence, Cecil	son	9	TN	NC	NC	
34	Brown, Hunter	head	44	TN	NC	NC	farmer
	Brown, Callie	wife	36	TN	NC	TN	
	Brown, Hazel	daughter	12	TN	TN	TN	
	Brown, William	son	9	TN	TN	TN	
35	Eggers, Joseph	head	35	TN	TN	TN	farmer
	Eggers, Winnie	wife	43	TN	TN	TN	
	Eggers, Anna	daughter	5	TN	TN	TN	
36	Greene, David	head	40	TN	NC	TN	farmer
	Greene, Amanda	wife	42	NC	NC	NC	
	Greene, Hartley	son	15	TN	TN	NC	farm laborer
	Greene, Bonnie	daughter	12	TN	TN	NC	
	Greene, Geneva	daughter	10	TN	TN	NC	
	Greene, Wanda	daughter	8	TN	TN	NC	
	Greene, Vonda	daughter	6	TN	TN	NC	
	Greene, Rose	daughter	1	TN	TN	NC	
37	Thomas, Pearl	head (wd)	27	TN	TN	TN	
	Thomas, Ralph	son	10	TN	TN	TN	
	Thomas, Roger	son	8	TN	TN	TN	
	Thomas, Jewell	daughter	5	TN	TN	TN	
	Thomas, Mattie	daughter	2	TN	TN	TN	
38	Osborne, Elizabeth	head (wd)	68	NC	TN	TN	farmer

Family #	Name	Relation	Age	I	F	M	Occupation
	Osborne, Vena	daughter	38	TN	TN	NC	
39	Osborne, Ed	head	47	TN	NC	NC	farmer
	Osborne, Lula	wife	44	TN	NC	TN	
	Osborne, Trilla	daughter	18	TN	TN	TN	
	Osborne, Genia	son	16	TN	TN	TN	
	Osborne, Virgie	daughter	13	TN	TN	TN	
40	Walsh, Jacob	head (wd)	82	AR	TN	TN	farmer
	Walsh, Katherine	dau (wd)	46	TN	AR	TN	
	Walsh, Callie	daughter	31	TN	AR	TN	public school tchr
	Buck, Kathleen	gr dau	11	TN	NC	TN	
	Buck, Kermit	gr son	8	TN	NC	TN	
41	Oliver, Thomas	head	45	TN	TN	NC	state hwy laborer
	Oliver, Nancy	wife	44	TN	TN	TN	
	Oliver, Vica	daughter	23	TN	TN	TN	
	Oliver, Estelle	daughter	21	TN	TN	TN	
42	Guy, Bill	head	35	NC	NC	NC	odd job laborer
	Guy, Ira	wife	34	TN	TN	TN	
	Guy, Harold	son	8	OH	NC	TN	
	Guy, Gladys	daughter	7	OH	NC	TN	
	Guy, Mabel	daughter	5	TN	NC	TN	
	Guy, Mildred	daughter	1	TN	NC	TN	
	Anderson, Clyde	boarder	30	TN	TN	TN	odd job laborer
43	Jennings, Vernie	head	32	TN	NC	TN	farmer
	Jennings, Dean	son	12	TN	TN	TN	farm laborer
44	Love, George	head	52	NC	NC	TN	farmer
	Love, Lizzie	wife	55	NC	TN	NC	
	Love, Roger	son	19	TN	NC	NC	farm laborer
	Love, Ruby	daughter	17	TN	NC	NC	
45	Rash, Daniel	head	77	NC	NC	NC	farmer
	Rash, Betty	wife	77	NC	NC	NC	
	Rash, Monroe	son	42	TN	NC	NC	farm laborer
	Rash, Artice	daughter	34	TN	NC	NC	
46	Main, Chance	head	23	TN	TN	TN	farmer
	Main, Ruby	wife	23	NC	NC	NC	
47	Wallace, Nancy	head (wd)	88	NC	NC	NC	farmer
	Wallace, Luzina	daughter	52	TN	TN	NC	
	Wallace, Bell	gr dau	28	TN	TN	NC	farm laborer
48	Main, Frank	head	62	TN	TN	TN	farmer
	Main, Lizzie	wife	45	TN	TN	TN	
	Main, Ted	son	27	TN	TN	TN	farm laborer
	Main, Leota	daughter	22	TN	TN	TN	
	Main, Grace	daughter	20	TN	TN	TN	
	Main, Gillem	son	18	TN	TN	TN	farm laborer
	Main, Ruby	daughter	16	TN	TN	TN	
	Main, Hannah	daughter	14	TN	TN	TN	

Family #	Name	Relation	Age	I	F	M	Occupation
	Main, Pearl	daughter	12	TN	TN	TN	
	Main, Margie	daughter	10	TN	TN	TN	
	Main, Edwin	son	8	TN	TN	TN	
	Main, Myrtle	daughter	6	TN	TN	TN	
	Main, Helen	daughter	4	TN	TN	TN	
	Main, Peggy	daughter	2	TN	TN	TN	
49	Garland, Landon	head	51	TN	TN	TN	farmer
	Garland, Maggie	wife	44	TN	TN	NC	
	Earclauz, Victor	boarder	11	NY	*AU	*AU	*Austria
50	Wilson, William	head	62	TN	NC	TN	farmer
	Wilson, Ellen	wife	59	TN	VA	NC	
51	Bumgardner, Wade	head	60	TN	NC	TN	farmer
	Bumgardner, Betty	wife	63	TN	TN	NC	
	Bumgardner, Wm.	son	35	TN	TN	TN	farm laborer
	Bumgardner, Lola	daughter	26	TN	TN	TN	
	Bumgardner, Virgie	daughter	22	TN	TN	TN	
52	Wilcox, James	head	25	TN	TN	TN	farmer
	Wilcox, Ossie Rash	wife	26	TN	TN	NC	
	Wilcox, Gladys	daughter	6	TN	TN	TN	
	Wilcox, J. C.	son	4	TN	TN	TN	
	Rash, John	fthinlaw	71	TN	NC	NC	
	Rash, Margaret	mthinlaw	64	NC	NC	NC	
	Rash, Ernest	broinlaw	16	TN	NC	NC	farm laborer
53	Oliver, Roxie	head (wd)	66	NC	NC	NC	farmer
	Oliver, Annie	daughter	44	TN	NC	NC	
	Oliver, Francis	dau (wd)	37	TN	NC	NC	
	Oliver, John	son	33	TN	NC	NC	farm laborer
	May, Arthur	gr son	12	TN	TN	TN	
	May, Everett	gr son	10	TN	TN	TN	
	May, Cecil	gr son	9	TN	TN	TN	
54	Hackaday, Don	head	30	NC	TN	NC	farmer
	Hackaday, Floy	wife	24	NC	NC	TN	
	Hackaday, Lucille	daughter	5	NC	NC	NC	
	Hackaday, Pauline	daughter	3	NC	NC	NC	
	Hackaday, Eula	daughter	1	NC	NC	NC	
55	Love, Tracy	head	30	TN	TN	TN	general retail mrcht
	Love, Ella	wife	31	NC	NC	NC	
	Love, Willine	daughter	11	TN	TN	NC	
	Love, Bernice	daughter	8	TN	TN	NC	
	Love, Howard	son	6	TN	TN	NC	
	Love, Helen	daughter	3	TN	TN	NC	
	Love, James	son	0	TN	TN	NC	
56	Roberts, James	head	46	TN	NC	NC	farmer
	Roberts, Vada	wife	37	TN	TN	TN	
	Roberts, Lonnie	son	14	TN	TN	TN	

Family #	Name	Relation	Age	I	F	M	Occupation
	Roberts, Clint	son	12	TN	TN	TN	
	Roberts, Gaines	son	6	TN	TN	TN	
	Roberts, Earl	son	0	TN	TN	TN	
57	Main, Margaret	head (wd)	83	TN	TN	TN	farmer
	Arnold, Richard	boarder	71	TN	TN	TN	odd job laborer
58	Maine, Benjamin	head	40	TN	NC	TN	farmer
	Maine, Hattie	wife	50	NC	NC	NC	
	Maine, David	son	15	TN	TN	NC	farm laborer
	Maine, Ella	daughter	13	TN	TN	NC	
	Maine, J. D.	son	10	TN	TN	NC	
	Maine, Della	daughter	8	TN	TN	NC	
	Maine, Burman	son	6	TN	TN	NC	
	Maine, Bernice	daughter	3	TN	TN	NC	
59	Bumgardner, Alice	head (wd)	47	NC	NC	NC	farmer
	Bumgardner, Queen	daughter	17	TN	TN	NC	
	Bumgardner, Vera	daughter	15	TN	TN	NC	
	Bumgardner, Glenn	son	13	TN	TN	NC	
	Bumgardner, Dean	son	9	TN	TN	NC	
60	Jennings, Emma	head (wd)	59	TN	TN	TN	farmer
	Thomas, Ethel	daughter	26	TN	NC	TN	
	Thomas, Bon	soninlaw	30	NC	NC	NC	odd job laborer
	Thomas, Caralie	gr dau	6	TN	NC	TN	
	Thomas, T. J.	gr son	4	TN	NC	TN	
	Thomas, Rebecca	gr dau	2	TN	NC	TN	
	Warren, Marvin	boarder	18	NC	TN	TN	state hwy laborer
61	Bumgardner, Terry	head	23	TN	TN	TN	farmer
	Bumgardner, Alice	wife	23	TN	TN	TN	
	Bumgardner, Edward	son	1	TN	TN	TN	
	Bumgardner, Earl	son	0	TN	TN	TN	
62	Grayson, Thomas	head	44	TN	TN	TN	farmer
	Grayson, Grace	wife	38	NC	NC	NC	
	Grayson, Louise	daughter	11	ID	TN	NC	
	Grayson, Tommy	son	5	ID	TN	NC	
63	Grayson, Julia	head (wd)	63	NC	MO	NC	farmer
	Brown, Nannie	servant	18	TN	TN	TN	private fmly servant
64	Bumgardner, Alex	head	67	TN	NC	TN	farmer
	Bumgardner, Stella	wife	48	TN	TN	TN	
	Bumgardner, Ruby	daughter	19	TN	TN	TN	
65	McGlamery, Bill	head	61	NC	NC	NC	farmer
	McGlamery, Della	wife	47	NC	NC	NC	
	McGlamery, Okla	son	24	TN	NC	NC	farm laborer
	McGlamery, Theda	daughter	20	TN	NC	NC	
66	Reece, Floyd	head	36	TN	NC	NC	farmer
	Reece, Maggie	wife	36	TN	TN	TN	
	Reece, Stella	daughter	18	TN	TN	TN	

Family #	Name	Relation	Age	I	F	M	Occupation
	Reece, Mamie	daughter	16	TN	TN	TN	
	Reece, Luther	son	15	TN	TN	TN	farm laborer
	Reece, Howard	son	12	TN	TN	TN	
	Reece, James	son	10	TN	TN	TN	
	Reece, Vada	daughter	9	TN	TN	TN	
	Reece, Hallie	daughter	7	TN	TN	TN	
	Reece, Pearl	daughter	1	TN	TN	TN	
67	Ragan, Gordon	head	38	NC	NC	NC	state hwy laborer
	Ragan, Lura	wife	35	TN	TN	NC	
	Ragan, Tipton	son	11	TN	NC	TN	
	Ragan, Nell	daughter	10	TN	NC	TN	
	Ragan, Bertie	daughter	7	TN	NC	TN	
68	Reece, Grover	head	38	TN	TN	TN	orchard manager
	Reece, Nannie	wife	28	NC	NC	NC	
	Reece, Mary	daughter	12	TN	TN	NC	
	Reece, Willie	son	10	TN	TN	NC	
	Reece, Arlie	son	7	TN	TN	NC	
	Reece, Clay	son	5	TN	TN	NC	
	Reece, Marcie	daughter	3	TN	TN	NC	
	Reece, Violet	daughter	0	TN	TN	NC	
69	Miller, James	head	53	NC	NC	NC	farmer
	Miller, Nancy	wife	52	TN	TN	NC	
	Miller, Charlie	son	15	TN	NC	TN	
70	Reece, Harold	head	48	TN	TN	NC	farmer
	Reece, Fay	wife	46	TN	NC	VA	
	Reece, Willie	son	16	TN	TN	TN	farm laborer
	Reece, Hazel	daughter	12	TN	TN	TN	
	Reece, Charisse	daughter	8	TN	TN	TN	
71	Robinson, George	head	29	TN	TN	TN	farmer
	Robinson, Edith	wife	20	TN	TN	TN	
	Robinson, Eliva	daughter	0	TN	TN	TN	
72	Thomas, Clyde	head	45	NC	NC	NC	farmer
	Thomas, Nellie	wife	39	NC	NC	NC	
	Thomas, Lane	son	18	TN	NC	NC	
	Thomas, Mae	daughter	16	TN	NC	NC	
	Thomas, Glenn	son	15	TN	NC	NC	
	Thomas, Dean	son	13	TN	NC	NC	
	Thomas, Ray	son	11	TN	NC	NC	
	Thomas, Marie	daughter	9	TN	NC	NC	
	Thomas, Mabel	daughter	6	TN	NC	NC	
	Thomas, Ruth	daughter	3	TN	NC	NC	
	Thomas, Lafayette	son	1	TN	NC	NC	
73	Thomas, Bob	head	44	NC	NC	NC	farmer
	Thomas, Annie	wife	34	NC	NC	NC	
	Thomas, Flora	daughter	13	TN	NC	NC	

Family #	Name	Relation	Age	I	F	M	Occupation
	Thomas, Lon	son	12	TN	NC	NC	
	Thomas, Cecil	son	6	TN	NC	NC	
74	Reece, John	head	62	TN	TN	NC	farmer
	Reece, Victoria	wife	72	NC	NC	TN	
75	McGlamery, Paul	head	22	TN	TN	TN	farmer
	McGlamery, Lucille	wife	25	NC	NC	NC	
	McGlamery, Burl	son	5	NC	TN	NC	
	McGlamery, Martin	son	4	NC	TN	NC	
	McGlamery, Emogene	daughter	1	NC	TN	NC	
76	Eggers, Emmet	head	42	TN	TN	TN	farmer
	Eggers, Ada	wife	40	TN	TN	TN	
	Eggers, Edgar	son	17	TN	TN	TN	
	Eggers, Charlie	son	15	TN	TN	TN	
	Eggers, Carl	son	14	TN	TN	TN	
	Eggers, Pearl	daughter	10	TN	TN	TN	
77	Eggers, Millard	head	51	TN	TN	TN	farmer
	Eggers, Nelia	wife	41	TN	TN	TN	
	Eggers, Taft	son	21	TN	TN	TN	state hwy laborer
	Eggers, Mae	daughter	18	TN	TN	TN	
	Eggers, Stacy	son	17	TN	TN	TN	farm laborer
	Eggers, Inez	daughter	15	TN	TN	TN	
	Eggers, Venia	daughter	12	TN	TN	TN	
78	Eggers, Garfield	head	46	TN	TN	TN	farmer
	Eggers, Callie	wife	45	NC	TN	TN	
	Eggers, Grace	daughter	18	TN	TN	NC	
	Eggers, Pauline	daughter	6	TN	TN	NC	
	Eggers, Landrine	father(wd)	81	TN	TN	NC	
79	Hammons, Rebecca	head(wd)	60	NC	NC	NC	farmer
	Maine, Linville	gr son	20	TN	TN	TN	farm laborer
80	Wallace, Joseph	head	65	TN	TN	TN	farmer
	Wallace, Sarah	wife	55	TN	TN	TN	
	Robinson, Bowman	boarder	18	TN	TN	TN	farm laborer
	Wallace, Russell	boarder	19	TN	TN	TN	farm laborer
81	May, Roy	head	20	TN	TN	TN	farmer
	May, Hester	wife	21	VA	VA	TN	
82	Wallace, Earl	head	23	TN	TN	TN	farmer
	Wallace, Thelma	wife	22	TN	TN	TN	
	Wallace, Robert	son	0	TN	TN	TN	
83	Madron, H. E.	head	52	TN	NC	TN	rural mail carrier
	Madron, Lou Vennie	wife	46	TN	TN	TN	
	Madron, Ruth	daughter	19	TN	TN	TN	
	Madron, Earl	son	17	TN	TN	TN	
	Madron, Curtis	son	13	TN	TN	TN	
	Madron, Lucille	daughter	11	TN	TN	TN	
	Madron, Millilea	daughter	7	TN	TN	TN	

Family #	Name	Relation	Age	I	F	M	Occupation
	Madron, Sara	daughter	5	TN	TN	TN	
	Madron, Lois	daughter	1	TN	TN	TN	
84	Wilson, Stacy	head (wd)	59	TN	TN	TN	grocery merchant
	Wilson, Howard	son	21	TN	TN	TN	public school tchr
	Wilson, Nell	daughter	17	TN	TN	TN	
	Wilson, James	son	15	TN	TN	TN	
	Bellard, Sallie	servant(wd)	46	KY	TN	Tn	private fmly servant
85	Madron, T. A.	head	54	TN	NC	TN	rural mail carrier
	Madron, Millie	wife	51	NC	NC	NC	
	Arnold, Thomas	fthinlaw	83	TN	TN	TN	
	Arnold, Nancy	mthinlaw	79	NC	NC	NC	
	Madron, Lonie	relative(wd)	27	TN	TN	NC	public school tchr
	Madron, Margaret	relative	4	TN	TN	TN	
86	Miller, Willis	head	42	TN	TN	TN	farmer
	Miller, Chana	wife	42	TN	TN	TN	
	Miller, Bessie	daughter	21	TN	TN	TN	
	Miller, Earl	son	20	TN	TN	TN	farm laborer
	Miller, Noah	son	17	TN	TN	TN	
	Miller, Russell	son	15	TN	TN	TN	
	Miller, Rose	daughter	13	TN	TN	TN	
	Miller, Estell	daughter	12	TN	TN	TN	
	Miller, Copher	son	10	TN	TN	TN	
	Miller, J. E.	son	6	TN	TN	TN	
	Miller, Burl	son	3	TN	TN	TN	
87	Reece, James	head	33	TN	TN	NC	farmer
	Reece, Lura	wife	33	TN	TN	TN	
	Reece, Cornut	son	11	TN	TN	TN	
	Reece, Carl	son	9	TN	TN	TN	
	Reece, Robert	son	7	TN	TN	TN	
	Reece, Della	daughter	5	TN	TN	TN	
	Reece, Anna Mae	daughter	3	TN	TN	TN	
88	Main, Amanda	head (wd)	62	TN	TN	TN	farmer
	Main, Hattie	daughter	21	TN	TN	TN	
	Main, Hazel	daughter	20	TN	TN	TN	
89	May, William	head	38	TN	TN	TN	farmer
	May, Bonnie	wife	30	TN	TN	TN	
	May, Stacy	son	10	TN	TN	TN	
	May, Mary	daughter	7	TN	TN	TN	
90	Reece, Albert	head	44	TN	TN	TN	farmer
	Reece, Nell	wife	22	TN	TN	TN	
	Reece, Lee	son	5	TN	TN	TN	
	Reece, George	son	2	TN	TN	TN	
	Reece, Blaine	son	0	TN	TN	TN	
91	Reece, Arthur	head	45	TN	TN	NC	farmer
	Reece, Jane	wife	43	NC	TN	TN	

Family #	Name	Relation	Age	I	F	M	Occupation
	Reece, Ethel	daughter	19	TN	TN	NC	
	Reece, Lilly	daughter	18	TN	TN	NC	
	Reece, Dolphus	son	8	TN	TN	NC	
	Reece, Ella	daughter	6	TN	TN	NC	
	Reece, Coy	son	2	TN	TN	NC	
92	Hodge, B. F.	head	47	TN	NC	TN	farmer
	Hodge, Annie	wife	35	NC	NC	NC	
	Hodge, Ruby	daughter	15	TN	TN	NC	
	Hodge, Fern	daughter	14	TN	TN	NC	
	Hodge, Mae	daughter	11	TN	TN	NC	
	Hodge, Stacy	son	10	TN	TN	NC	
	Hodge, Bonnie	daughter	3	TN	TN	NC	
93	May, Nellie	head (wd)	23	TN	TN	TN	farmer
	May, Ruth	daughter	3	TN	TN	TN	
	May, Janis	daughter	0	TN	TN	TN	
94	May, Garfield	head	47	TN	TN	TN	farmer
	May, Polly	wife	45	TN	TN	TN	
	May, Boone	son	18	TN	TN	TN	
	May, Dian	daughter	15	TN	TN	TN	
	May, Fred	son	12	TN	TN	TN	
	May, Dean	son	5	TN	TN	TN	
95	McGlamery, G. F.	head	48	NC	NC	NC	farmer
	McGlamery, Callie	wife	52	TN	TN	TN	
	McGlamery, Amanda	mth (wd)	70	NC	NC	NC	
96	Shoun, A. L.	head	58	TN	TN	TN	farmer
	Shoun, Hattie	wife	37	NC	NC	NC	
	Shoun, Ed	son	17	TN	TN	TN	farm laborer
97	Shoun, Sam	head	25	NC	NC	NC	farmer
	Shoun, Louise	wife	24	TN	NC	TN	
	Shoun, A. L.	son	3	TN	NC	TN	
	Shoun, Thomas	son	2	TN	NC	TN	
	Shoun, Mossie	son	0	TN	NC	TN	
98	Reece, Asa	head	58	TN	TN	NC	farmer
	Reece, Ida	wife	30	TN	TN	TN	
	Reece, Taft	son	20	TN	TN	TN	farmer
	Reece, Edna	daughter	16	TN	TN	TN	
	Reece, Minnie	daughter	12	TN	TN	TN	
	Reece, Brad	son	7	TN	TN	TN	
	Reece, Zola	daughter	6	TN	TN	TN	
	Heaton, Wilma	gr dau	11	TN	TN	TN	
99	Reece, W. J.	head	42	TN	TN	NC	farmer
	Reece, Mollie	wife	37	TN	TN	TN	
	Reece, Willet	son	18	TN	TN	TN	
	Reece, Mildred	daughter	14	TN	TN	TN	
	Reece, Pauline	daughter	9	TN	TN	TN	

Family #	Name	Relation	Age	I	F	M	Occupation
100	Reece, Frank	head	58	TN	TN	NC	farmer
	Reece, Florence	wife	48	TN	NC	NC	
101	Bumgardner, Grant	head	38	TN	TN	TN	farmer
	Bumgardner, Hollie	wife	34	NC	NC	NC	
	Bumgardner, Edgar	son	12	TN	TN	NC	
	Bumgardner, Flo	daughter	10	TN	TN	NC	
102	Parks, James	head	71	NC	VA	NC	farmer
	Parks, Martha	wife	78	NC	TN	TN	
103	Wilson, Alfred	head	23	TN	TN	TN	farmer
	Wilson, Lola	wife	19	TN	TN	TN	
	Wilson, William	son	0	TN	TN	TN	
104	Dotson, Alfred	head	80	TN	NC	NC	farmer
	Dotson, Katherine	wife	78	NC	NC	NC	
	Phipps, Hazel	gr dau	29	TN	TN	TN	
	Phipps, Clyde	ggr son	11	TN	TN	TN	
	Phipps, Clay	ggr son	10	TN	TN	TN	
	Phipps, Mary	ggr dau	7	TN	TN	TN	
	Phipps, Georgia	ggr dau	6	TN	TN	TN	
	Phipps, Robert	ggr son	3	TN	TN	TN	
	Phipps, Herbert	ggr son	1	TN	TN	TN	
	Phipps, E. R.	grsoninlaw	34	TN	TN	TN	road const laborer
	Dotson, Caroline	sister	78	TN	NC	NC	
105	Parks, Robert	head	34	TN	NC	NC	farmer
	Parks, Virginia	wife	28	TN	VA	TN	
	Parks, Wade	son	11	TN	TN	TN	
	Parks, William	son	8	TN	TN	TN	
	Parks, Floy	daughter	6	TN	TN	TN	
	Parks, Estell	daughter	4	TN	TN	TN	
	Parks, Pearl	daughter	1	TN	TN	TN	
106	Miller, Dan	head	34	VA	NC	NC	farmer
	Miller, Ivalee	wife	29	TN	NC	TN	
	Miller, Bruce	son	5	TN	VA	TN	
	Miller, Weldon	son	2	TN	VA	TN	
	Miller, Mattie	mthinlaw	56	TN	NC	TN	
107	Wallace, Fred	head	25	OR	TN	TN	farm laborer
	Wallace, Mable	wife	23	TN	NC	TN	
108	Bryant, Fanny	head	29	TN	VA	TN	odd job laborer
	Bryant, George	son	9	TN	VA	TN	
	Bryant, Hattie	daughter	4	TN	TN	TN	
	Bryant, Millard	son	2	TN	TN	TN	
109	Canter, Ora	head	44	TN	TN	NC	odd job laborer
	Canter, David	brother	42	TN	TN	NC	
110	Canter, Jonathan	head	47	TN	TN	NC	farmer
	Canter, Sarah	wife	53	NC	NC	NC	
	Canter, Floyd	son	21	TN	TN	NC	farm laborer

Family #	Name	Relation	Age	I	F	M	Occupation
	Canter, Earl	son	18	TN	TN	NC	farm laborer
	Canter, Frances	daughter	13	TN	TN	NC	
	Canter, Hattie	daughter	4	TN	TN	NC	
111	Bryant, Julia	head (wd)	48	TN	TN	TN	odd job laborer
	Bryant, Clara	daughter	25	TN	TN	TN	
	Bryant, Dorothy	daughter	25	TN	TN	TN	
	Bryant, Sarah	daughter	9	TN	TN	TN	
	Bryant, Fay	daughter	7	TN	TN	TN	
	Bryant, Myrtle	daughter	5	TN	TN	TN	
	Bryant, Junior	son	2	TN	TN	TN	
112	Miller, Wiley	head	52	NC	NC	NC	odd job laborer
	Miller, Venia	wife	22	NC	NC	NC	
	Miller, Fred	son	3	TN	NC	NC	
	Miller, Elizabeth	sister (wd)	73	NC	NC	NC	
113	McFadden, Wiley	head	38	TN	TN	NC	odd job laborer
	McFadden, Mary	wife	31	TN	TN	TN	
	McFadden, Nancy	daughter	12	TN	TN	TN	
	McFadden, Minnie	daughter	9	TN	TN	TN	
	McFadden, Tom	son	7	TN	TN	TN	
	McFadden, Della	daughter	5	TN	TN	TN	
	McFadden, James	son	3	TN	TN	TN	
114	Wallace, Ham	head	68	TN	TN	TN	farmer
	Wallace, Rebecca	wife	75	TN	TN	TN	
115	Wallace, Joe	head	43	NC	TN	TN	farmer
	Wallace, Ada	wife	34	TN	TN	NC	
	Wallace, Ruth	daughter	12	TN	NC	TN	
	Wallace, Charlie	son	11	TN	NC	TN	
	Wallace, Everett	son	7	TN	NC	TN	
	Wallace, Dana	son	5	TN	NC	TN	
	Wallace, George	son	4	TN	NC	TN	
	Wallace, Nannie	daughter	2	TN	NC	TN	
	Wallace, Ruby	daughter	1	TN	NC	TN	
116	Wilson, Fred	head (wd)	43	TN	TN	NC	farmer
	Wilson, Roby	son	22	TN	TN	TN	farm laborer
	Wilson, Venia	daughter	18	TN	TN	TN	
	Wilson, Allen	son	16	TN	TN	TN	
	Wilson, Nannie	daughter	10	TN	TN	TN	
	Wilson, Ellwood	son	7	TN	TN	TN	
	Wilson, Ruth	daughter	5	TN	TN	TN	
	Wilson, Kermit	son	2	TN	TN	TN	
117	Wilson, Nancy	head	63	TN	NC	TN	farmer
	Wilson, Elizabeth	daughter	28	TN	NC	TN	
	Wilson, Liza	daughter	21	TN	NC	TN	
	Wilson, Nannie	gr dau	8	TN	NC	TN	
	Wilson, Frankie	gr dau	6	TN	NC	TN	

Family #	Name	Relation	Age	I	F	M	Occupation
118	Ward, Gordon	head	36	TN	NC	TN	odd job laborer
	Ward, Danford	wife	33	TN	NC	TN	
	Ward, Eva	daughter	14	TN	TN	TN	
	Ward, Dan	son	11	TN	TN	TN	
	Ward, Vail	daughter	8	TN	TN	TN	
	Ward, Magalena	daughter	5	TN	TN	TN	
119	Wallace, J. M.	head	52	TN	TN	NC	farmer
	Wallace, Elmina	wife	52	NC	TN	NC	
	Wallace, Russell	son	23	TN	TN	NC	farm laborer
	Wallace, Don	son	20	TN	TN	NC	farm laborer
120	Wallace, John	head	45	TN	TN	NC	farmer
	Wallace, Ellen	wife	49	NC	NC	NC	
	Wallace, Rayburn	son	21	TN	TN	NC	farm laborer
	Wallace, Orville	son	10	TN	TN	NC	
	Wallace, Bert	son	8	TN	TN	NC	
121	Snyder, Carl	head	36	TN	TN	TN	farmer
	Snyder, Docia	wife	31	TN	TN	TN	
	Snyder, Elsie	daughter	15	TN	TN	TN	
	Snyder, Jay	son	12	TN	TN	TN	
	Snyder, Pauline	daughter	9	TN	TN	TN	
	Snyder, Bruce	son	6	TN	TN	TN	
122	Wallace, Jordon	head	65	TN	TN	TN	farmer
	Wallace, Lola	wife	49	NC	TN	NC	
123	Reece, Clayton	head	29	TN	TN	TN	farmer
	Reece, Forrest	wife	25	TN	TN	NC	
	Reece, Cecil	son	8	TN	TN	TN	
124	Wallace, David	head	29	TN	TN	TN	farmer
	Wallace, Maggie	wife	40	NC	NC	NC	
	Wallace, Cad	son	16	TN	TN	NC	farm laborer
	Wallace, Willet	son	12	TN	TN	NC	
	Wallace, Edd	son	10	TN	TN	NC	
125	Wallace, Roby	head	43	TN	TN	NC	farmer
	Wallace, Sarah	wife	32	TN	TN	TN	
	Wallace, Earl	son	15	TN	TN	TN	
	Wallace, Walter	son	6	TN	TN	TN	
	Wallace, Howard	son	5	TN	TN	TN	
	Wallace, Hill	son	5	TN	TN	TN	
126	Potter, Ray	head	25	NC	NC	TN	farmer
	Potter, Polly	wife	22	TN	TN	TN	
	Potter, Martin	son	6	TN	NC	TN	
	Potter, Berlie	daughter	3	TN	NC	TN	
	Potter, David	relative(wd)	59	TN	TN	TN	odd job laborer
127	Potter, Dan	head	50	TN	TN	TN	farmer
	Potter, Mag	wife	44	TN	TN	TN	
	Potter, Ethel	daughter	21	TN	TN	TN	

Family #	Name	Relation	Age	I	F	M	Occupation
	Potter, Sarah	daughter	19	TN	TN	TN	
	Potter, Fanny	daughter	16	TN	TN	TN	
128	Snyder, Isaac	head	39	TN	TN	NC	farmer
	Snyder, Ora	wife	29	TN	TN	TN	
	Snyder, Isaac Jr.	son	0	TN	TN	TN	
129	Rash, William	head	64	TN	NC	TN	farmer
	Rash, Dillia	wife	60	TN	NC	TN	
130	Eggers, Roy	head	48	NC	NC	NC	farmer
	Eggers, Louisa	wife	44	TN	NC	TN	
	Eggers, Lizzie	daughter	20	TN	NC	TN	
	Eggers, Ona	daughter	19	TN	NC	TN	
	Eggers, Reece	son	16	TN	NC	TN	farm laborer
	Eggers, Luther	son	13	TN	NC	TN	
	Eggers, Wiley	son	10	TN	NC	TN	
	Eggers, Bruce	son	7	TN	NC	TN	
	Potter, Reuben	fthinlaw	86	NC	NC	TN	
131	Potter, Reuben Jr.	head	21	TN	NC	TN	odd job laborer
	Potter, Vergie	wife	19	TN	TN	TN	
	Potter, Lucille	daughter	2	TN	TN	TN	
	Potter, Walter	son	0	TN	TN	TN	
132	Potter, Enoch	head	50	TN	NC	TN	farmer
	Potter, Laura	wife	40	NC	NC	NC	
	Potter, Paul	son	24	NC	TN	NC	hwy const laborer
	Potter, Martin	son	19	NC	TN	NC	hwy const laborer
	Potter, Louise	daughter	18	NC	TN	NC	
	Eggers, Lizzie	mthinlaw	76	NC	NC	NC	
133	Potter, James Marion	head	57	NC	NC	NC	farmer
	Potter, Tishia	wife	56	NC	NC	NC	
	Potter, Clyde	son	18	NC	NC	NC	farm laborer
	Potter, Charlie	son	12	TN	NC	NC	
	Potter, Hollie	daughter	12	TN	NC	TN	
134	Foister, John Hager	head	40	TN	TN	TN	farmer
	Foister, Flossie	wife	37	NC	TN	NC	
	Foister, Dolphus	son	20	TN	TN	NC	farm laborer
135	Wallace, Jordon	head	42	TN	TN	NC	farmer
	Wallace, Alice	wife	45	TN	TN	NC	
	Wallace, Irene	daughter	21	TN	TN	TN	
	Wallace, Harley	son	19	TN	TN	TN	farm laborer
	Wallace, Vada	daughter	16	TN	TN	TN	
	Wallace, Kate	daughter	14	TN	TN	TN	
	Wallace, Isaac	son	11	TN	TN	TN	
	Wallace, Bernice	daughter	2	TN	TN	TN	
	Wallace, Mernice	daughter	2	TN	TN	TN	
	Wallace, Gladys	daughter	0	TN	TN	TN	
136	Rash, Frank	head	32	TN	TN	TN	farmer

Family #	Name	Relation	Age	I	F	M	Occupation
	Rash, Rosa	wife	38	NC	NC	NC	
	Rash, Pearl	daughter	15	TN	TN	NC	
	Rash, Glen	son	13	TN	TN	NC	
	Rash, Fred	son	10	TN	TN	NC	
	Rash, Betty	daughter	8	TN	TN	NC	
	Rash, Mary	daughter	5	TN	TN	NC	
	Rash, David	son	2	TN	TN	NC	
137	Snyder, William	head	40	VA	NC	VA	odd job laborer
	Snyder, Lucinda	wife	43	TN	TN	NC	
	Snyder, Georgia	daughter	14	NC	VA	TN	
	Snyder, Maggie	daughter	10	NC	VA	TN	
	Snyder, Grover	son	4	NC	VA	TN	
	Snyder, James	son	3	NC	VA	TN	
	Snyder, Wiley	son	0	TN	VA	TN	
138	Greer, Julia	head (wd)	48	TN	NC	NC	farmer
	Greer, Nancy	mother(wd)	96	NC	NC	NC	
	Snyder, Dixie	servant	22	NC	NC	NC	private fmly servant
139	Greer, John	head	56	TN	NC	NC	farmer
	Greer, Oma	wife	51	NC	NC	NC	
	Greer, Ben	son	18	TN	TN	NC	farm laborer
	Greer, Glen	son	17	TN	TN	NC	
	Greer, Lester	son	15	TN	TN	NC	
	Greer, Golden	relative	17	NC	NC	TN	farm laborer
140	Mahala, Cicero	head	35	NC	NC	NC	farmer
	Mahala, Vina	wife	28	TN	TN	TN	
	Mahala, Vernon	son	9	TN	NC	TN	
	Mahala, Clarence	son	7	TN	NC	TN	
	Mahala, Walter	son	4	TN	NC	TN	
	Mahala, Edna	daughter	2	TN	NC	TN	
141	Greer, Tom	head	32	TN	TN	NC	farm laborer
	Greer, Lola	wife	25	TN	TN	TN	
	Greer, Roxanne	daughter	0	TN	TN	TN	
142	Mahala, Harrison	head	33	NC	NC	NC	farm laborer
	Mahala, Vestie	wife	25	NC	NC	NC	
	Mahala, Norine	daughter	4	NC	NC	NC	
	Mahala, Docia	daughter	1	NC	NC	NC	
143	Osborne, Callie	head (wd)	54	TN	TN	TN	farmer
144	Osborne, Valna	head	31	TN	TN	TN	farmer
	Osborne, Dorthy	wife	30	TN	TN	TN	
	Osborne, Stanley	son	11	TN	TN	TN	
145	Stewart, Polly	head (wd)	43	NC	NC	NC	farmer
	Stewart, Edna	daughter	21	TN	TN	NC	
	Stewart, Anna	daughter	14	TN	TN	NC	
	Stewart, Lacy	son	12	TN	TN	NC	
	South, John	brother	45	NC	NC	NC	farm laborer

Family #	Name	Relation	Age	I	F	M	Occupation
146	Wallace, Mack	head	64	TN	TN	TN	farmer
	Wallace, Elizabeth	wife	63	NC	NC	NC	
	Wallace, Abbie	daughter	18	TN	TN	NC	
147	Dowell, John	head	31	TN	TN	TN	farmer
	Dowell, Polly	wife	34	TN	TN	TN	
148	Wilson, William	head	35	NC	NC	NC	hwy const laborer
	Wilson, Maud	wife	32	TN	TN	TN	
	Wilson, Opal	daughter	11	TN	NC	TN	
	Wilson, Emily	daughter	9	TN	NC	TN	
	Wilson, Geraldine	daughter	7	TN	TN	NC	
	Wilson, Bruce	son	5	TN	TN	NC	
	Wilson, Fay	daughter	2	TN	NC	TN	
149	Wilson, E. D.	head	40	NC	TN	NC	farmer
	Wilson, Betty	wife	33	NC	NC	NC	
	Wilson, Bessie	daughter	12	TN	NC	NC	
	Wilson, Gar	son	10	TN	NC	NC	
	Wilson, Glen	son	7	TN	NC	NC	
	Wilson, Pearl	daughter	5	TN	NC	NC	
	Wilson, Wade	son	3	TN	NC	NC	
	Wilson, W. A.	son	0	TN	NC	NC	
150	Warren, Roby	head	54	TN	TN	TN	hwy const laborer
	Warren, Celia	wife	53	TN	TN	TN	
	Warren, Flora	dau (wd)	33	TN	TN	TN	
	Warren, Lottie	dau (wd)	20	TN	TN	TN	
	Warren, Deck	gr son	11	TN	TN	TN	
	Warren, Kyle	gr son	2	TN	TN	TN	
151	Snyder, Ira	head	45	NC	NC	NC	farmer
	Snyder, Amanda	wife	35	TN	TN	TN	
	Snyder, Annie	daughter	19	TN	NC	TN	
	Snyder, Charlie	son	17	TN	NC	TN	farm laborer
	Snyder, Stanley	son	13	TN	NC	TN	farm laborer
	Snyder, Fannie	daughter	10	TN	NC	TN	
	Snyder, Ida	daughter	8	TN	NC	TN	
	Snyder, John	son	5	TN	NC	TN	
	Snyder, Arthur	son	2	TN	NC	TN	
	Snyder, Claude	son	0	TN	NC	TN	
152	Snyder, William	head	67	TN	TN	NC	farmer
	Snyder, Clare	wife	64	NC	TN	NC	
	Snyder, Peter	son	27	TN	TN	NC	farm laborer
	Snyder, Virgie	daughter	20	TN	TN	NC	
153	Wallace, Jane	head	48	TN	TN	TN	farmer
	Wallace, Roy	son	23	TN	TN	TN	farm laborer
	Wallace, Ruth	daughter	18	TN	TN	TN	
	Wallace, Nell	daughter	16	TN	TN	TN	
	Wallace, Dorthy	dau in law	20	TN	TN	TN	

Family #	Name	Relation	Age	I	F	M	Occupation
	Wallace, Billie	gr dau	0	TN	TN	TN	
154	Greer, Joe	head	49	NC	TN	NC	farmer
	Greer, Ida	wife	44	TN	TN	TN	
	Greer, Homer	son	20	TN	NC	TN	farm laborer
	Greer, Raymond	son	17	AR	NC	TN	farm laborer
	Greer, Dillon	son	15	AR	NC	TN	
	Greer, Marcie	daughter	13	AR	NC	TN	
	Greer, Glen	son	10	AR	NC	TN	
	Greer, Joseph	son	7	IA	NC	TN	
155	Bumgardner, Edd	head	33	TN	TN	TN	farmer
	Bumgardner, Blanch	wife	22	NC	NC	NC	
	Bumgardner, Maria	daughter	0	TN	TN	NC	
156	Osborne, Olen	head	24	TN	TN	TN	farm laborer
	Osborne, Blanch	wife	24	NC	NC	NC	
	Osborne, Dennis	son	0	TN	TN	NC	
157	Bumgardner, Millard	head	64	TN	NC	TN	farmer
	Bumgardner, Nancy	wife	60	TN	NC	TN	
	Bumgardner, Helen	gr dau	11	NC	NC	TN	
158	Reece, Don	head	28	TN	TN	TN	farm laborer
	Reece, Pearl	wife	20	NC	NC	NC	
	Reece, E. G.	son	3	NC	TN	NC	
	Reece, Chester	son	0	NC	TN	NC	

Here ends the enumeration of the 9th District
The index for this volume begins on next page

Notes:

ABEL		ADAMS		ANDERSON		ARNOLD	
Albert	85	Lilly	10	Iris	13	Helen	7
Bettie	75	Lucy	20	L. K.	38	Heneretta	55
Clarence	91	Martha	148	Maggie	37	Herman	113
Clinton	85	Mary	5	Malinda	38	Hester	111
Edna	75	Rhoda	5	Mary Liz	37	James	33
Edward Carl	75	Robert	10	Milton	37	James	133
Essie	75	Stanley	10	Pauline	37	Jennie	81
Florence	59	Stella	116	Raymond	37	Jesse	113
Fred	75	Virginia	10	Samuel	13	Jesse	115
Gladys	85	William	116	Samuel	23	Jimmy	35
Henry Harrison	91	William	117			Joe	81
Hubert	91	Willie	116	ARNEY		John	65
James	75			Abby	125	John	101
John	85	ADELPHIA		Darcus	125	John	106
Kate	85	James	1	Nell	15	John	112
Lillard	75					John	59
Lizzie Leona	91	ALLEN		ARNOLD		Joseph	35
Mary	91	Alvin	96	Agatha	106	Juanita	33
Robert	74	Charlie	23	Alice	106	Junior	55
Ruby	75	Coolidge	106	Anna	101	Kelley	111
Sallie	74	Garfield	16	Anna Bell	33	Lafayette	111
Tina	91	Georgia	13	Bena	50	Larkin	96
Vance	91	Grace	106	Billy	35	Leona	65
Wm. Edward	74	Harding	106	Blanche	35	Lester	111
		Hazel	106	Boyd	134	Lillian	113
ABSHER		Homer	78	Callie	113	Lizzie	133
Charles	15	Ida	78	Cameron	115	Louise	81
Dorthy	15	Isaac	78	Chester	111	Lucille	113
Edward	36	James	16	Christine	50	Lula	115
Etta	36	Lillian	96	Clarence	106	Mable	35
Ezekiel	15	Lona	96	Clarence	133	Maggie	101
James	15	Margaretta	16	Claude	35	Mamie	28
Laura	15	Mary	10	Cliffie	111	Marie	55
Ruby	15	Mary	23	Clyde	111	Marvin	113
Ruth	15	Rachel	8	Curtis	81	Mary	81
		Sallie	23	Dee	7	Mary	112
ADAMS		Sallie	106	Dennis	81	Mary	113
Buna	5	Tishie	96	Denvel	113	Mattie	96
Donnie	10	Verna	16	Dora	7	Mopsie	50
Doris	116	Virginia	78	Edgar	115	Nancy	172
Edgar	20	Walter	8	Edward	55	Nancy Ellen	28
Eliza	5	Willie	78	Eliza	141	Nell	111
Elizabeth	10			Elizabeth	65	Nina	113
Emma	35	ANDERSON		Ella Mae	96	Opal	113
Emma	116	Arthur	21	Emma	113	Pearl	111
Ethel	116	Blanch	23	Emmitt	111	Pearl	113
Fred	117	Bruce	37	Ethel	55	Pearl	134
Glenn	5	Caton	13	Frank	33	Ray	106
Hampton	148	Clara	13	Fred	101	Ray	113
Hattie	116	Clarence	37	Gatha	133	Rena	111
Hazel Hicks	116	Clyde	167	George	115	Richard	169
James	10	Cora	21	Gertrude	28	Robert	92
James	116	Denver	37	Glenn	101	Ruby	15
Jean	5	Fred	37	Glenn	106	Ruby	33
Julia	116	Gladys	37	Grant	28	Salvie	55
Julia	136	Hugh	13	Hallie	106	Samuel	35

ARNOLD		BAILEY		BARRY/BERRY		BIGGS	
Smith	23	Junior	49	Beulah	158	Ella Sue	9
Spencer	133	Ruth	49	Berlie	135	James	9
Theodore	28			David	158		
Theodore	78	BAIRD		Dillon	146	BIRD	
Theodore Jr.	28	Baron	120	Edward	22	Walter	138
Thomas	172	Charles	120	Elbert	146	Willie	138
Tommy	28	Elizabeth	120	Georgia	158		
Vida	113	Martha	120	Hubert	158	BISHOP	
Wade	106			Hugh	135	Alta	159
Walter	7	BAKER		Ida	146	Effie	146
Walter	55	Althia	18	Jettie	158	Golda	146
Warren	55	Annie	18	Julia	12	Hillary	146
William	78	Billie	18	Laura	158	Ila	146
		Cettie	65	Lulu	135	Irda	146
ASBERRY		Dorthy	18	M. L.	146	Ivey	146
Ada	49	Garfield	18	Minnie	146	James	146
Earl	49	Handy	18	Nell	22	Jess	73
Hamilton	49	Minnie	18	R. C.	158	John	85
Robert	49	Roslin	18	Rachel	135	Lonnie	146
Susie	49	Ruth	18	Ralph	158	Millard	146
Verna	49	Spencer	18	Ray	135	Robert	159
				W. C.	22	Ruth	73
ASHLEY		BALEY		William	22	Samuel	85
Dick	18	Belvia	19			Thelma	146
Dorthy	18	Beulah	19	BASS		Virginia	85
Emmitt	18	Edna	19	Dorthea	1		
Eva	40	James	18			BLACKBURN	
Hattie	40	Mopsie	19	BAUGUESS		Doag	156
James	40			Berl	50	Elva	156
Margaret	11	BALLARD		Flora	50	Eva	156
Margaret	11	Charlie	23	Susan	50	Flo	156
Margie	18			Tyre	50	Nathan	156
Mary	18	BARLOW				Nie	156
Thelma	18	Andrew	118	BELLARD		Randy	4
Tom	40	James	118	Sallie	172	Salvadore	71
		Julia	118			Vie	156
ATWOOD		Nancy	118	BENTLEY		Wann	156
Bettie	4	P. L.	118	Alethia	8		
Blake	4	Sarah	118	Alice	160	BLANKENBECKLER	
David	4	Verna	118	Bessie	160		
David Jr.	4	Winnie	118	Catherine	160	Boyd	21
Ford	4			Clifford	160	Chloe	21
Halbert	4	BARRETT		Clyde	160	Dorothy	26
I. U.	4	Berdie	110	Curtis	160	Edgar	25
Mary	4	J. D.	110	Cynthia	160	Eugene	26
Rondal	4	Kyla	109	George	160	Fannie	26
Rupert	4	Matt	109	Gladys	160	Frances	21
Victoria	4	Sylvester	110	James	160	Hardy	25
Wilson	4			John	160	James	32
		BARRY/BERRY		Lester	23	James	21
BAILEY		Alex	8	Letha	160	Lois	21
Bill	23	Alice	135	Minnie	160	Loyd	21
Dorothy	49	Alvin	158	Nora	160	Luther	25
Earl	49	Annie	135	Virginia	160		
Ellen	56	Bernice	146				
Gilmer	49						

BLANKENBLECKLER		BLEVINS		BLEVINS		BOWLING	
		Eliza	145	Mona	146	Ruth	141
Margaret	32	Ellen	144	Morris	145	Sam	161
Marion	20	Emma	141	Nancy	144	Sanford	161
Marion	21	Ervin	159	Nina	147	Wattie	161
Nancy	21	Ethel	139	Norma	149		
Ollie	25	Ethel	144	Orpha	83	BOWMAN	
Oscar	26	Ethel	144	Oscar	146	Joseph	66
Robert	25	Ethel	146	Ozra	147	Reva	67
Roy	25	Etta	159	Paul	141		
		Eugene	144	Pauline	149	BRADSHAW	
BLEVINS		Floyd	144	Pearl	145	John	71
Alex	156	Gaither	157	Pierce	149		
Alice	146	Gale	143	Presley	144	BRANCH	
Alta	146	Gay	83	Ralph	74	Ben	12
Ambrose	146	Geneva	159	Retha	144	Billy	23
Andrew	144	George	144	Rhuda	145	Louise Irene	4
Argus	159	George	144	Robert	83	Mary	4
Arlina	144	George	147	Robert	144	Ora	12
Arthur	5	Gerald	145	Roderick	145	Scott	4
Azel	144	Geraldine	144	Roy	157		
Benjamin	146	Gertie	146	Scott	157	BRANHAM	
Benny	147	Grase	146	Shirley	157	Loraine	88
Bert	146	Guy	140	Sue	147		
Bessie	145	Hartzel	142	Sue	159	BREEDING	
Blaine	146	Helen	159	T.Emmett	143	Elmer	87
Bonnie	144	Hilda	144	Vergie	5	Flossie	86
Boyce	143	Homer	157	Vickie	144		
Bruce	146	Howard	143	Victoria	146	BRIGHT	
Burl	141	Ida	83	Virginia	146	Bula	39
C. K.	142	Isaac	146	Walter	139	Carl	39
Carl	147	Isaac	149	Warren	141	Elizabeth	39
Carma	144	James	82	Wesley	74	Samuel	39
Caroline	156	Jaunita	141	Wiley	146	Willard	39
Cebert	141	Jessie	83	William	142		
Chester	142	John	82	William	145	BRINKLEY	
Chester	159	John	139	Winnie	147	Floyd	155
Clarence	74	John	5	Woodrow	145	George	155
Clay	139	Joseph	74			Gervis	155
Cletha	5	Junie	157	BOGAN		Grace	155
Cline	147	Kathleen	73	Dora	24	Mattie	155
Clyde	24	Kyle	143			Odell	155
Corda	142	Laura	144	BOLDEN		Prucil	155
Corina	139	Laura	144	Austin	80	William	155
Dana	140	Lillie	145	Cora	80		
David	144	Liza	140	Freddie	80	BRITTAHAM	
Della	74	Lou	140	James	80	J. Archy	48
Dennis	139	Maggie	83				
Denver	144	Maggie	144	BOREN		BROCE	
Dolly	139	Malenia	144	Charlie	6	Katherine	20
Dora	82	Margie	139	Inez	6	Maude	20
Doris	144	Martha	147				
Dorotha	143	Mary	146	BOWLING		BROOKS	
Edda	146	Mavis	157	Carl	161	Alma	155
Edsel	159	Maxie	83	David	141	Arthur James	155
Edsel	159	Melinda	142	Herbert	161	Bessie	30
Elihu	82	Milly	146	Maggie	161	Blanch	6

BROOKS		BROOKSHIRE		BROWN		BUCKLES	
Carrie	147	Reta	116	Nannie	169	Laura	150
Catherine	147	Retta	120	Quincy	93	Mark	158
Celia	30	Samuel	116	Robert	35	Minnie	158
Chelsie	30	Sherman	121	Rosa	95		
Chester	30	Stella	120	Ruby	19	BUMGARDNER	
Clarence	149	William	116	Ruby	163	Ada	20
Clyde	149			Stella	95	Alex	169
Conley	155	BROWN		Thomas	8	Alice	169
Cora	149	Alice	100	Tillman	100	Alice	169
Dale	149	Annie	4	Vinnie	99	Betty	168
Edna Ruth	6	Asa	19	Virginia	35	Blanch	180
Edward	147	Bruce	100	Wade	165	Dean	169
Ernest	6	Callie	166	William	3	Earl	169
Ethel	149	Carl	99	William	148	Edd	180
Etta	30	Charles	100	William	166	Edgar	174
Gina	149	Claude	24			Edward	169
H. Alex	6	Claude	100	BRUMLEY		Flo	174
Hattie	149	Dorothy	99	Robert	11	Glenn	169
Hilley	155	Earl	35			Grant	174
Leslie	147	Edna	19	BRYANT		Helen	20
Lillie Cress	155	Edna	163	Clara	175	Helen	180
Lucy	149	Emma	163	Dorothy	175	Hollie	174
Mabel	30	Emmitt	163	Fannie	175	Junie	20
Mary	6	Englina	35	Fay	175	Lea	20
Mae	6	Ernest	163	George	175	Lillian	166
Morgan	149	Eugene	19	Hattie	175	Lola	168
Opal	30	Eugene	99	Julia	175	Mabel	20
Radd	156	Fay	165	Junior	175	Madge	20
Ralph	6	Florence	24	Millard	175	Maria	180
Shelton	147	Flossie	99	Myrtle	175	Millard	180
Thelma	149	Flossy	100	Sarah	175	Nancy	180
Walter	30	Frank	165			Nell	20
Walter	147	George	100	BUCHANAN		Queen	169
Wayne	155	George	165	Dana	121	Roy	166
		Ham	165	Donia	122	Ruby	169
BROOKSHIRE		Hattie	35	Donley	122	Stella	169
Bert	120	Hazel	163	Jestie	121	Terry	169
Bert	130	Hazel	166	Martha	122	Vera	169
Dora	120	Hazel	19	Mira	122	Virgie	168
Edna	120	Howard	100	Romeo	121	Wade	168
Elizabeth	55	Hunter	166			Walter	20
Elleree	131	J. A.	95	BUCK		William	168
Elmer	121	Jerald	19	Kathleen	167		
Eugene	120	Julia	148	Kermit	167	BURCHETT	
Hazel	121	Lafayette	100			Margaret	79
Irene	130	Leila	163	BUCKLAND			
Jackson	120	Lossie	163	Ciddie	137	BURGESS	
Joe	120	Louis	100	Ciddie	137	Keith	61
Julia	116	M. F.	100	Dan	137	Mary	61
Laura	120	Maggie	100	Dan Jr.	137	McKinley	61
Mable	55	Marvin	100	Marion	137	Ruth	61
Macie	120	Mary	3			Walter	59
Mae	120	Mary	165	BUCKLES			
Mae	121	Massie	4	Clarence	158	BURKETT	
Noah	120	Maude	165	Glenn	158	Clyde Ray	48
Pansy	120	Max	19			Ethel	48

BURKETT		CAMPBELL		CAUDILL		CHURCH	
Freeling	48	Anderson	117	Blanche	32	Sallie	152
Joseph	48	Clyde	72	Bulah	32	Susan	123
Junior	49	D. R.	117	Edgar	32	Thomas	123
Maggie	48	Dale	118	Edna	32	Vera	7
Willa Mae	48	Etta	118	Walter	32	Willard	3
		Haga	72	Willard	32		
BURLESON		Haskel	118			CLARK	
Mack	11	Hoover	117	CAUDLE		Daniel	128
		Isaac	155	Lyda	88	David	14
BURTON		J. C.	117			Dusina	14
Ernest	160	James	118	CHAPPELL		Nannie	129
		Lafayette	117	Adeline	38		
BUTLER		Laura	155	Catherine	157	CLAYMAN	
Anna	23	Leona	72	Columbus	88	J. D.	82
Edward	4	Leona	117	Effie	88		
Ella	4	Lillie	154	Ellen	88	COCHRAN	
Ernestina	1	Louis	154	Elsie	38	Earl	67
Freddie	1	Martha	126	J.C.	157	John	67
Gaines	1	Mary	117	Jessie	157	Mabel	67
Gertrude	1	Millard	118	Joseph	38		
Gertrude	1	Mosmie	154	Joseph	88	COFFEE	
Gwin	1	Sanford	154	Junior	157	Bruce	23
James	3	Viola	154	Kathleen	39		
Jimmy	3	Wilder	126	Lizzie	38	COLE	
John	3	William	154	Margaret	80	Adella	150
Juanita	4	Winnie	154	Minnie	80	Annie	164
Katherine	3	Winnie	154	Nellie	38	Blaine	131
Lelia	1	Zelda	117	Oscar	38	Bruce	131
Pearl	3			Paul	38	Cora	56
Robert	1	CANTER		Pauline	81	Earl	151
Roddie	4	Bruce	36	S.T.	158	Edgar	150
Sallie	66	Charlie	37	Sarah	88	Henry	158
Samuel	1	Cora	37	William	80	Ida	131
Samuel	1	David	174	Wm. Tolbert	38	Isaac	150
Thomas	66	Dora	37			James	56
Walter	1	Doran	37	CHURCH		Lester	159
		Earl	175	A. Dewey	123	Lucas	131
BUTNER		Elsyn	37	Ada	3	Maida	151
Joyce	85	Floyd	174	Anna	133	Oscar	164
Juanita	85	Frances	174	Claude	133	Robert	159
Oscar	85	Hattie	174	David	133	Sally	151
Zollie	85	Inez	37	Delmas	133	Sarah	150
		Jonathan	174	Denver	133	Sue	159
BYERS		Maggie	36	Dora	123	William	150
Bertha	71	Mark	37	Elizabeth	61	Winnie	10
Blaine	71	Mae	37	Eula	123		
Fred	71	Ora	174	Ivan	7	COMBS	
Mary	71	Ray	37	J. A.	152	Clara	11
R. L.	71	Sarah	174	J. C.	123	Henry	11
				J. C.	123	John	23
BYRD		CARLETON		John	133	Manuel	11
Bertha	2	Della	75	Josie	133	Margaret	11
George	2	Gerald	75	Lockie	151	Mary	11
Wm. Vincent	2	William	75	Melvin	7	Paul	11
						Robert	11

COOK		COX		CRESS		CROSSWHITE	
Estil	94	Janice	12	John	32	W. Stacy	152
Sarah	151	Robert	12	Julia	42	Walter	152
William	151			Kate	69	William	150
		CRANBY		Lamon	29		
CORNETT		Abby	52	Lawrence	42	CROWDER	
Cecile	27	Allie	52	Lillie Ethel	161	Blanch	48
Cora	137	Anna	52	Lucy	35	Edith	48
Dale	70			Luther	32	James	48
David	26	CRAWFORD		Luther	42	Leah	48
Earl	70	Callie	20	Mary Alice	30	Pearl	48
Edward	69	Irene	20	Morris	32	Pearl	48
Effie	69	Lucy	20	Nora Lee	35	Ralph	48
Floy	137	Maud	20	Paul	161	Roger	48
George	69	Nell	20	Sallie	41	Thelma	48
Harold	28	Nell	102	Samuel	41	Wiley	48
Irene	70	Roger	20	Spencer	161	Wiley Jr.	48
Jack	69			Stanley	29		
Lucy	27	CRESS		Stanley Jr.	30	CROWE	
Mary	68	Alex	42	Sylvia	161	Clay	50
Mary	69	Alva	161	Talmadge	42	Daniel	50
Mary	137	Anna Bess	32	Wilmer	32	Doris	50
Mary	137	Azel	30	Worley	35	Gladys	50
McKinley	69	Bart	69			Helen	50
Myrtle	69	Beadie	41	CRETSINGER		Jack	49
Nell	137	Beatrice	161	Acry	141	Jackie Howard	50
Oscar	70	Bess	32	Albert	141	Myrtle	50
Sallie	137	Blanch	14	Bina	141	Ray	50
Thomas	69	Blanch	42	Cecil	141	Samuel	50
Vada	70	Charlie	35	Jabin	141		
Virginia	26	Clarence	14	Josie	147	CRUSE	
W. Karl	69	Clarence	42	Lacy	147	Alice	83
Wade	27	Claude	32	Virgel	147	Elizabeth	83
Wiley	69	Claude	35			Gladys	83
William	137	Claude Jr.	32	CROSSWHITE		Herbert	83
		Clinton	161	Beula	150	James	83
CORUM		Clyde	30	Clyde	152	James	83
Bonnie	65	Colfax	42	Dallas	124	John	83
Bulah	65	Deborah	32	Elmer	152	Ora Jarrell	83
Charles	65	Delcia	161	Essie	152	Woodrow	83
Edith	76	Dudley	32	Ethel	152		
Edward	71	Eliza	29	Grace	152	CUDDY	
Georgia	71	Eliza	42	Hazel	124	Bessie	36
Julia	65	Ella Mae	30	J. E.	150	Bessie	49
Nancy	65	Elsie	42	James	124	Clarence	36
Pearl	77	Emma	35	Lester	152	Eugene	150
Roscoe	77	Eugene	35	Mary	150	Fay	36
Scott	77	Fielding	42	Minerva	119	James	25
William	76	Florence	161	Nellie	150	Joseph	30
		George	30	Obie	150	Kathleen	30
COURTNER		George	69	Robert	150	Marie	25
Jake	137	Grace	32	Ruby	152	Mary Alice	49
		Grace	69	Sally	150	Pearl	36
COX		Grant	69	Sarah	124		
Dickie	12	Helen	32	Sherman	150	CULBERTSON	
		Henry	30	Trula	150	Billie	162
		Joe	32	Ula	152	Leona	162

CURBY			DAVIDSON			DEAL			DISHMAN		
Myrtle		131	Dona		92	Samuel		19	Rosa		6
			Frances		59				William		95
CURD			Hazel		71	DICKENS					
Adeonia		95	James		59	Asburry		16	DIXON		
Alfred		95	John Russell		59	Bert		59	William		92
Carl		105	Madie		59	Charlie		22			
Claude		102	William		71	Daniel		16	DOLLAR		
Clay		95				Elizabeth		22	Charley		97
Danford		114	DAVIS			Emmitt		59	Eva		20
David		114	Ardith		54	Fred		59	Lydia		97
Della		100	Arthur		54	Jennie		22	Roby		20
Don		41	Belle		1	Jessie		59			
Emma		105	Callie		132	John		59	DONICA		
Eula		105	Callie Jane		83	John		59	Ella		127
Harold		95	Charles		46	Julia		59			
Harrison		100	Cora		97	Martha		59	DONNELLY		
Henry		102	David		3	Millie		59	Alice		8
Ira		95	Edith		54	Munsey		59	Alice		55
Jane		114	Ellen		131	Rosie		16	Carrie		12
Josie		102	Fred		46	Sallie		22	Clarence		2
Lola		44	Ida		46	Willie		59	Cora		2
Lula		41	James		131				Elizabeth		2
Lynn		95	James		132	DICKINSON			Ethel		64
Mary		44	Jessie		1	Maggie		142	Harrison		2
Mary		102	Joseph		1				Hugh		7
Nola		41	Joseph		83	DICKSON			Isaac		8
Opalee		102	Mack		132	Adamae		4	Lowery		2
Pearl		6	Marion		83	Butler		22	Lucy		2
Pearl		49	Mary		54	Ellen Ward		22	Margaret		41
Richard		102	Mary Ann		54	Mary		22	Mary		2
Roddie		6	Nellie		132	Paul		22	Mattie		41
Roddie		49	Novella Rhea		46	Robert		4	Rebecca		7
Sadie		105	Orphie		3	Roy		24	Robert		64
Susie		105	Pauline		93	Sallie		4	Ross		41
Vada		102	Pruda		93	Virginia		22	Ruth		2
Wanda		95	Purda		93				Thomas		2
William		6	R. W.		46	DILLON					
William		44	Ralph		46	Alice		21	DOTSON		
William		49	Robert		1	Alice		130	Albert		37
			Robert		93	Annie		130	Albert		47
DANISEN			Robert		97	Archie		130	Alfred		174
Carl		137	Ross		46	Ben		130	Bill		47
			Sallie		3	John		129	Caroline		174
DAUGHERTY			Sallie		83	Vena		130	David		81
Polly		62	Sallie		131	Wiley		130	Dean		47
			Soloman		83	Winnie		129	John		54
DAVENPORT			W. B.		131				Katherine		174
Cora		97	Willard		46	DISHMAN			Lizzie		47
James		97	William		97	Adolphus		95	Loretta		54
Marvin		97	William		132	Davis		6	Mary		47
			William		1	Dora		95	Mary		81
DAVIDSON			Winnie		132	Ernest		95	Maybell		54
Anne		71	Zella Mae		46	Frank		6	Mollie		37
B. Pearl		71				Glenn		6	Olive		81
Charles		71	DEAL			Loy		6	Robert		81
Charles		92	Lelia		19	Lundy		95	Robert		81

DOTSON			DOWELL			DUNN			DUNN		
Verna	38		W. C.	109		Carrilee	53		Oliva	95	
Willie	54		William	99		Celia	102		Paul	94	
						Charles	91		Pearl	101	
DOWELL			DUFFIELD			Charlie	53		Rebecca	94	
Annie	99		Cassie	28		Charlie	56		Rebecca	94	
Annie	109		Clayton	119		Clinton	95		Roby	94	
Arlene	109		Clyde	119		Dale	101		Roseanna	94	
Buela	109		Dorothy	119		Della	94		Ruby	95	
Burle	53		Eliza	119		Denver	94		Russell	94	
Charles	107		Henry	25		Dorthy	6		Ruth	101	
Danford	53		Henry	25		Edith	66		Ruth	108	
Dicey Taylor	79		Jacob	28		Edna	101		Sally	103	
Edith	100		Jacob Jr.	28		Edsel	94		Sherman	56	
Edith	109		Joyce	119		Edward	94		Stella Mae	66	
Edward	109		Mae	119		Elizabeth	53		Susie	94	
Ester	107		Marie	25		Ella	95		Thomas	53	
Florence	53		Pearl	119		Emma Mae	54		Verna	94	
Fred	100		Samuel	119		Estella	54		Victoria	53	
Fred	109		Sarah	119		Ethel	101		Virginia	29	
Geneva	109					Eva	54		Von	101	
George	107		DUGGER			Ferd	95		Wade	94	
Grady	53		Claude	155		Forrest	53		Wesley	102	
Hazel	107		Clyde	155		Fred	94		William	6	
Helen	107		Crathie	154		Fred	101		William	95	
Herbert	79		David	154		Gaston	94		William	94	
J. M.	109		Enoch	154		George	54				
J. W.	107		Mamie	154		George	56		DYER		
Janie	109		Mina	154		George	66		Fred	136	
John	109		Ode	154		George Jr.	54		John	136	
John	179		Ott	155		George Jr.	66		John	136	
Joseph	79		Peter	154		Glenn	101		Luther	136	
Junior	107		Rador	154		Henry	108		Martha	136	
Lena	109		Ralph	154		Hilda	101		Mary	136	
Lester	109		Ruth	155		Howard	6		Paul	136	
Lincoln	53		Thomas	15		Jasper	94		Sara	136	
Lydia	109		Una	154		John	94				
Mae	109		Vada	154		John	108		DYKES		
Margaret	109		Viola	154		Joseph	29		Adelia	13	
Margie	109					Joseph	56		Oscar	13	
Martin	107		DUNCAN			Julia	6		Ruth	13	
Nancy	107		Beulah	5		Junior	94				
Olive	79		Thomas	5		Laura	53		DYSON		
Opel	107					Leona	94		Andy	79	
Paralee	53		DUNN			Lester	75		Andy Jr.	79	
Polly	179		Alice	94		Lyda	75		Anna	62	
Ralph	100		Alvin	54		Mabel	94		Anna Ruth	79	
Ralph	107		Arvil	94		Mamie	95		Charlie	79	
Ray	98		Baxter	94		Mary	108		Claude	62	
Robert	98		Bess	53		Mattice	52		Cora	79	
Roy	98		Bessie	56		Maude	95		Effie	58	
Ruby	90		Betty	101		Mae	29		Etta	62	
Spencer	79		Blaine	29		McKinley	5		Greene	62	
Spencer	109		C. G.	94		Minnie	53		Jack	58	
Verda	107		Callie	29		Myrtle	54		Jeff	58	
Virda	107		Callie	56		Myrtle	94		Katherine	79	
Virginia	107		Carrie	101		Nancy	56		Matilda	58	

DYSON		EGGERS		ELDRETH		ELSWICK	
Myrtle	59	Everett	163	Vernie	104	Charles	142
Paul	59	Garfield	171	Vicie	104	Ola	142
Pauline	79	Gertrude	127	Virgil	104		
Roy	62	Grace	171	Walter	91	ETTER	
Ruby	79	Homer	58			Edith	150
Walter	59	Inez	171	ELLER		Edna	150
		James	163	Avery	139	Fred	150
EARCLAUZ		John	58	Bertha	140	Helen	150
Victor	168	Joseph	166	Bessie	139	Ray	150
		Landrine	171	Ellen	139		
EASTRIDGE		Leona	163	Gladys	140	FARMER	
Ada	80	Lillie	65	Ina	139	Anna Mae	30
Alice	112	Lizzie	177	Lena	140	Beatrice	30
Asa	80	Lizzie	177	Margie	139	Clarence	30
Beatrice	88	Louisa	177	Minnie	139	Curtis	104
Callie	112	Luther	177	Robert	139	Edgar	103
Delia	104	Mae	171	Ruby	140	Fannie	32
Effie	80	Martitia	163	William	139	Fay	30
Ethel	80	Mary	65			Gail	32
Ethel	104	Maude	58	ELLIS		Gladys	30
Everett	112	Millard	171	Billy	9	Golda	32
Fay	80	Minnie	127	Carlie	157	James	32
Flenor	96	Nelia	171	Cora	12	Laura	30
Goldia	88	Ona	177	Floyd	157	Myrtle	103
Hacker	104	Pauline	171	Grace	12	Nathaniel	104
Harley	96	Pearl	171	Ida	9	Pansy	104
James	80	Reece	177	Jennie	20	Paul	30
Joe	80	Retta	127	Louise	9	Smith	30
Lena	96	Roy	177	Mae	9	Spencer	32
Mable	96	Ruth	163	Rachel	12	Vergie	30
Mae	104	Sarah	58	Rachel	23	Verna Lee	30
Martha	80	Stacy	171	Rildy	12	Will	30
Rachel	80	Taft	171	Robert	20	Will Jr.	30
Roby	96	Venia	171	Roy	157	William	103
Ruth	80	Walter	65	Thomas	9		
Ruth	96	Wiley	177	Thomas	9	FARRIS	
Thomas	88	William	130	Virginia	157	Annie	2
Tillman	80	Willie	130	Walter	12	Betty	80
Vernie	80	Winnie	166			Cleo	80
Wilburn	104			ELLISON		Earl	79
		ELDRETH		Benjamin	164	Eva	79
EGGERS		Ambrose	91	Betty	111	Lelya	2
Ada	171	Ardener	91	Edna	164	Louise	2
Anna	166	Arless	104	Elizabeth	164	Mack	80
Bonita	130	Bertha	91	Emmett	111	Mary	80
Bruce	177	Elmer	104	Lois	164	Mary Ruth	2
Callie	130	Fanny	104	Mary	164	Maurice	2
Callie	171	Fred	104	Minnie	108	Maurice	2
Carl	171	Jean	91	Pinkney	108	Nora Faye	2
Charles	163	Joseph	91	Roy	111	Nora Mae	2
Charlie	171	Lee	90	Sallie	10	Patsy	78
Dallas	58	Lettie	104	William	164	Sarah	80
Earl	163	Maggie	91			Walter	80
Edgar	171	Minnie	91	ELMORE			
Ellen	65	Myrtle	91	Maude	88	FARTHING	
Emmett	171	Robert	104			Abner	14

FARTHING		FLECHER		FORRESTER		FRITTS	
Abner	20	Edna	154	Iran	61	J. M.	15
Millie	20	Kermit	154	James	21	James	65
		Lena	154	James	73	James	89
FENNER				John	25	John Parker	89
Alex	25	FLINCHUM		Johnny	76	Joseph	14
Anna	135	Bob	19	Josephine	26	Juanita	89
Arthur	25	Henry	19	Lennith	96	Lettie	124
Bertha	134	Mary	19	Lester	26	Lois	124
Blanch	123			Lola	25	Margaret	124
Callie	137	FOISTER		Lona	163	Mary	88
Charlie	36	Dolphus	177	Luther	21	Mary Frances	54
Dana	135	Flossie	177	Luther	62	Nancy	14
Darris	36	John Hager	177	Marie	96	Norman	65
Dayton	134			Marvin	21	Phyllis	124
Dewey	136	FORD		Mary	102	Reuben	54
Eugene	25	Clara	143	Paul	26	Ross	54
Everett	135	Conda	143	Ralph	21	Sarah	65
Fred	36	Pearl	143	Ruth	96	Scott	55
Fred	123	Roy	143	Sallie	26	Sidney	54
George	123	William	143	Sallie	73	Theodore	65
Gertie	135			Sara Julie	102	Thomas	88
Glee	133	FORRESTER		Sarah	81	Viney	54
Gurney	36	Andrew	25	Smith	73	Virgie	65
Ham	123	Asa	101	Texie	21	Walter	54
Harrison	133	Bertie	3	Verna	61	Wayne	124
Hattie	25	Candie	21	Virginia	73	Willis	54
Henry	36	Carl	26	Willie	26		
Jessie	133	Caroline	97			FULCH	
Joe	137	Carrie	21	FOSTER		James	152
Julia	35	Charles	96	Roy	24	Joseph	152
Lem	35	Charlie	3				
Maggie	25	Clyde	3	FREEMAN			
Mattie	123	Conley	96	Blaine	67	FULLER	
Nellie	36	Dana	163	Katherine	67	John	80
Nellie	137	Davis	25	Mary	67	Rosa	1
Ollie	35	Dewey	61	Ruth	67	Sarah	80
Oma	136	Dicey	96	Thomas	67	Selmer	1
R. C.	133	Dora	61	Thomas	67		
Robert	25	Edith	96	Truett	67	FURCHESS	
Robert	35	Ella	3	Walter	67	Albert	45
Ruth	36	Elsie	21			Alex	45
Susan	25	Elsie	97	FRITTS		Bina	47
Theodore	136	Ernest	96	Alex	54	Callie	45
Tiny	36	Ettie	26	Anna	55	Dan	47
Verna	133	Eva	96	Cessie	54	Harold	47
Walter	137	Evelyn	61	Charlie	54	John	156
William	36	Everett	163	Daniel	65	Joseph	156
		Fay	25	Doris	15	Lester	47
FLANIGAN		Frances	97	Elbert	124	Mae	156
Matt	5	Geneva	61	Ella Frances	54	Nancy	47
Sallie	5	Geneva	163	Emma	14	Rose	156
		Geraldine	61	Ernest	65	Scott	47
FLETCHER		Hattie	102	Ettie	89	Ulysses	156
Bertha	154	Henry	26	Gladys	65	Vernia	47
Blanche	154	Hobert	21	Howard	65		
Cecil	154	Howard	21	Isaac Newton	88		

GAMBILL		GARLAND		GENTRY		GENTRY	
B. Smith	102	Mary	146	Bertie	50	Franklin	160
Charlotte	102	Matilda	145	Bess	25	Garnett	76
Dana	102	Matthew	132	Bill	57	Garret	161
Hazel	104	Maud	14	Blanch	76	Garrett	76
Henry	102	Mitchell	146	Blanche	57	Gather	57
Mary	102	Myrtle	145	Boyd	28	Gather	159
Payton	104	R. D.	142	Bruce	28	General	25
Polly	104	Riley	143	Carl	11	General	57
Roy	102	Robert	147	Carl	28	Geneva	57
		Robert	153	Charles	86	George	64
GARLAND		Ronda	142	Charles	68	Gertie	41
Ada	147	Rosie	150	Cheslie	68	H. Lester	64
Alice	154	Ruchia	143	Chester	160	Harold Wayne	58
Allen	142	Ruth	153	Clarence	142	Hattie	57
Ambers	132	Sam	150	Conley	26	Hattie	67
Ambrose	153	Stella	143	Cora	76	Hattie	73
Anne	154	Stella	147	Cordia	26	Hayes	51
Arville	154	Thomas	149	Coy	28	Hazel	51
Belle	132	V. T.	154	Curtis	136	Hazel	28
Catherine	153	Vance	154	D. Ellen	65	Hazel	76
Cebert	145	Venie	153	Dale	57	Herbert	160
Charles	154	Vennie	142	Delbert	85	Ida	159
Cinda	154	Virginia	146	Della	76	Iretia	51
Clostine	154	Walter	154	Della	76	Isaac	51
Dale	142	Warren	150	Delmas	57	J. D.	76
Doug	153	Wilma	154	Denton	66	J. D.	136
Edgar	14			Dewey	66	J. Wesley	27
Edgar	142	GARR		Docia	76	Jack	11
Eliza	145	Clayton	78	Earl	137	Jacob	76
Eliza	154	Cordelia	78	Edgar	56	James	56
Emma	153	Dayton	78	Edward	26	James	56
Etta	146	Florence	78	Edward	76	James	66
Evelyn	147	Hansel	78	Elbert	137	James	74
Fleet	153	Hazel	78	Eliza	86	James	74
Fred	145	Mara	78	Elizabeth	64	James	76
Fred	147	Roy	78	Elizabeth	89	James	86
Georgia	153	Walter	78	Ella	57	James	136
Gertie	157			Elsie	28	James	161
Gordon	150	GENTRY		Elsie	137	James	66
Hazel	132	Ada	85	Emory	57	Jessie	67
Herbert	150	Alex	57	Ernest	76	Jessie	86
Herman	153	Altha	161	Ernest	85	Jessie	136
Homer	147	Ambrose	85	Ester	76	Jessie	68
Hugh	153	Amel	161	Ethel	28	Joe	50
I. C.	145	Ancil	160	Eugene	137	John	89
J. L.	154	Andrew	63	Everet James	57	Joseph	80
James	144	Andrew	85	Everett	28	Junior	76
James	147	Annie	136	F. Russell	64	Kate	74
Jessee	145	Arthur	58	Fannie	56	Katie	27
Jessie	150	Arthur	76	Fannie	58	Kelly	89
Landon	168	Arvil	159	Ferd	75	Kyle	26
Lilly	150	Benjamin	159	Ferdinand	136	Lafayette	51
Lula	147	Belle	86	Florence	76	Laura	57
Mabel	143	Belva	76	Frances	89	Lawrence	76
Maggie	168	Bernalene	51	Frances	136	Leigh	32
Marion	154	Bertha	136	Frank	86	Lester	86

GENTRY		GENTRY		GILBERT		GOODWIN	
Lizzie	26	Rosie	136	Joseph	86	Lucia	33
Lola	28	Ross	28	Laura	86	Mary	33
Lorraine	58	Roy	28	Louise	86	Nora	126
Luther	76	Roy	68	Mae	86	Paul	33
Luther	89	Ruby	57			Ronder	126
Mack	86	Ruby	89	GILLEY		Ruby	126
Mamie	26	Ruth	57	Bulah	145	Samuel	126
Mandy	56	S. T.	159	George	145		
Margaret	76	Sallie	86	Hagai	145	GORDON	
Marie	57	Sam	15	Henry	145	Maud	14
Marjorie	41	Sammy	136	Lester	145	Mildred	14
Mark	160	Sarah	51	Maggie	145	William	14
Martha	25	Sarah	76	Moses	145		
Martha	50	Scott	91	Roy	145	GRANT	
Martha	80	Selmer	56			Edgar	47
Martha	89	Shelton	32	GILLILAND		Edna	47
Martha	90	Shelton	74	John	88	Fannie	60
Martha	160	Sherlock	25	Lester	88	Hazel	47
Mary	34	Stacy	28	Lillie	88	Mary	47
Mary	63	Stacy	58	Spencer	88	Nancy	47
Mary	74	Stacy	89	William	88		
Mary	80	Susan	89			GRAYBEAL	
Mary	136	Susan	51	GLENN		Maud	24
Mary	160	Thelma	51	Goldia	17	Nancy	24
Mary	89	Thelma	76	James	17	Rufus	130
Mary	68	Thelma	89	Lula	17	Sidney	130
Mary Sue	51	Theodore	76	Maude	17		
Maude	86	Therman	57	Myrtle	17	GRAYSON	
Mildred	161	Tully	41	Trula	17	Albert	83
Milton	68	Urcel	76			Bess	2
Minerva	27	Vada	76	GLOVER		Clarence	88
Myrtle	76	Verna	26	Ernest	25	Dallas	88
Nancy	137	Vernie	160	Fay	25	Edgar	88
Nanny	51	Victoria	76	Jess	25	Fannie	87
O. Ruth	64	Viola	26			G. B.	87
Onie	86	Virginia	89	GOINS		Grace	169
Ora	68	Virginia	136	Charlie	48	Hobert	83
Ottis	35	W. Oliver	68	Edward	38	Howard	88
Paris	51	Walker	89	Mary	48	John	2
Parlee Sara	11	Wallace	74	Nero	48	Julia	169
Pauline	35	Walter	26	Pearl	48	Lillie	88
Pauline	56	Walter	80	Theodore	48	Louise	169
R. D.	89	Walter	86	Wiley	108	Mary	83
R. Fred	64	Wayne	161			Pauline	83
Raymond	67	Will	26	GOODWIN		Rebecca	2
Raymond	76	Willie	26	Ailana	126	Rosa	88
Reba	15	Wilma	67	Alva	126	Ruth	83
Rebecca	11	Woodrow	50	Betty	126	Thomas	169
Rebecca	68			Bradley	33	Tommy	169
Rebecca	73	GERALD		Bulah	126		
Richard Henry	65	Andrew	156	Ethel	33	GREEN	
Robert	11			J. Lawson	33	Alice	40
Robert	11	GILBERT		James	33	Ellen	40
Robert	34	Clayton	86	Joe	126	Ethel	40
Rod	160	Dailey	86	John	33	James	40
Rosecrans	137	Edna	86	Lorane	126		

GREENE		GREER		GREER		GREER	
Amanda	166	Floyd	73	Mable	164	Tom	178
Bonnie	166	Frank	164	Magalee	88	Tommy	84
David	166	Fred	77	Marcie	180	Velma	66
Geneva	166	Fred	108	Margaret	66	Vinton	84
Hartley	166	Fred Wiley	21	Martha	68	Violet	77
Rose	166	Freeman	84	Mary	78	Virgie	73
Vonda	166	Garfield	37	Mary	118	Virgie	84
Wanda	166	Garland	75	Mattie	156	Virginia	21
		Gertie	99	Maudalin	148	Vonda	148
GREER		Gladys	21	Maude	87	Walter	65
Adelaid	60	Gladys	66	Milton	86	Walter	73
Albert	99	Gladys	118	Nancy	75	Wayne	84
Alice	76	Glen	178	Nancy	148	Wilburn	78
Annie	73	Glen	180	Nancy	178	Wiley	74
Annie	74	Glenn	118	Nellie	66	Wiley	108
Annie	76	Golda	115	Nettie	75	Wiley	117
Annis	21	Golden	178	Nettie	166	William	75
Ardna	87	Gurney	108	Noah	86	William	152
Arthur	84	Ham	140	Ollie	76	William	61
Avery	115	Harley	37	Ollie	108	Wilma	76
Ben	60	Hattie	75	Oma	178	Woodrow	84
Ben	178	Hattie	108	Ora	75		
Benjamin	68	Hazle	76	Oren	87	GREEVER	
Bertha	115	Helen	21	Oscar	75	Clarence	13
Bessie	75	Henry	60	Paul	87	Evelyn	13
Bessie	78	Homer	180	Pearl	86	Ivalee	14
Beulah	115	Hunter	77	Pearl	115	James	13
Bradley	75	Ida	21	Polly	84	Mattie	13
Bulah	37	Ida	180	Ralph	87	Stedman	13
Burton	75	Jefferson	73	Ray	78	William	14
Buster	37	Jessie	166	Ray	84		
Callie	77	Joan	140	Raymond	180	GREGG	
Charles	166	Joe	180	Rennie	164	Arlie	131
Chester	66	John	76	Robert	19	Buford	131
Clyde	37	John	76	Robert	115	Bulah	131
Dallas	115	John	84	Roby	108	Edith	131
David	115	John	108	Roby	148	John	131
David	115	John	178	Roosevelt	37	Laura	131
Delmus	37	John Isaac	37	Rosa	73	Luther	131
Dillon	180	Joseph	21	Rosa	115	Mamie	131
Dorothy	75	Joseph	78	Roxanne	178	Paul	131
Earline	21	Joseph	180	Roy	73	Susan	131
Ed	76	Julia	178	Royce	84		
Effie	78	Laura	87	Ruby	86	GRIFFIN	
Effie	86	Laura	88	Ruth	86	Hessie	142
Ellen	148	Laura	108	Sallie	84	James	142
Ellie	166	Leona	68	Samuel	73	Landers	142
Ellis	86	Lester	178	Sarah	88	Lena	142
Elsie	88	Lola	84	Sinda	37	Leona	83
Elva	117	Lola	178	Sophia	68	Nancy	142
Elzie	84	Loretta	140	Stacy	108	Robert	83
Ernest	87	Loretta	148	Stanley	73	Stella	142
Estel	86	Luke	140	Susana	148	Thomas	142
Ester	164	Lula	87	Texie	84	William	142
Eugene	87	Lura	75	Thelma	108		
Fay	84	Lyle	77	Tisha	148		

GRINDSTAFF		HAM		HAMMONS		HARPER	
Conley	55	Della	85	Roosevelt	103	Annie	134
Herman	55	Effie	85	Roy	104	Arlene	72
Louise	14	Eli	82	Ruth	102	Clara	136
Myrtle	55	Garfield	85	Thelma	104	Clarence	150
Nadine	55	Joseph	85	Thelma	105	David	134
Pascal	55	Josie	82	Thomas	104	Dicey	134
Vorieta	55	Lester	85	Vada	103	Dottie	125
		Nancy	85	Viola	101	Edna	150
GROGAN		Pauline	85	W. M.	103	Elsie	136
David	163	Sarah	85	Wade	104	Elva	135
Geraldine	163			William	105	Floyd	136
Hunter	163	HAMBY				Frank	136
Irene	163	Edgar	60	HAMPTON		Helen	136
Minnie	163	Gentle	74	David	109	James	72
Ollie	163	Wiley	74	Emma	109	James	136
Pearl	163			Fay	109	Jerry	135
		HAMMONS		Georgia	109	Jestie	137
GUY		A. W.	102	Lillard	109	John	134
Bill	167	B. F.	102	Margie	109	Lawton	72
Gladys	167	Bernice	102	Pauline	109	Lawton Jr.	72
Harold	167	Bessie	103	Victoria	107	Lee	125
Ira	167	Blanch	102	W. W.	109	Louise	72
Mabel	167	Bonnie	105	Waneta	109	Millie	72
Mildred	167	Conley	102	Zollie	109	Nelson	125
		Edward	105			Noah	136
HACKADAY		Edward	102	HAND		Pauline	136
Don	168	Emma	102	Carl	82	Robert	150
Eula	168	Emma	104	Carrie	82	Rosie	136
Floy	168	Erline	105	Delmar	82	Ruby	134
Lucille	168	Ernest	105	Dulois	82	Ruth	136
Pauline	168	Florence	99	Henry	82	Vick	136
		Fay	102	John	82	Virginia	136
HALE		Gladys	101	Mary	82		
Ottis	142	Ida	104	Minnie	82	HARRIS	
		Ida	105	Paul	82	Francis	68
HALL		Janetta	103			Fred	1
Bell	36	John	99	HANEY		Lucy	68
Blanch	113	John	103	Catherine	160		
Clydie	113	John	103	Ocid	160	HAWK	
Della Lou	58	Junie	103			Hubert	161
Dorotha	102	Lacy	104	HARBIN		Leona	158
Emma	102	Lora	102	Athie	136	Lola	158
Harley	102	Lue	102	Ella	133	Marvin	158
James	113	Mary	101	Essie	137	Rhubian	158
John	113	Mattie	101	J. L.	133	Vergie	158
Junior	58	Mattie	102	John	133	Villa	158
Lucy	58	Millard	101	Juanita	137	Weston	158
Luke	113	Nancy	104	Leonard	137		
M. C.	102	Nina	102	Mattie	137	HAWKINS	
Mary	113	Paul	102	Ruth	137	Belle	1
Mae	58	R. B.	105	Stacy	136	Burt	1
Morris	113	Ray	102	Verna	133	Charles	67
Rittie	58	Raymond	103			Clarence	67
Waunita	102	Rebecca	171	HARDIN		Cora	1
		Robert	99	Thomas	12	Della	1
		Robert	104			Edison	89

HAWKINS			HEABERLIN			HENSON			HINES	
Edison Jr.	90		Edward	140		Annie	70		Nancy Alice	33
Flora	64		Iva	140		Bonnie	62		William Lide	33
Frank	67		Nancy	140		Bonnie	70			
Fred	51		Noah	140		David	36		HINKLE	
Fred	1		Sophie	140		Dora	70		Bena	124
George	90					Fay	36		Vada	124
Harry	67		HEAD			Fred	70			
James	64		Charles	63		Greg	70		HOCKEDY	
James	64		George Jr.	82		Harry	70		Grace	106
Jeannie	89		J. G.	105		Leota	70		Lennis	106
Joseph	64		John	105		Mary	70		Opal	106
Julia	90		Oma	105		Polly	36		Rosa	106
Lena	1		R. S.	105		Rachel	70		Ross	106
Lillian	68		Rachel	63		Ray	70			
Louise	1		Rebecca	53		Robert	36		HODGE/HODGES	
Malcomb	1		Ronda	105		Roy	36		Amia	53
Margaret	64		Roy	105		Roy Jr.	36		Annie	155
Margaret	67		Ruth	105		Susie	36		Annie	173
Martitia	68		W. Scott	105					Arthur	155
Mary	68					HERNDON			B. F.	173
Mary	89		HEATON			Bessie	109		Bessie	55
Minnie	68		John	130		Bonnie	109		Bonnie	173
R. B. Jr.	68		Mack	130		Dana	109		Elizabeth	125
R. Bruce	68		Millie	130		Henry	109		Emma Lou	155
Rex	90		Wilma	173		Margie	109		Fern	173
Ruth	67								George	155
Stacy	68		HECK			HICKS			Grace	53
Velma	68		George	36		Alice	125		James	55
Virginia	64		Sarah	36		Bessie	125		James	55
Wiley	68		Wade	36		Eliza	56		John	155
William	1		Wiley	36		Eva	125		Lossie Ann	155
William Jr.	1					Frank	125		Mae	173
Wilton	68		HENDERSON			Herbert	125		Mary	109
			Briley	73		James	125		Minnie	153
HAWKS			Charles	83		Jane	126		Nathan	155
Ervin	161		Mavis	73		John Buck	126		Ralph	55
Fred	159		Ora	73		Kermit	125		Ruby	173
Helena	159		Paul	83		Lester	125		Stacy	173
Howard	161		Ruby	83		Rosetta	125		Stephen	153
Lula	161		Silis	83		Wiley	130		Wiley	155
Ruebin	159					William	125			
Sally	159		HENDRIX			Winnie	125		HODGSON	
Thurman	161		Cad	56					Eugene	139
			Docia	56		HILL			Laura	139
HAYES						A. J.	143			
Callie	84		HENRY			Edith	48		HOLCOM	
Nellie Mae	84		Jeff	137		Elizabeth	48		Branson	13
Ruby	84					Ollie	81		Laura	13
William	84		HENSLEY			William (W.Y.)	48			
			Eugene	30					HOLLOWAY	
HAYWORTH			Hassie	30		HINES			Nina	9
Burl	102		Helen	30		Bessie	148			
J. Quincy	78		Ida	30		Dale	148		HOLTZHOUSER	
Martha	63		J. T.	30		Edna	33			
						Emma Jane	33		Rachel	13
						Herbert	149			

HONEYCUTT		HOWARD		HUFFMAN		ICENHOUR	
Robert	15	Charlie	33	Armittie	85	Charlie	57
		Chester	115	Charles	85	Conrad	57
HOPKINS		Clyde	110	Elenor	85	Ellen	23
Mary	137	Crissie	60	John	85	Elmer	55
		David	98	Mary	85	Emmaline	23
HORN/HORNE		David	106	Maude	85	Ernest	44
Aira	130	Delia	99	Robert	85	Grace	57
Andrew	23	Doris	116			Grady	44
Belma	131	Earl	77	HURLEY		Haskell	38
Bernie	131	Edna	13	Geneva	83	Hattie	23
Butler	23	Edna	95			Hazel	57
Edna	130	Edward	98	HUSKINS		Hester	57
Emmett	130	Eliza	116	Betty	57	Jessie	57
Euina	5	Elizabeth	110	Chester	12	Joel	55
Eula	23	Ella	106	Dallas	57	John	55
Ida	23	Eula	77	Emory	57	Laura	10
Jady	23	Fred	95	Fred	57	Luther	57
Julia	13	George	110	Jimmy	57	Marvin	55
Julia	16	Gladys	98	Mamie	57	Millard	57
Lincoln	23	Glenn	95	Raymond	57	Nannie	44
Louis	131	Hallie	77	Ruth	57	Nellie	20
Margaret	23	Hamilton	116			Nellie	23
Mary	130	Hayes	115	HUTCHINSON		Pauline	44
Maud	23	Hazel	77	Ada	141	Pearl	57
Maude	16	Hester	77	Ada	143	Pearl	57
Mildred	52	Ida	110	Alta	141	Ray	44
Nannie	131	James	95	Billy	143	Raymond	57
Paul	16	Luther	106	C. B.	141	Roy	44
Robert	130	Mattie	106	Danfey	141	Ruth	20
Steve	131	Nell	115	Fred	140	Ruth	23
Sylvia	52	Nora	115	Grover	141	Ruth	44
Thomas	52	Pauline	98	Harry	143	Samuel	55
Willie Gray	23	Pearl	95	Helena	143	Selmar	57
		Robert	106	Herman	161	Thomas	20
HORNER		Roby	77	Iretta	141	Vina	55
Forrest	15	Roby Jr.	77	Jennie	161	Virginia	57
		Ross	106	Jimmy	143	William	55
HORTON		Russell	95	John	161		
Elizabeth	17	Sarah	33	John	143	ISAACS	
Fonzil	17	Susan	106	Lilburn	161	Bell	123
Laurie	17	Susie	98	Lillian	161	Calvin	123
		Tisha	95	Maggie	143	Carroll	120
HOUCK		Tisha	98	R. G.	143	Chester	123
Ada	66	Trula	77	Robert	141	Erline	123
Carl	66	Wade	33	Robert	143	Fay	123
Dora	66	Wallace	99	Sally	140	George	6
Edith	66	Wheeler	115	Sam	162	Glen	6
Estil	66	William	60	Verlon	141	Grayson	6
Ethel	66			Walter	161	Jack	6
J. T.	66	HOWELL		William	161	James	123
Louise	66	Bernie	67			Lucille	6
		Robert	47	ICENHOUR		Mary	6
HOWARD		Tempie	67	Berl	57	Mini	123
Anna	33	Violet	67	Bessie	57	Minnie	6
Bruce	33	Vivian	67	Blanch	20	Rosa	120
Burton	106	Willard	67	Bonnie	55	Roy	120

ISAACS		JENKINS		JOHNSON		JOHNSON	
Ruth	123	Ray	50	Emma	27	Ruth Mae	43
		Robert	50	Eugene	43	Sallie	164
JACKSON		Rosa	56	Eva	8	Sam	96
Nannie	63	Roy	70	Evelyn	42	Sarah	22
Rudd	12	Sarah	25	Fred	98	Sarah	23
		Sarah	50	George	129	Selmer	54
JENKINS		Sarah	42	Georgia	12	Smith	9
Allen	55	Susie	166	Gertie	143	Verna	98
Annie	70	Thomas	50	Grady	9	Virgie	98
Annie	70	Thomas	70	Hassie	98	W. Dent	98
Belle	71	Venia	70	Hattie	27	Walter	27
Besty	50	Walter	50	Hattie	96	Walter	56
Calvin	55	Wesley	70	Hazel	35	William	35
Carrie Cole	9	Willmer	42	Henry	9	Zollie	98
Cissie	42			Hettie	96		
Claude	50	JENNINGS		Ida	9	JONES	
Davis Hayes	51	Ashley	52	Irene	96	Albert	61
Docia	42	Clyde	40	James	8	Americus	61
Dora	70	Daniel	52	James	9	Anna	19
Effie	13	Dean	167	James	27	Beatrice	8
Ellarae	13	Edgar	52	James	164	Bell	27
Etta	55	Emma	169	James Jr.	27	Bonnie	106
Franklin	70	F. C.	8	Joseph	42	Carl	106
George	28	Fay	52	Julia	129	Casey	158
George	70	Howard	41	Kermit	54	Clarence	161
Gladys	50	John	40	Lillian	98	Daisy	12
Hattie	25	Martha	40	Lilly	95	Danford	158
Hazel	56	Maybell	41	Lily	9	Dorothy	61
Jacob	25	Oscar	41	Louise	164	Edward	11
James	50	Pauline	52	Mable	98	Effie	106
Jesse	81	Perdie	40	Mack	9	Elmer	105
Jewell	13	Rebecca	40	Madge	34	Emmaline	61
John	71	Thomas	52	Mae	98	Estie	107
Karl	70	Verline	41	Mae	22	Eula	127
Kate	56	Vernie	127	Manuel	98	Eula Wilson	11
Lennis	166	Vivian	52	Martin	34	Eveline	158
Louise	70	William	40	Mary	63	Fannie	151
Luther	50			Mary Jane	35	Fay	151
Mae	13	JOHNSON		Maty Belle	98	Floyd	61
Marelda	166	A. C.	94	Maude	34	Frank	105
Martha	55	Andrew	62	Nellie	94	Frank	158
Mary	70	Bess	27	Nettie	54	Fred	11
Maynard	55	Bessie	54	Nora	42	Ham	154
Myrtle	54	Bonnie	27	Oma Payne	12	Harry	27
Nancy	10	Bruce	96	Orville	12	Hayes	19
Nancy	55	Burla	129	Oscar	95	Helen	158
Nathaniel	70	Carma	98	Paul	22	Herbert	11
Nell	81	Charles	42	Ray	56	Isabella	127
Newton	54	Clarence	27	Rebecca	34	James	19
Norva	42	Claud	98	Rebecca	56	James	11
Paris	28	Cynthia	42	Robert	22	James	11
Paul	56	Dana	98	Robert	23	Jennie	151
Phoebe	28	Don	56	Robert	56	Jessie	158
R. C.	56	Edward	34	Ronda	129	John	11
Ransom	70	Elizabeth	9	Russell	129	Larry	27
Ransome	28	Elvira	62	Ruth	96	Laura	151

JONES		KEYS		LANDERS		LEFFMAN	
Lockey	158	Kate	90	Mary Alice	59	Carl	76
Losanna	161	Martha	90	Peter	59	Claude	91
Mae	105	Sallie	65			Columbus	76
Mandy	12	Susan	90	LANDORE		Dessie	75
Margie	8	Viola	90	Annie	150	Eveline	75
Mary	61			Fannie	150	Fannie	76
Myrtle	61	KILBY		Laura	150	Frank	75
Nellie	27	Belvia	79	Lizzie	150	Harris	73
Nora	127	Jack	79	Mary	150	Helen	73
Ollie	105	James	79	Robert	150	Jasper	65
Orin	158	Marie	79	Robert	150	Josie	76
Park	8	Nancy	79			Kirby	73
Paul	11	Rose	79	LATHAM		Martha	65
Paul	27			Annice	88	Martha	76
Preston	107	KING		Eugene	92	Martitia	75
Robert	11	Charlie	21	Fannie	92		
Robert	27	Della	19	Jacob	88	LEFLER	
Robert	127	Earl	21	Lillie	88	Clyde	42
Rosa	105	Grace	19	Lillie	92	Ethel	42
Ruby	158	Hazel	21	Mary	92	Fannie	42
Shelton	12	J. C.	21			Flora	42
Stella	19	James	21	LAWRENCE		Hanna	8
Verna	128	Leroy	19	Birdie	166	James Jr.	30
Will	27	Lottie	19	Cassie	164	Joe Thomas	8
William	128	Louise	21	Cecil	166	Lou Venia	42
William	61	Mary	21	Earl	164	Myrtle	30
Winfred	151	Mary	21	Eleanor	164	Nelia	42
		Oscar	21	Emma	166	Newton	42
JORDAN		Paul	21	Fuller	166	Oscar	30
Beatrice	123	Ruby	21	John	166	Roy	42
Curtis	134			Martin	164		
Deadrick	134	KIRBY		Paul	166	LETHCOE	
Eva	134	Mary	12	Ruth	166	Earl	47
Fred	125	Rose	12	Wright	166	Effie	47
Golda	125	Wade	12			Lizzie	47
Hattie	123			LAWS		Louise	47
Hershel	134	KOSDIS		James	115	Ruby	47
Hugh	123	Betty	100			Till	47
James	125	Mae	100	LAWSON			
Jimmy	134	Virginia	100	Dewey	2	LEWIS	
Lillie	134			Doris	2	Ada	97
Martha	126	LAMBERTSON		Hattie	2	Adolphus	112
Mary	125	Jessie	55	James	2	Albert	139
Opal	134			John	2	Ancel	107
Samuel	125	LANCASTER				Anna Bess	26
Vada	125	John	43	LEE		Asa	12
Willis	125	Richard	43	Bertha	43	Bell	107
Willis Jr.	125	Thelma	43	Jemima	120	Ben	107
				Katherine	120	Bethel	112
KENT		LANDERS		Mary	120	Billy	10
Beatrice	7	Anna Bell	59	Mattie	43	Bruce	40
J. D.	7	Bruce	59	Roby	120	Bruce	93
Lillian	7	Floyd	59			Bruce	112
		Franklin	59	LEFFMAN		Byron	147
KEYS		Fred	59	Annie	75	Callie	97
Guy	90	Lilly	59	Callie	73	Carl	112

LEWIS		LEWIS		LIPFORD		LOMAX	
Charlene	107	Lillie	112	Donald	97	Clarence	41
Chelsie	139	Lola	112	Doyle	106	Eugene	41
Chloe	39	Lola	139	Edward	140	Geneva	18
Clarence	44	Lucille	10	Elbert	99	George	18
Chloa	93	Lyna	112	Estel	111	Hattie Belle	41
Chloe	107	Margaret	10	Fastine	106	James	41
Creta	138	Margaret	43	Fred	97	Jeremiah	18
Dan	44	Margie	147	Glenn	99	Mary	18
Dana	112	Marie	26	Hazel	97	Maud	18
David	139	Marion	43	Hazel	97	Ralph	18
Dela	107	Mary	40	Hazel	141	Sylvester	41
Delbert	112	Mary	93	Lorene	140	Thomas	41
Della	97	Matilda	107	Luther	140		
Della	133	Nannie	10	Mae	106	LONG	
Dorthy	107	Nellie Grace	107	Marvin	99	Bessie	144
Dwight	39	Ollie	112	Nelia	140	C. R.	123
Dwight	93	Palmer	39	Nellie	99	Conrad	144
Edgar	107	Paul	97	Nora	99	Cynthia	145
Edith	112	Retta	26	Norma	106	Dica	117
Edith Verlee	43	Rettie	26	Perry	106	Don	144
Edna	82	Rosa	7	R. G.	106	Doyle	144
Ellen	97	Rosa	39	Ralph	106	Edith	145
Ellen	145	Rosa	93	Ray	106	Edward	142
Ernest	133	Rosenia	107	Ruth	141	Eliza	123
Ethel	107	Ross	10	Sallie	106	Ellen	142
Failie	107	Roy	26	Sherman	111	Frances	142
Frank	107	Roy	107	Tishia	140	Gertrude	124
Fred	107	Roy	107	Vennie	140	Giles	143
Fred	139	Ruby	112	Verda	111	H. R. Jr.	117
George	107	Rufus	10	Vira	97	Harris	117
Gladys	40	Ruth	26			Hila	144
Gladys	93	Ruth	112	LOCKHART		Ira	144
Gladys	97	Ruth	145	Arnie	67	Isaac	144
Golda	39	Sally	147	Asith	67	Jefferson	144
Golda	93	Spencer	107	Betty	67	John	117
Grace	97	Sue	43			Joseph	117
Hallie	107	Thomas	7	LOGGINS		Loyd	145
Harry	10	Vance	39	Annaline	127	Lundy	142
Hazel	39	Verner	40	Annie	127	Mary	117
Hillary	107	Vernon	93	Beatrice	121	Onzala	143
Hollie	112	Vinnie	112	Charles	127	Opie	143
Homer	43	Volna	112	Clint	121	Pansy	143
Hoover	145	W.M.	112	Daisy	155	Ralph	145
Hugh	10	Wade	97	Elmer	121	Reba	117
Ines	112	Wilburn	145	Hilda	121	Roanza	117
J. W.	26	Willie	26	Jack	127	Vida	143
James	147	Wilson	10	James	127	Willa	144
Jasper	26	Zola	107	Jarrett	121		
John	97			John	127	LONNEY	
Joseph	82	LIPFORD		Junior	155	Daralean	63
Josie	82	Arch	140	Maggie	127		
Junior	112	B. V.	97	Mary	121	LOVE	
Kemp	145	Bamman	106	Murray	121	Beatrice	168
Lawson	10	Claude	97	Noah	155	Edith	13
Lena	97	Clint	111	Venia	127	Edna	13
Lida	107	Dana	97			Ella	168

LOVE		LOWE		LOWE		MADRON	
George	167	Gladys	128	Walter	23	H. E.	171
Geter Jr.	13	Grace	119	Walter	122	Hassie	4
Helen	168	Herbert	127	Wayne	129	Janice	64
Howard	168	J. L.	118	William	119	Karl D.	4
James	168	Jackson	123	William	119	Lois	172
Joe	168	Jacob	125	William	122	Lon	64
Lizzie	167	James	128	William	127	Lonie	171
Mary	13	Jane	122	Willie	123	Lou Vennie	171
Ople	13	Jean	123	Winnie	119	Lucille	171
Rebecca	3	John	61			Margaret	171
Roger	167	Joseph	119	LOYD		Millie	172
Ruby	167	Junie	123	Alice	125	Millilea	171
Tracy	168	Junior	127	Edward	125	Nora	64
Virginia	13	Kemp	119	Ethel	122	Paul	15
William	13	Kermit	119	Eugene	125	Reba	64
Willine	168	Lee	122	Florence	125	Robert	64
		Lionell	127	Jimmy	122	Robert Jr.	64
LOWE		Lois	118	Mary	122	Russell	64
Amanda	118	Lon	119	Retta	122	Ruth	171
Angel	119	Lottie	119	Robert	122	Ruth	64
Anna	118	Lucinda	122	Sarah	23	Ruth	171
Anna	119	Lura	129	Tennessee	125	Sara	171
Belle	127	Martha	119	Walter	122	Sue	64
Bert	122	Mary	122			T.	64
Bertha	129	Maud	122	LUNDY		T. A.	172
Bessie	118	Mildred	125	Bell	45	Tol	64
Bessie	119	Nat	119	Charlene	45	Virginia	64
Betty	118	Ned	119	Daniel	45		
Blanch	119	Nell	122	Dorothy	45	MAHALA	
Callie	119	Noah	129	Margaret	45	Cicero	178
Cassie	118	Nora Jane	125	Mary	45	Clarence	178
Cassie	121	Opal	118			Docia	178
Celia	119	Paul	118	LUTTRELL		Edna	178
Cessie	119	Pearl	123	Mary	50	Harrison	178
Charles	127	Pearl	129			Norine	178
Clarence	119	Ray	127	LYON		Vernon	178
David	125	Retta	61	Trula	20	Vestie	178
Delmer	120	Roby	120			Vina	178
Dewey	118	Roy	121	MABE		Walter	178
Dollie	127	Ruth	119	Blanche	71		
Dora	127	S. C.	118	Cettie	79	MAIN	
Doran	119	Samuel	119	Earl	71	Amanda	172
Doris	123	Samuel	122	French	71	Annie	140
Dorothy	119	Sarah	121	Martha	79	Blanch	140
Doxie	119	Sherman	127			Boyd	139
Earl	118	Smith	118	MACHAMER		Callie	163
Earla	125	Sue	120	Pauline	12	Chance	167
Edgar	118	Suma	127	Roy	12	Charles	140
Edwin	119	Trula	127			Dana	139
Elizabeth	118	Vance	129	MADDOX		Dock	163
Etta	119	Velma	119	Troy	137	Earl	139
Eulis	118	Verna	120			Edwin	167
Eva	127	Verna	119	MADRON		Frank	167
Farley	119	Virginia	118	Betty Jo	4	Gillem	167
Florence	118	Virginia	125	Curtis	171	Glen	163
Foy	119	Von	119	Earl	171	Grace	167

MAIN		MANUEL		MAST		MAY/MAYS	
Hanna	167	Effie	140	Mary	95	Burl	153
Harly	139	Ina	140	Ruth	37	Cecil	168
Hattie	172	Joe	140	Tice	37	Dean	173
Hazel	164	Margaret	141	Wiley	95	Della	101
Hazel	172	Rebecca	141			Dian	173
Helen	168	Russell	141	MATHESON		Ester	101
Ira	139	Violet	141	Earl	20	Everett	168
Ira Jr.	139	William	141	W. L.	19	Fannie	147
James	140					Fred	153
James	140	MARTIN		MATNEY		Fred	173
Leota	167	Alex	108	Annie	2	Garfield	173
Lewis	139	David	108	Sallie	2	Grace	110
Lillie	139	Dora	107	William	2	Hartley	100
Lizzie	167	Elizabeth	140			Hassie	62
Lucy	139	Elizabeth	164	MAXWELL		Hester	171
Margaret	169	Ella	164	Bess	27	Hillie	129
Margie	168	Ezra	137	Bettie	27	Janice	173
Marion	139	Fay	128	Clydie	90	Jethroe	71
Myrtle	168	George	107	Earl	27	John	100
Oscar	139	Gerney	108	Ella	89	John	129
Pearl	168	James	164	Frank	89	Julia	153
Peggy	168	John	128	G. William	27	Lewis	71
Ruby	167	Lula	128	George W.	89	Lorraine	101
Ruby	167	Luther	164	Gladys	27	Louise	129
Sally	140	Mary	108	Grace	90	Loyd	166
Ted	167	Nancy	108	Hallie	90	Lura	110
Viola	139	Nealie	108	Hanes	27	Mamie	101
Violet	140	Nell	164	Hazel	27	Manuel	100
Walter	140	Nicholas	108	Helen	89	Mary	172
		Ola	164	J. H. Jr.	90	Maud	129
MAINE		Ray	128	John	27	Mae	71
Benjamin	169	Rebecca	108	John	90	Nellie	173
Bernice	169	Ruby	107	Louise	27	Polly	173
Burman	169	Russell	108	Louise	89	Ralph	62
David	169	Ruth	108	Lucinda	27	Ralph Jr.	62
Della	169	Theda	35	Lucinda	89	Riley	129
Ella	169	Thomas	108	Margaret	90	Roy	171
Hattie	169	Thomas	164	Martitia	27	Ruth	173
J. D.	169	Virginia	108	Nievana	27	Sidney	147
Linville	171	Wade	108	Pearl	89	Stacy	172
		Walter	107	Ralph	27	Texie	100
MAINS		William	164	Reuben	17	Virginia	62
Argus	10			Ruth	27	Virginia	153
Beatrice	10	MAST		Sandra	27	William	147
Donnelly	165	Adail	126	Vada	27	William	153
Frank	165	Donald	126	Willa Mac	90	William	153
Huston	63	Donald	126			William	172
Ralph	165	Ella	96	MAY/MAYS			
Ruth	165	Ferd	95	Alene	101	MC CAIN	
		Frances	126	Angus	153	Elva	5
MALONE		Frederick	126	Anna	110	James	5
Alfred	45	Hardy	95	Annie	101		
Charlie	45	Joseph	96	Arthur	168	MC CANLESS	
Emma	45	Junie	126	Bonnie	172	James	1
Fannie	45	Lue Dean	126	Boone	173	Jimmy	1
Thomas	45	Margaret	126			Mary	1

MC CANN			MC ELYEA			MC QUEEN			MC QUEEN		
Elizabeth		4	Ruth		15	Buford		160	Tommy		70
			Stella		86	Chester		142	Vadie		12
MC CLURE			Theodore		90	Cleo		160	Vernon		148
John		84	Victoria		77	Cora		16	Virgil		37
Julia		84	William		90	Cornelius		142	Virgil		70
Lillian		84	Winfield		79	Dora		66	Virginia		148
Mary		84	Wm. Alfred		90	Dorthy		18	Walter		142
Randolph		84				Earl		148	Wiley		147
Robert		84	MC EWEN			Edgar		148	Willie		29
Tom		84	Lula		97	Edward		70	Willine		29
			Robert		109	Ella		70	Willis		160
MC COMAS						Elsie		147	Wm. T.		66
Lester		90	MC FADDEN			Emma		38			
Lurla		90	Della		175	Evelyn		142	MEDILEMTIA		
			James		175	Fannie		150	Sam		15
MC DADE			Mary		175	Floyd		150			
Eugene		8	Minnie		175	Frances		18	MERAL		
Hattie		8	Nancy		175	Fred		16	Edd		12
			Tom		175	Glena		142			
MC ELYEA			Wiley		175	Grace		16	MICHELS		
Anna		86				Gurnia		37	Celine		39
Arthur		15	MC GLAMERY			Harold		16			
Barton		23	Amanda		173	Harold		148	MILAM		
Bonnie		15	Bill		169	Harriett		148	Charles		85
Burl			Burl		171	Hattie		160	Clyde		86
Callie		79									
Charlie		22	Callie		163	Herbert		18	Florence		85
Conley		22	Callie		173	Irene		142	Fred		86
Delbert		90	Della		169	James		18	Glenis		86
Della		79	Dortha		163	Janella		148	Mae		85
Dessie		22	Emogene		171	Kate		18	Pauline		86
Edgar		79	G. F.		163	Kathleen		29	Tilden		85
Edna		15	G. F.		173	Kathleen		148	William		86
Emma		22	Gladys		163	Katie		1			
Ettie		15	Lucille		171	Kermit		70	MILLER		
Flora		79	Martin		171	Kitty		70	Aster		149
Fred		15	Okla		169	Lee Roy		29	Avery		149
Fred		79	Paul		171	Louise		160	Bailey		153
Georgie		22	Theda		169	Mack		38	Bessie		60
J. Dena		79				Marcus		142	Bessie		172
James		90	MC KINNEY			Mary		150	Betty		53
John		15	Eula		17	Mary Mac		38	Blanch		73
John		77	Georgia		17	Mattie		150	Bruce		174
Landon		79	Roy		17	Myrtle		70	Burl		172
Laura		90				Myrtle		142	Callie		53
Mary		79	MC NEILL			Okle		160	Callie		154
Mary		79	Walter		162	Pauline		142	Chana		172
Mae		15	William		162	Pauline		148	Charlie		170
Mildred		22				Raleigh		160	Clara Blevins		149
Mina		86	MC QUEEN			Ralph		18	Claude		154
Myrtle		22	Albert		148	Roby		148	Copher		172
Ortie		22	Alfred		66	Roy		38	Dan		174
Quincy		79	Anna		37	Ruby		18	Dana		53
Robert		79	Annie		142	Samuel		70	Denver		60
Ross		15	Arthur		18	Smith		12	Denver Jr.		61
Roy		15	Bessie		66	Susie		18	Donnie		149
Roy		79	Bliss		70	Thomas		16	Dorothy		73

MILLER			MILLER			MOORE			MORETZ		
Dorthy	164		Venia	174		Robert	127		Addie	44	
Earl	60		Wade	60		Roy	127		Albert	38	
Earl	172		Weldon	174		Samuel	41		Albert	44	
Edith	153		Wiley	174		Spencer	127		Alfred	44	
Elijah	155		Willis	172		Wylie	83		Bessie	44	
Elizabeth	155								Byron	38	
Elizabeth	175		MILLS			MOREFIELD			Clay	44	
Emory	53		Charlie	15		Annie	72		Clayton	44	
Estell	172		Harlow	19		Bart	63		Ella	38	
Floyd	24		Lena	19		Carl	89		Eugene	44	
Frank	153		Martha	19		Catherine	78		Fannie	44	
Fred	69		Triphenia	19		Charles	74		Fay	48	
Fred	175					Daisy Jean	89		Floyd	38	
Fredric	158		MITCHELL			David	72		Hazel	44	
Garfield	149		Alice	59		David	74		Henry	38	
George Ham	149		George	5		Elbert	98		Ira	44	
Georgia	153					Elmer	74		Jeff	44	
Gladys	67		MOCK			Erlena	78		John	44	
Haggai	13		Annie	6		Ethel	98		Lola	44	
Hass	158		Cynthia	6		Eugene	72		Lona	44	
Hattie	53		Cynthia	49		Ferd	78		Martha	44	
Hayden	12		David	6		Florence	72		Mae	44	
Herbert	13		David	49		Gene	89		Nancy	43	
Homer	22		Dick	59		Gladys	78		Nancy	38	
Isaiah	149		Elenor	19		Glen	72		Rawleigh	44	
Ivalee	174		Elizabeth	6		Ham	4		Retta	43	
Izetta	149		Finland	77		Homer	74		Ronda	38	
J. D.	158		Flora	19		Irene	89		Sarah	43	
J. E.	172		Ina Bell	19		J. A.	14		Schuford	44	
Jackson	53		Ina Belle	3		Joe	98		Smith	38	
James	170		James	19		John	74		Spencer	38	
Jessie	73		James	19		John	78		Wiley	44	
John	154		Jennie	17		John	66				
Josie	24		Laura	77		Joseph	72		MORGAN		
Julia	164		Terrel	49		Lucy	74		Irene	165	
Laura	158		William	17		Luke	72				
Leona	152		Willie	17		Mable	89		MORLEY		
Lillie	164					Margaret	74		Anna Ruth	16	
Lottie	24		MOODY			Margaret	78		Catherine	157	
Luther	152		Allen	43		Martitia	4		Curtis	157	
Mary	158		Edna	43		Marvin	74		Dale	157	
Mattie	174		James	43		Mary	74		David	157	
Maude Shoun	13		Mae	43		Nancy	66		Delmas	157	
Nancy	170		Rettie	43		Oliver	98		Dwight	16	
Netalia	158		Roy	43		Onie	74		Ernest	151	
Noah	172					Pearl	89		Evelyn	16	
Pink	164		MOORE			Pearl	98		Felton	157	
Prassie	153		Annie	127		Robert	74		George	151	
Rebecca	152		Dehlia	127		Robert	98		Hattie	151	
Rena	67		Emma	127		Ruth	78		Helma	151	
Rose	172		Emma Jean	41		Ruth	89		Lafayette	16	
Russell	172		James	127		Samuel	74		Leo	157	
Ruth	61		Mary Glenn	41		Sarah	4		Lucille	157	
T. S.	153		Matilda	83		Victoria	4		Mae	151	
Thelma	22		Mollie	127		Virginia	89		Margaret	61	
Thelma	22		Nettie	83					Melissa Mc	16	

MORLEY		MULLINS		NAVE		NEELY	
Mildred	16	Ham	122	Adlee	4	Della	68
Minnie	16	Hattie	122	Amelia	13	Eliza	68
N. F.	157	Herman	122	Artie	13	Ethel	82
Otis	157	James	122	Cratie	4	Fay	81
Thelma	151	Jane	120	David	13	Flora	22
Winford	151	John	122	Dick	3	Flora	92
		Mary	121	Ella	4	Florence	82
MORRELL		Opal	122	Ernest Edward	4	Frances	82
Jody	19	Otha	122	Eula	39	Gordon	92
		Pearl	122	Hal	3	Grace	81
MORRISON		Ruby	122	John	35	Hallie	92
Alice	68	Sigh	120	Kathleen	3	Helen	82
Carrie	68	Winford	122	Louise	4	Henry	82
Edna	68			Margaret	4	Howard	82
Hettie	68	MURPHY		Mary Lynn	3	Hugh	82
Hugh	68	Elbert	14	Maude	39	Isaac	81
Mahala	65	Elsie	14	Mae	39	James	68
Thomas	67	Eugene	9	Nora Evelyn	39	Mae	68
William	67	Evelyn	9	Parlee	3	Mary	18
		Frank	8	Richard	39	Mary	92
MOSIER		Helen	14	Ruth	13	Mike	18
Annie	68	Hugh	9	Sarah Elizabeth	35	Raymond	82
Annie	68	John	14	Shelton	4	Rebecca	92
Isaac	68	Julia	1	Stephanie	39	Robert	81
James	68	Katie	14	Wheeler	3	Roy	82
James	68	Lillian	9			Samuel	18
Macey	68	Louise	9	NEAL		Samuel	18
Marie	68	Margaret	9	Ambrose	149	Susan	64
Mary	68	Mary Alice	8	Clarence	149	Walter	64
Oma	68	Ralph	14	Edna	159	William	82
Phoebe	68			Elsie	149		
Raymond	68	MUSE		Emma	149	NELSON	
Rilda	68	Dorothy	7	Fred	149	Alice	121
Robert	68	J. Charles	7	Hattie	149	Anna Mae	61
Sherman	68	James	8	J. C.	159	Bessie	121
Willie	68	John (Jack)	8	Lacey	159	Chelsie	61
		Joseph	7	Robert	149	Clarence	121
MOTTERN		Lucille	7	William	159	Cora	61
Arthur	3	Margaret	7			Danford	61
Bettie	3	Marjorie	8	NEATHERLY		Eunice	121
Hollie	3	Mary	8	Marjorie	13	James	61
Justin	3	Mentora	7	Smith	15	John	121
Mollie	3	William	8			Junior	61
Mollie	3	William	8	NEELY		King	61
				Agnes	66	Reba	61
MULLINS		MUSGRAVE		Annie	92	Sam	61
Anna Bess	122	Cardisee	164	Bertha	82	Vada	61
Boyd	122	Charles	34	Beulah	64		
Curtis	120	Cordie	34	Blanch	81	NICHOLS	
Dillie	122	Grace	164	Burley	66	Bynum	100
Dora	122	Grant	164	Clara	18	Carrie	147
Dottie	122	Mae	164	Clinton	82	Charlie	147
Elonza	121	Marie	34			Conley	35
Eula	122	Sam	15			David	147
Fleet	122	Samuel	34			Dora	147
Garrett	122	William	164			Edward	35

NICHOLS		NORRIS		OSBORNE		OWENS	
Fanny	147	Robert	54	Emma	164	Claude	69
Elsie	4	Roby	29	Essie	165	Claude	78
Frances	100	Roma	118	Genia	167	Clyde	112
Hettie	35	Rosa	39	George	137	Clyde	148
Junior	100	Sallie	164	Harold	26	Dana	81
Lelia	142	Tilda	54	Henson	30	Daniel	69
Mae	147	V. C.	115	Herman	97	Dora	153
Pauline	100	Verlin	118	Howard	156	Edith	69
Shobert	141	Wade	44	Inez	30	Edward	70
Walter	4	Walter	39	James	101	Effie	69
		Willard	39	John	94	Elmer	78
NOBLETT		Winnie	118	Katherine	86	Emma	148
Hessie	83			Lennie	156	Ethel	69
James	83	NYE		Lessie	156	Ethel	69
		Charlie	54	Lester	86	Everett	78
NOLAND		Lee	53	Lillard	86	Fred	70
Bell	71	Nellie	54	Lizzie	94	Glen	49
Chester	77			Lula	167	Holly	69
Delbert	77	OLIVER		Luther	164	Howard	112
Fannie	57	Ancel	46	Lydia	164	Ida	69
Fred	71	Annie	168	Mae	101	Irene	69
Nellie Lee	77	Estelle	167	Mae	97	James	87
Raymond	77	Francis	168	Margaret	86	James	153
Roy	71	Jane	46	Mildred	94	Jane	87
Samuel	71	Jessie James	46	Mildred	97	Jessie	87
		John	168	Mollie	96	Joe	112
NORRIS		Lela	46	Olan	165	John	55
Anna	44	Nancy	167	Olin	180	John	70
Bert	136	Roxie	168	Ossie Grace	30	John	81
Carrilea	39	Ruth	46	Paul	156	Lillian	148
Charles	136	Thomas	167	Rosa	86	Loretta	153
Charlie	39	Vica	167	Ruth	94	Lottie	77
Clay	136			Ruth	156	Lucille	49
Clayt	118	OSBORNE		Shelton	30	Margaret	70
Clyde	135	Alice	37	Stanley	178	Mary	87
Elizabeth	39	Almer	86	Trilla	167	Maude	159
Emmitt	54	Anna Lee	94	Valna	178	Millard	69
Fielding	29	Arlie	165	Velma	165	Nancy	112
Frank	135	Berl	30	Vena	167	Nellie	78
Georgia	135	Bernice	97	Victoria	156	Pearl	87
Hazel	44	Bertie	86	Virgie	167	Phureba	87
Hazel	115	Beula Kate	165	Virginia	101	Reuben	87
Howard	115	Blanch	180	Voley	165	Robert	87
Ida	39	Callie	178	Wilda	156	Robert	148
Jane	115	Charles	86	William	86	Roby	69
Joe	29	Chester	156	William	37	Roy	78
Joe	39	Curly	101			Ruth Mae	49
John	39	D. D.	30	OSTER		Sabria	87
Josephine	35	David	156	George	1	Sallie	55
Justus	118	Dennis	180	Iris	1	Sallie	81
Kathleen	39	Dorthy	178			Sarah	48
Kenneth	136	Earl	30	OWENS		Susan	69
Lee	44	Ed	167	Blanch	48	Thelma	70
Nila	118	Edna	97	Bulah	70	Virgil	70
Pearl	29	Elizabeth	166	Carry	49	Virginia	69
Retta	44	Elmer	165	Charlotte	77	William	87

OWENS		PARKS		PAYNE		PENNEL	
William	148	Virginia	174	Clay	105	Roy	10
		Wade	174	Cora	58		
PARDUE		William	174	Dana	94	PENNINGTON	
Charlie	42			David	105	Alice	157
Clayton	42	PARSONS		Dayton	105	Annie	65
Don	42	Anna Mae	35	Della	27	Blanch	75
Edward	42	Baxter	61	Della	105	Butler	29
Ethel	42	Bert	35	Dessie	103	Callie	29
Fred	41	Charles	61	Dora	105	Charles	65
Fred	42	Dana	99	Dorothy	27	Claude	7
Hugh	42	Della	61	Earl	52	Davon	157
Irene	42	Earl	34	Ella	94	Dayton	65
John	42	Earnest	34	Elmer	105	Della	157
Mae	42	Edith	35	Emmaline	103	Eliza	73
Maude	42	Ellen	61	Essie	58	Emmitt	29
Mollie	42	George	35	Faye	105	Gladys	73
Ollie	42	Gertrude	61	Glenn	106	James	151
Orville	42	Henry	99	Gurney	27	Janet	65
Paul	42	Jimmy	34	Hettie	106	Joseph	65
Pearl	42	Landon	35	Isaac	58	Jow	29
Robert	42	Lilly	35	James	105	Lena	65
Roger	42	Mable	99	James	105	Levi	157
Ruth	41	McKinley	33	John	113	Lillie	73
Shelton	42	Mina	35	Laura	105	Lillie	155
Thomas	42	O. Tavy	99	Lawrence	103	Lula	75
Ulis	42	Pearl	62	Lennis	105	Mable	7
Walter	42	Perdie	58	Leona	103	Maggie	65
William	42	Roddie	61	Lucille	103	Minerva	73
Wynell	41	Ruby	99	Lucy	52	Nellie	73
		Ruth	34	Lucy	58	Noah	73
PARISH		Vinnie	33	Luther	27	Odell	73
William	82	William	58	Lyda	103	Queen	157
				Lyda	103	Ray	29
PARKER		PATRICK		M. H.	103	Robert	73
Dale	137	Annabel	16	Mabel	103	Roby	71
Elizabeth	89	Edgar	77	Mack	30	Rosa	75
Fannie	137	Maggie	25	Maggie	105	Rufus	75
Grace	35	Ruth	77	Mary	94	Ruth	157
Grady	137	Sallie	25	Myrtle	58	Sallie	71
J. Hamilton	89	Thomas	77	Myrtle	113	Soloman	155
Jane	35	Thomas	130	Norine	30	Sylva	151
Oscar	151	Willis	16	Ollie	52	Virginia	71
Susannah	151			Pauline	103	Walter	73
Wilber	35	PATTON		Ralph	58	William	65
		James	142	Roby	105	Willie	29
PARKS				Roy	106		
A. R.	13	PAYNE		Shelton	52	PERKINS	
Estell	174	Artur	58	Sherman	94	Alice	104
Floy	174	Bertie	30	Stella	105	Blanch	104
James	17	Billy	103	Tetcia	52	Cleo	104
James	174	Blanch	103	U. B.	103	Earl	104
Lillie	14	Blanch	105	Vergie	27	Eddie	104
Martha	174	Bonnie	105	Verna	94	Roscoe	104
Mollie	13	Bynum	52	Walter	103	Ruby	104
Pearl	174	Carrie	52	Worley	27	Ruth	58
Robert	174	Charlie	27			Shelton	104

PHILLIPPI		PHILLIPPI		PHIPPS		PLEASANT	
Albert	32	Mae	31	Arthur	84	Mae	117
Alice	25	Margaret	25	Biner	129	Ralph	117
Arthur	156	Margaret	31	Bruce	85	Ranna	117
Bess	31	Mary	31	Burl	84	Sidney	128
Bessie	51	Maude	31	Clay	174	William	117
Bessie	63	Maxie	39	Clyde	174		
Beula	25	Myrtle	81	Dana	84	PLESS	
Bina	42	Nola	31	David	129	Anna Evelyn	5
Carl	31	Nora	31	E. R.	174	Elizabeth	1
Charles	81	Nova	31	Georgia	174	Elmer	5
Clarence	31	Orville	34	Glade	85	James	5
Dale	31	Pearson	35	Gorman	85	Josiah Parker	1
Della	31	Ray	31	Hazel	174	Quincy	5
Delmas	34	Raymond	31	Herbert	174	Quincy	5
Denver	31	Retta	32	Lelos	84		
Edith	31	Robert	34	Manda	119	PLUMMER	
Edward	31	Robert	81	Mary	174	Blair	158
Edwin	25	Roby	42	Robert	174	Dennis	158
Elmer	31	Roddie	31	Roy	119	Eaven	158
Emory	34	Rose	39	Ruby	85	Eugene	158
Ephrian	31	Roy	31	Wayne	85	Loyd	158
Ephrian Jr.	31	Ruby	34			Opal	158
Etta	81	Steve	31	PIERCE		Thelma	158
Ettie Marie	31	Thomas	39	Bennie	117	Wade	158
Fannie	42	Wilby	41	Clarence	4		
Francis	31	William	31	Clifford	117	POE	
Fred	25			Dale	134	Cordia	53
Gervin	31	PHILLIPS		Delmer	134	Enoch	108
Gladys	41	Bell	110	Dora	117	Frank	53
Gurney	81	Bessie	62	Edwin	122	Maggie	108
Hassie	31	Bonnie	139	George	134	Tisha	108
Hazel	25	Callie	110	Georgia	134	William	53
Hazel	31	Clarence	139	Idella	122		
Henry	31	Edward	139	Joella	122	POPE	
Irene	31	Herman	62	Joseph	122	America	79
J. R.	51	J. R.	110	Joseph	134	Curtis	79
James	81	Jane	110	Lennis	117	James	79
Jennie	39	Joe	28	Martha	117	Martha	79
Jessie	34	Joseph	110	Martha	124	Nellie	79
Jimmy	34	Lee	62	Maud	122	Pruitt	80
Jimmy	31	Lucy	62	Rhonda	122	Rufus	79
Jimmy	31	Luther	62	Ruby	124	Spencer	79
Jimmy	41	Marshall	139	Truett	117	Thomas	24
John	31	Mattie	28	Vada	134		
Josie	51	Nessie	110	Warren	117	POTTER	
Junior	63	Norva	62			Abraham	108
Justin	31	Robert	8	PLEASANT		Ada	97
Katherine	34	Robert	28	Ben	129	Arthur	53
Lena	31	Sallie	62	Charles	129	Arthur Jr.	53
Lettie	31	Sam	110	Clayton	117	Arvel	100
Lon	31	Tyler	62	Estel	129	Berlie	176
Luther	81	Thelia	19	Grady	129	Blaine	100
Mabel	31	Wiley	62	Jasper	117	Bonnie	99
Mack	63			John	153	Brady	164
				Julia	129	Bruce	111
				Laura	153	Buna	164

POTTER		POTTER		PRICE		RAGAN	
Charles	95	Reuben Jr.	177	Ethel	41	Bertie	170
Charlie	177	Robert	164	Florence	91	Gordon	170
Clarence	97	Roby	99	Fred	110	Lura	170
Clarence	99	Rosa	100	Harold	47	Nell	170
Clarence	108	Sarah	177	Hester	110	Tipton	170
Clyde	97	Texie	39	Howard	91		
Clyde	177	Thelma	99	James	41	RAMBO	
Dan	176	Thomas	111	Janice	47	Arvil	156
Danford	95	Tishia	177	John	153	Cordenia	156
Daniel	16	Titia	12	Josie	153	Dora	156
David	176	Vena	164	Laverne	153	Dorothy	22
Delous	100	Vergie	51	Mae	110	Earl	20
Edward	39	Vergie	177	Maggie	110	Frances	20
Emmer	101	Verna	97	Margaret	110	Gladys	156
Enoch	177	Viola	99	Marion	9	Isaac	156
Esteen	39	Walter	177	Mattie	41	Isabelle	156
Ethel	176	Wiley	101	Maude	53	Justin	22
Fanny	177			Myrtle	9	Mary	22
Frances	100	POWELL		Nealie	110	Margaret	22
Fred	97	Conley	16	Odell	41	Ruth	20
George	164	Cora	93	Pauline	53	Virginia	22
Glen	16	Cornelius	93	Ralph	110	Willie Mack	22
Gurney	101	Danford	93	Ray	53		
Hartley	104	Henry	110	Ray Jr.	53	RANKINS	
Hazel	97	Homer	10	Robert	9	Dora	32
Hollie	177	James	93	Rosa	41	Etta	32
Irene	99	James	93	Roy	47	Fred	32
Iris	96	Lena Irene	10	Ruth	148	William	32
Jacob	97	Marion	23	Vernon	110		
James Marion	177	Mary	93	Viena	153	RASH	
Joe	97	Mary Juanita	10	Wayne	53	Ambrose	80
John	99	Minnie	10	Wilford	110	Anna	48
John	39	Paris	110	Zilphia	148	Arlie	23
Joseph	12	Pauline	93			Artice	167
Josie	97	Rebecca	110	PROFFITT		Augusta	89
Laura	177	Ruth	93	Arvil	124	Betty	167
Louise	177	Tisha	110	Bettie	77	Betty	178
Lucille	177	Webb	10	Daniel	40	Betty	48
Lula	53			Elmer	99	Daniel	167
Lula Mae	53	PRESTON		Fred	99	David	178
Lura	15	Thomas	24	James	77	Dean	48
Mae	100			James	124	Dewey	80
Mae	111	PRICE		Joannah	77	Dillia	177
Mag	176	Ada	110	Leonard	99	Ernest	168
Martin	96	Alfred	110	Mary Ruth	124	Fannie	70
Martin	176	Alva	110	Monroe	124	Frank	177
Martin	177	Ara	110	O. D.	77	Fred	178
Maud	111	Billy	53	Pauline	124	Gladys	89
Myrtle	97	Corte	91	Pearl	40	Glen	178
Nell	53	Dorothy	110	Pearl	124	James	89
Oscar	12	Edgar	9	Ruby	124	James	89
Paul	177	Edna	9	Sarah	77	James	48
Polly	176	Ella	47	Stacy	124	John	168
Ray	176	Ellen	110	Susie	99	Leola	89
Reece	15	Elmer	153			Lesley	48
Reuben	177	Ernest	53			Margaret	168

RASH		REECE		REECE		REEVES	
Mary	178	Eada	165	Mayme	163	Florence	24
Monroe	167	Ed	165	Mildred	162	Florence	51
Oscar	89	Edna	173	Mildred	173	Fred	49
Pearl	178	Elizabeth	39	Minnie	173	George	24
Rosa	178	Ella	173	Mollie	173	George	51
Ruth	48	Ethel	173	Mort	163	Hardin	144
William	177	F. Eliza	7	Nannie	170	Harold	144
Zelma	48	Fay	170	Nelia	2	James	49
		Florence	174	Nell	172	Josie	144
RAY		Floyd	169	Oscar	165	Lee	6
Ada	73	Forrest	176	Pauline	173	Lee	49
Bessie	7	Frank	174	Pearl	170	Lucas	144
Boyd	7	Franklin	89	Pearl	180	Luther	6
Ella	73	George	172	Ray	165	Luther	49
Emmett	73	Gladys	165	Rebecca Alice	73	Marie	49
Jess	73	Grace	102	Robert	72	Mary	49
Jesse	73	Grace	165	Robert	165	Mary	144
Joseph Todd	7	Grover	170	Robert	172	Mae	6
Louisa	73	Hallie	170	Robin	39	Provine	49
Margaret	7	Harold	170	Ronda	165	Robert	6
Mary	7	Harold	170	Rosa	12	Roy	49
Roy	73	Hazel	170	Sam	172	Sanford	144
		Hobart	165	Stella	169	Victoria	24
REECE		Hollie	73	Taft	173	Victoria	51
Albert	172	Homer	162	Thadis	39	Virgie	144
Alice	72	Howard	165	Vada	170	Walter	6
Anna Mae	172	Howard	170	Victoria	171	Walter	49
Arley	39	Hubert	72	Vinton	162	William	49
Arlie	170	Ida	173	Violet	170		
Arthur	172	James	10	W. J.	173	REID	
Asa	173	James	72	Walter	72	B. Fred	66
Bertie	71	James	162	Wendy	39	Ida	66
Bessie	10	James	170	Willett	173	J. Hurd	66
Blaine	172	James	172	Willie	170	Louisa	87
Blanch	165	Jane	172	Willie	170	Noah	65
Brad	173	Jennie	165	Winnie	162	Russell	66
Bruce	39	Jewell	165	Zola	173		
Carl	172	John	171			REYNOLDS	
Cecil	176	Johnny	165	REED		Edward	62
Charisse	170	Jonas	165	Jack	115	Ellen	62
Charles	72	Kermit	12	John	115	Ethel	62
Chester	180	Lee	172	Nova	115	Fannie	62
Clay	170	Leonia	165			William	62
Clayton	176	Lilly	172	REEVES			
Columbus	165	Lura	172	Alberta	49	RHEA	
Conner	12	Luther	72	Alleta	6	Bruce	60
Cora	10	Luther	170	Baxter	24	Charles	60
Cornut	172	Maggie	165	Billy	144	Margaret	60
Coy	173	Maggie	169	Charles	144	Margaret	60
D.B. Jr.	7	Mamie	170	Daisy	24		
Daniel	39	Marcia	170	Daisy	51	RHYMER	
David	71	Margaret	72	Dexter	51	Bernard	62
Della	172	Mark	7	Dora	51	Jacob	62
Dolphus	173	Mary	170	Doris	24	Marion	62
Don	180	Matilda	89	Fancy	49	Nellie Ruth	62
E. G.	180			Fannie	144	Sarah	62

RICHARDSON		ROARK		ROBERTS		ROBERTS	
Arthur	137	Kate	155	Clydie	131	Romella	131
Edna	9	Laura	98	Dan	128	Sallie	127
Elsie	93	Lelia	111	Dona	123	Sallie	131
Ernest	93	Lue	112	Dora	128	Stacy	130
Harrison	93	Mae	109	Dora	130	Vada	168
Haynes	8	Mandy	97	Doran	131	Venia	130
Hazel	8	Margie	98	Earl	128	Viola	124
Jessie	94	Martha	41	Earl	169	Virginia	123
Joe	9	Mary	111	Edgar	143	Virginia	128
Junie	9	McKinley	98	Edward	131	Walter	128
Lee	8	Mollie	82	Edwin	128	Worley	126
Mary	9	Myrtle	41	Elizabeth	46		
Neal	9	Myrtle	71	Ethel	128	ROBINSON	
Roslee	8	Nevada	161	Etta	143	Adna	33
Roy	93	Ola	161	Eugene	82	Alex	120
William	8	Onie	109	Float	128	Allen	130
		Polly	111	Florence	152	Armenia	121
RIDDLE		R. C.	111	France	131	Arthur	116
Arthur	67	Ray	109	Frank	128	Artie	33
Berl	45	Raymond	161	Fred	128	B. Luther	28
Blanche	45	Ruth	161	Fuller	131	Bert	116
Carrie	45	Stacy	111	Gaines	169	Bessie	126
Celia	67	Stacy	155	Georgia	128	Bowman	171
Chester	52	Timothy	161	Grace	117	Bruce	116
Coy	52	Tina	71	Gray	117	Bulah	130
Endie	52	Walter	82	Hattie	128	Callie	116
Frank	45	Wayne	109	Hugh	128	Charles	26
Fred	45	William	155	Ina Bell	131	Charles	127
Hassie	45	Willie	161	Ina May	124	Claude	115
John	67	Wilson	71	Isaac	123	Clinton	121
Mae	45			Jacob	152	Curtis	116
Maggie	45	ROBBINS		James	128	D. B.	116
Mary	52	Baxter	145	James	168	Dallas	116
Paul	52	Bertin	145	Julia	130	David	33
Radell	45	Cora	145	Junior	128	David Jr.	33
Roy	67	Ethel	145	L. C.	128	Delfina	28
Ruth	52	Flora	145	Laura	128	Dora	116
Wm. Noel	52	John	145	Lawrence	126	Dorothy	33
		Robert	145	Leta	117	Drucilla	121
ROARK		William	145	Lonnie	168	Edith	170
Beatrice	161			Lowry	128	Edsel	115
Blanch	109	ROBERTS		Mabel	128	Elbert	120
Carrie	111	Arch	128	Mary	117	Eli	80
Clyde	41	Arville	128	Mary	124	Eliva	170
Daniel	155	Avery	128	Maud	128	Eva	126
David	155	Baxter	123	Mae	128	Everett	26
Dorothy	44	Beatrice	143	Mildred	117	Fay	33
Edward	109	Ben	117	Mollie	132	Fay	115
Elsie	98	Besssie	128	Myrtle	128	Fred	146
Ferd	111	Billy	128	Odell	128	George	170
Floyd	71	Bruce	117	Pauline	131	Georgia	115
Glenn	98	Cassie	123	Pearl	82	Grace	26
Howard	109	Catherine	123	Rachel	143	Hattie	80
James	71	Clarence	126	Ralph	117	Hattie	120
John	98	Clint	169	Robert	82	Henry	146
John	155	Clyde	128	Robert	131	Ida	26

ROBINSON		RUPARD		SAGE		SCOTT	
Iva	33	Cettie	87	Charlotte	151	Ruth	157
J. B. Jr.	33	Charity	87	John	151	Taylor	157
James Bert	32	Connie	87			Wade	157
John	80	Edna	88	SAMMONS		Winfield	156
Lillie	129	Erlean	88	Alice	51	Zura	157
Lois	28	Hazel	88	Arthur	51		
Luther	6	Ira	87	Beatrice	51	SEACRIST	
Mable	116	James	87	Chelsie	51	A. W.	10
Mary	116	John	88	Claude	51	Nellie	10
Melinda	146	Jostin	88	David	56		
Melissa	120	Luther	87	Dayton	58	SEEHORN	
Mollie	115	Rosa	88	Ed	51	Janie	38
Moore	26	Vada	88	Edith	51	John	38
Myrtle	146	William	87	Effie	58	Johnny	38
Paul	115			Elmer	56	Loyd	38
Pearl	126	RUSH		Elsie Mae	56	Maggie	38
Ralph	33	Bertie	87	Emma	5	Mary	38
Robert	126			Emma	51	R. W.	38
Robert	126	RUSSAW		Fay	58	Reece	38
Sallie	130	Ara Lue	17	Grace	51	Reed	38
Samuel	130	George	17	Hamilton	51		
Theodore	132	George	18	Harrison	58	SEVERT	
Uva	33	Georgie Mae	17	Irwin	51	Blanche	84
Vada	33	Golden	17	Irwin	51	Ethel	84
Vaughn	33	Lee	18	John	56	Jane Myrtle	67
Verna	33	Lowrance	18	Lou	56	Jesse	84
Vina	115	Mary	17	Louis	51	John	84
Webster	120			Lucy	51	Laura	84
William	116	RUSSELL		Luther	58	Myrtle	84
Willie	115	Arthur	26	Mae	51	Sallie	84
		Cary Ruby	1	Martin	58	Sheridan	84
ROGERS		Charlie	26	Mary	56		
Bell	63	Jennie	26	Ray	58	SEXTON	
		John	25	Robert	51	Dora	71
ROUSE		Junior	26	Sophia	51	Ella	78
Charles	159	Lilly	26	Swim	5	Elmer	78
Charles	160	Rebecca	25			Flora	78
Fred	160	Reid	1	SCAGGS		French	77
Ida	160	Samuel	26	Ernest	15	Joseph	71
Jessie	160					Juanita	78
John	159	RUTTER		SCOTT		Mamie	71
Lena	159	Cicero	140	Charles	157	Wilmer	78
Margaretta	159	Ellen	141	Daley	157	Zelda	71
Maude	160	Ernest	141	Edward	157		
Minnie	160	Florence	141	Fleming	157	SHEETS	
Paul	159	James	141	Guy	157	David	93
Rosilee	159	Laura	141	Harold	157	Delsa	93
Una	160	Lindy	141	Hattie	157	Elizabeth	93
		Ocia	141	Ida	157	James	93
RUCKER		Ora	140	Irani	157	Joseph	93
Charles	138	Paul	141	Jennie Wood	156	Lilly	93
		Silas	140	Lena	157	Lucy	93
RUPARD		Willard	141	Lottie	148	Polly	93
Arthur	87			Myrtle	157	Sylvester	93
Baxter	88			Olive	77	Virginia	93
Buelah	88			Ronald	156	Walter	93

SHELTON		SHOUN		SHOUN		SHUPE	
Anna Lee	110	Bernice	120	Mary	62	Fannie	134
Bessie	110	Blanche	126	Mildred	120	Flora	34
Frank	110	Buelah	13	Minnie	126	Francis	32
Hattie	110	Bulah	130	Mollie	129	Francis	134
Myrtle	110	Burley	132	Mossie	173	Fred	135
Robert	110	Caleb	120	Nancy	51	Garfield	135
		Callie	120	Paul	5	Gene	135
SHEPHERD		Carl	15	Paul	126	Gladys	135
Callie	143	Carrie	126	Pearl	115	Hattie	31
Hazel	143	Carrie	132	Peter	119	Helen	135
John	143	Champ	119	Rachel	120	Herbert	135
Ola	161	D. B.	131	Rachel	126	Hershel	135
Wiley	161	Della	155	Ray	62	Hester	135
		Dora	155	Ray	120	James	134
SHIPLEY		Dorothy	104	Rosecrance	5	James	135
Larry	92	Dot	15	Roy	129	Jean	34
		Ed	173	Ruth	118	Jestie	135
SHORES		Edwin	126	Ruth	131	Joseph	135
Bettie	87	Emma	126	Sallie	129	Julia	135
Calvin	87	Ernest	118	Sam	173	Kenneth	34
Charles	87	Ernestine	118	Sarah	118	Lena	67
Dayton	87	Fina	120	Summa	119	Louise	32
Dora	87	Forrest	5	Thedford	120	Luther	67
Edell	24	Frances	115	Thelma	120	Mae	135
Ella	87	Frances	126	Thomas	173	Margaret	15
Lewis	24	Frank	62	Vernon	129	Margaret	135
Lillard	87	Frank	126	Walter	132	Martha	31
Loyd	87	Gale	131	William	120	Mary	135
Lura	63	Gird	126	William Jr.	120	Opal	34
Mary	24	Gladys	124	Winnie	15	Ora	135
Minnie	87	Gladys	131	Wyatt	124	Pauline	34
Ora	87	Harold	129			Ray	34
Tandy	87	Harry	129	SHUPE		Raymond	135
Thomas	87	Hattie	173	Arvil	134	Roxy	135
William	87	Helen	129	Aubry	34	Sherman	135
		Ina Bernice	130	Bessie	34	Tommy	135
SHORT	29	Isaac	13	Bessie	135	Troy	134
J. B.	29	Isaac	130	Charles	135	Troy Jr.	134
James	29	Ivan	124	Charles	34	Verna	134
Lula	29	J. C.	126	Clarence	34	Vivian	34
Martha	29	Jack	62	Clarence	134	Wade	31
Martitia	29	James	51	David	135	Wanda	67
Ronder	29	James	129	Dearl	32		
Walter	29	John	115	Della	135	SIMCOX	
		Kemp	126	Doran	34	Burl	100
SHOUN		Kermit	19	Dwight	34	Cora	102
A. L.	173	Kermit	129	Earl	135	Dana	100
A. L.	173	Laura	131	Early	135	Dessie	102
Andrew	120	Leonard Pedro	131	Edgar	34	Gladys	100
Asa	115	Lollie	124	Emma	135	Ida	102
Baxter	129	Louise	173	Emma	135	Nannie	100
		Macon	126	Emory	134	Ruth	100
		Macon	62	Ethel	34	Selmer	102
		Mamie	5	Eula	135	Stacy	100
		Margie	5	Eva	135	Tillman	102
		Mary	131	Everett	134	Villa	100

SIMMONS		SLUDER		SMITH		SNYDER	
Bertie	80	Martha	152	Maggie	38	Carrilea	42
Eva Kate	80	Melissa	149	Minnie	71	Charlie	179
James	80	Muriel	98	Oma Potter	106	Charlotte	10
Ursula	80	Nancy	149	Orner	60	Clara	42
		Ottis	98	Pearl	36	Clare	179
SIMPSON		Roy	149	Peter	36	Claude	179
Eileen	55	Russell	149	Ray	71	Connelly	152
Hyder	55	Sam	22	Ruby	134	Cora	58
Lenore	55	Sarah	22	Rufus	166	Cora	152
Ollie	56	Viola	99	Sanford	132	Dixie	178
Ralph	55	Viola	149	Susan	63	Docia	176
Robert	55			Susan	132	Earl	111
Vada	55	SLUSS		Tyler	60	Easter	51
		Mildred	120			Edith	31
SISK				SMYTH/		Edith	111
Martha	165	SMITH		SMYTHE		Elsie	176
		Ada	60	Ann Rebecca	8	Ethel	111
SLEMP		Andrew	58	Emma	41	Fannie	179
Lucy	32	Annabess	132	Emmaline	1	Frank	40
Sallie	32	Benjamin	38	Etta	8	Fred	42
		Bessie	50	Evelyn	11	Georgia	152
SLIMP		Bessie	77	Frank	3	Georgia	178
Bascom	50	Bessie	50	Gertrude	3	Grace	58
D. L.	50	Billy	77	Inez Ingram	2	Grant	58
Dana	134	Carylise	106	James	41	Grover	178
David	50	Cathleen	23	John	2	Hamilton	42
Ella Mae	50	Charlie	38	John	2	Hattie	40
Ernest	134	Cora	134	Josephine	2	Hester	152
Fletcher	50	Cordie	38	Julia	2	Hiram	152
Reid	50	Dan	132	Justin	3	Howard	31
Vada	134	David	60	Kate Murphy	2	Howard	111
		Dayton	38	Katherine	2	Ida	179
SLUDER		Doran	134	Kathleen	12	Ira	179
Abbie	149	Edsel Roy	50	Lilly	9	Isaac	177
Amos	149	Emmit	60	Margaret	2	Isaac Jr.	110
Arina	152	Etta	58	Mary	1	Jacob	110
Arnie	22	Eva	38	R. Clifford	2	James	178
Bernice	99	Everett	77	Raleigh	2	Jay	176
Burl	151	Francis	60	Shelton	1	Jessie	40
Dollie	149	Fred	71	Stanley	9	Jessie Jr.	40
E. E.	152	Fred	132	Thomas	11	Jewel Dean	40
Forest	98	Glen	60	Wade	12	Joe	40
Fred	149	Grace	38	Walter	2	Joe B.	51
Grace	152	Hazel	132	William	8	John	179
Henry	22	J. T.	107			Lon	42
Hildred	22	James	60	SNYDER		Lona	42
Homer	22	James Howard	50	Alice	110	Louise	42
James	22	John C.	106	Amanda	179	Lucinda	178
James	149	John H.	50	Andy	111	Maggie	178
Leona	99	Kite	38	Annie	179	Mary	40
Leona	151	Lillard	38	Arthur	179	Mary	112
Loyd	22	Lou	38	Bruce	176	Mary	10
Mabel	152	Loyd Eugene	50	Bulah	59	Maude	152
Maggie	22	Lula	166	Callie	111	Maybell	40
Margarette	151	Luther	132	Carl	176	Nell	59
Martha	152	Mae	58			Ora	177

SNYDER		STANLEY		STOUT		STOUT	
Pauline	176	Julia	69	Doris	14	Polly	96
Pearl	152	Sollie	69	Edward	14	Porter	124
Peter	179			Eleanor	3	Queen	5
Ralph	59	STEAGALL		Eleline	116	Ralph	3
Riley	31	Callie	10	Eliza	124	Raymond	132
Ruby	40	Edgar	11	Ellen	121	Reuben	116
Sallie	40	Edgar	141	Emma	117	Richard	5
Stanley	179	Emory	11	Etha	114	Robert	133
Virgie	179	Ernest	10	Etiola	116	Roscoe	128
Von	152	George	141	Eugene	128	Roy	96
Wiley	176	J. C.	11	Eula	132	Ruth	114
William	176	Lillian	11	Eva	96	Stacy	45
William	179	Lorene	147	Evaline	45	Stacy	121
		Margaret	11	Fannie	132	Susan	128
SOUTH		Oscar	141	Fate	16	Thelma	96
Alice	21	Wayne	11	Frank	117	Theodore	132
Beulah	21			Fred	121	Thomas	96
Ida	21	STEWART		Fred	124	Thomas	128
John	178	Alice	112	Fuller	7	Vaughn	116
Virginia	21	Annie	178	Gemtina	116	Vena	128
		Cordela	153	George	117	Vera	116
SPEER		Edna	178	George	117	Vernie	96
James	156	Inez	153	Georgia	5	Vernon	132
Jane	156	J. C.	153	Georgia	143	Veta	116
Minnie	156	Junior	153	Gerald	124	Vicky	132
		Lacey	178	Grady	5	Victoria	124
SPIVA		Mamie	108	Ham	132	Virginia	117
Cora Lee	11	Marion	153	Hascal	124	Willard	116
		Marion	153	Hazel	45	William	52
SPRADLE		Polly	178	Hazel	121	William	96
Lee	130			Helen	116	William	124
		STOUT		Henry	124		
SPRIGGS		Ada	52	Howard	152	STURGILL	
Andy	65	Allen	3	Icy	116	Edd	92
Ida	65	Andrew	132	Jacob	45	Elizabeth	83
		Attry	96	James	124	Mary	83
SPROLES		Avalon	5	Joe	5	Nancy	71
Elizabeth	14	Bert	121	Joseph	45	Opal	71
G. B.	15	Bessie	128	Juanita	117	Vivian	81
		Bessie	128	Julia	16		
STAFFORD		Betty Sue	5	Leon	124	SUTHERLAND	
Dick	15	Billy Ray	46	Lizzie	3	Emma	93
		Blaine	116	Margaret	7	Irene	5
STALCUP		Blanch	116	Margaret	143	Joseph	5
Burnie	14	Brown	116	Marie	124	Josephine	93
Stacy	14	Bulah	132	Mary	5	Nancy	5
		Clay	128	Mary	14	Nancy	92
STAMPER		Cloett	132	Mary	124	Wiley	5
Cicero	124	Clyde	114	Maude	116		
Fannie	156	D. B.	7	Mina	96	SWIFT	
Henry	125	Dana	6	Minnie	124	Ada	72
Ida	125	Daniel	116	Miranda	122	Alice	133
James	125	Delia	124	Onnie	122	Allen	133
Retha	125	Dora Lee	132	Paul	121	Beatrice	145
Walter	156			Pearl	96	Bonnie	133
Wilburn	125			Philip	6	Butler	72

SWIFT		TAYLOR		TESTER		THOMAS	
Carrie	133	Emma	59	Julia	47	Mae	170
Emogene	72	Emma	91	Mary	47	Maggie	19
Etta	32	Ernest	114	Noah	47	Marie	170
Frances	72	Ethel	91	Walter	47	Marjorie	81
George	32	Fay	59	Wiley	47	Mattie	92
Golda	133	Flora	91	William	47	Mattie	166
Ham	133	Florence	77			Nellie	170
James	133	Fred	77	THOMAS		Pearl	166
James	133	Grace	91	A. C.	29	Ralph	166
John	136	Harley	59	Adlene	19	Ray	170
Joseph	63	Hazel	91	Alice	81	Raymond	29
Joshua	6	Hope	103	Alta	34	Rebecca	169
Kate	136	Hugh	91	America	165	Roger	166
Laura	133	Ira	91	Anna	58	Ruth	170
Marge	146	James	91	Annnie	170	Stacy	81
Mary	145	John	91	Berl	57	T. J.	169
Ola	133	John	91	Bob	170	Tice	29
Paul	72	Katie	65	Bon	169	William Jr.	29
Ray	133	Lana	80	Caralie	169		
Richard	133	Lona	91	Cecil	171	TILLEY	
Rod	133	Mary	91	Charlie	34	Alvin	40
Ruby	133	Mary	91	Chelsie	58	Clara	44
Sallie	133	Mary	91	Clyde	170	Cora	45
Sarah	133	Mary	103	Dean	170	Dud	60
Stacy	133	Morris	91	Earl	57	Elsie	44
Venia	133	Nora	114	Edith	29	Harold	44
Wm. Butler Jr.	72	Raleigh	91	Effie	81	James	44
		Ray	59	Emma	29	James	44
SWINNEY		Richard	78	Ethel	169	Luther	44
Carnie	63	Robert	91	Eugene	29	Mary	60
		Robert	99	Fannie	57	Nora	60
TADLOCK		Ruphenia	91	Flora	170	Ruby	44
Otis	92	Ruth	95	Florence	29	Susan	40
		S. T.	99	Frances	63	Wid	60
TAYLOR		Samuel	91	Frank	29		
Alma	103	Stephen	100	Franklin	81	TIMBS	
Andrew	91	Steven	103	Fred	92	Joe	15
Berl	59	Teordore	59	French	92		
Bessie	18	Thomas	18	Gertrude	23	TOLBERT	
Billy	18	Verna	99	Glenn	170	Dicy	95
Billy	99	Wade	91	Harriett	34	Howard	95
Bonnie	91	Wade	99	Ilean	81	Ralph	95
Bradley	103	Walter	99	James	165		
Bruce	59	Wiley	77	James	92	TOLIVER	
Burling	77	Windom	18	Jennie	29	Calvin	152
Charles	95	Wylie	91	Jewel	166	Dora	151
Christina	18	Zora	103	John	19	Earl	152
Clyde	64			Kate	34	Glenn	152
Clyde	95	TEDDER		Kite	58	Hazel	152
Columbus	113	Delmar	105	Lafayette	170	Martin	151
Cora	95	Ethel	105	Lane	12	Rosanna	152
Della	78	Joel	105	Lane	170	Ruth	152
Dewey	114			Lon	171	Stella	152
Dona	64	TESTER		Luther	57	Sylva	152
Eli	103	Earl	47	Mabel	170		
Eli	103	Isaac	47	Mae	12		

TREADWAY		TRIVETTE		VAUGHT		WAGNER	
John	37	Russell	36	James	137	Mae	81
Sallie	37	Viria	108	Jewell	137	Murl	46
				John	12	Naomi	47
TRIPLETT		TUCKER		John	12	Nathaniel	53
Ambrose	72	Edward	8	Mary	12	Noah	12
Baxter	80	Haley	8	Phyllis	17	Pauline	46
Champlett	81	Lee	8	Ray	12	Robert	46
Champlett	82			Robert	17	Rosa	46
Daisy	123	TURNER		Sirena	17	Sara Eliza	4
Dolly	60	Ada	17	Violet	12	Sindy	16
Elizabeth	115	Elizabeth	17			Wade	46
Ella	60	L. D.	17	VENABLE		Winnie	46
Elsie	123	Norton	17	Anna	59		
Eva	72	Rodie	17	Millard	59	WALKER	
Glen	72	Samuel	17	Sarah	59	Andrew	153
Hattie	82	Samuel	17			Anna	148
Henry	123	Valica	17	VENEBLE		Arabella	153
John	115			Luther	115	Calvin	159
Joseph	60	TURNMIRE		Wm. Fayette	115	Delsie	159
Mary	72	Dewey	56			Dexter	159
Myrtle	82	Ellen	56	VINEY		Elizabeth	159
Rebecca	123	Golda	56	Ada	48	Emilee	153
Roberta	80	John	56	Mable	48	Fernando	159
Sam Baxter	80	Lillian	56	Robert	48	Garrison	151
Victoria	60	Richard	56			Grover	148
Virginia	82	Rosa	80	WAGNER		Ida Mae	151
William	123	Stella	80	A. Bynum	46	James	159
Yevon	82			Ada	47	Josephine	159
		VALENTINE		Addie	48	Myrtle	151
TRIVETT		Brice	16	Alice	46	Obie	151
Clyde	93	Fay	17	Arthur	46	Pansy	148
Edward	94	Helen	16	Charles	4	Rebecca	153
Eliza	40	Lafayette	16	Clyde	47	Rose	148
Irene	93	Ora	16	Dale	46	Roxie	159
John	93			Dan	46	Roy	148
Ruth	94	VANCE		Daniel	48	Trula	151
Sallie	93	Robert	32	Dayton	47	William	159
Ted	93			Dick	47		
Wilma	93	VANOVER		Edith	5	WALLACE	
		Clara	40	Eugene	62	Abbie	179
TRIVETTE		Elizabeth	40	Fred	46	Ada	175
Arliss	108	Ella Rose	40	George	46	Alexander	143
Charles	165	Hattie	40	Glenn	14	Alice	177
Curtis	131	Mandy	40	Irene	46	Bell	167
Dana	84	Roby	40	Jacob	46	Bernice	177
Edward	131			James	81	Bert	176
Estie	36	VAUGHT		Jennie	46	Billie	180
Eula	165	Alvin	20	Jennie Lee	47	Cad	176
Garfield	108	Annie	17	John	46	Charlie	175
Loss	108	Aris	137	Kate	46	Dana	175
Myrtle	165	Beulah	20	Kathleen	5	David	176
Myrtle	165	Daisy	20	Laura	37	Don	176
Nyla Mae	108	Dorthy	17	Lillia	46	Dorthy	179
Odey	108	Edward	20	Lilly	53	Earl	171
Pearl	131	Herb	17	Louise	81	Earl	176
Roddie	108	James	17	Lula	46		

WALLACE		WALLACE		WALSH		WARREN	
Edd	176	Wade	163	Sallie	121	Archie	58
Elizabeth	179	Walter	176	Thomas	94	Celia	179
Ellen	176	Willet	176	Tommy	60	Charlotte	78
Elmina	176			Verda	94	Clara	45
Everett	175	WALLS		Willie	45	Deck	179
Fred	174	Clifton	85			Don	52
George	175	Frank	85	WAMKINS		Edgar	45
Gladys	177	Pearl	85	Edward	16	Emma	10
Glen	163	Rose	85	Elmer	16	Emory	10
Ham	175			Francis	16	Ernest	45
Harley	177	WALSH		Lake	16	Eugene	43
Hettie	143	Addie	44	Robert	16	Flora	179
Hill	176	Billy	60	Samuel	16	Frank Earl	10
Howard	176	Billy	127			Glen	45
Irene	177	Billy	127	WARD		Hezkiah	45
Isaac	177	Callie	167	Blanche	49	James	10
J. M.	176	Carl	45	Charlie	49	James Ray	43
Jane	179	Carrie	15	Dan	176	Jemimah	45
Joe	175	Cecil	15	Danford	176	Kyle	179
John	175	Dallas	44	Dixie	23	Lottie	179
Jordon	176	Dana	121	Edith Price	20	Lura	58
Jordon	143	Dana	121	Estle	49	Luther	45
Jordon	177	Dottie	60	Eva	176	Marvin	169
Joseph	171	Edward	60	Franie	22	Mary	52
Kate	177	Elizabeth	136	Frank	138	Mary Nell	52
Lola	176	Ellen	127	Fred	11	Mildred	45
Luzina	167	Ethel	127	Gordon	176	Paul	58
Mable	174	Eugene	94	Hazel	23	Raymond	45
Mack	179	Eugene	40	Hill	23	Roby	179
Maggie	176	Fred	40	James	49	Ruby	10
Mernice	177	Fred	60	John Franklin	45	Thomas	43
Morris	163	Geter	40	Jonnie	138	Virginia	43
Myrtie	163	Ham	136	Junie	23	Wilma	45
Nancy	167	Howell	60	Lone	64		
Nannie	175	Irene	60	Magalena	176	WATERS	
Nell	179	Jacob	167	Margaret	64	Bertha	83
Orville	176	James	60	Marie	49	Charles	83
Pearl	163	Jessie	40	Nathan Duke	23	Earl	84
Polly	143	Jewell	121	Ora Lee	49	Ernest	84
Ralph	163	John	136	Ralph	49	Frances	84
Rayburn	176	Juanita	44	Robert	23	Helen	84
Rebecca	175	Justin	121	Rodderick	49	Pauline	83
Robert	171	Katherine	167	Ruth	20	Vernon	84
Roby	176	Louise	60	Sabra Alice	45	Wm. Clinton	83
Roosevelt	143	Louise	127	Sarah	23	Wm. Clinton Jr	83
Roy	179	Ollie	45	Sarah	23		
Ruby	175	Paul	60	Vail	176	WATSON	
Russell	171	Ralph	121			E. J.	139
Russell	176	Rod	121	WARDEN		Lethie	139
Ruth	175	Rod Jr.	121	Earl	2	Mary	142
Ruth	179	Rosa	40	Irvin	64	Nellie	139
Sarah	171	Roslee	15	Jessie	64	Otto	142
Sarah	176	Ruby	45	Luther	64	Rondel	142
Thelma	171	Ruth	45	Margaret	64	Thomas	142
Vada	177	S. Thomas	15	Sarah	64		

WAUGH			WILCOX			WILLIAMS			WILLS		
Dick		11	Selma		52	Pauline		52	Mary		62
Mattie		11	Susan Bova		52	Rainer		111	Mary		72
			Taft		52	Sallie		14	Mary		77
WHITE			Tice		52	Sallie		16	Minerva		54
Alice		155	Wade		52	Sallie		17	Nat		90
Rosa		129				Shelley		111	Nathaniel		90
Thomas		129	WILLEN			Susan		111	Norma		54
Thomas		155	Amos		103	Ula		159	Norman		64
			Ardney		103	Walter		14	Oscar		3
WIDBY			Clifford		101	Willie		20	Pearl		33
David		17	Conley		101				Rachel		32
Genilee		17	Florence		101	WILLS			Raymond		88
Trula		17	Howard		101	Alice		46	Rettie		88
			Jane		103	Ann		2	Robert		33
WIDENER			Lee Roy		101	Bill		46	Roby		46
Bishop		74	Lexie		101	Blanche		33	Sarah		72
Blanch		75	Marie		101	Cathryn		54	Sue		72
Clarence		66	Maxie		101	Charles		88	Thomas		62
Claude		75	Ollie		101	Clyde		33	Victoria		47
Daily		75	Perdie		103	Earl		33	Wilma		8
Ennis		75	Ray		101	Edward		72			
Herbert		74	Thomas		103	Edward		54	WILSON		
James		74				Edward Jr.		72	Albert		132
Janice		75	WILLIAMS			Elizabeth		72	Alfred		174
Janice		75	Beatrice		111	Elizabeth		72	Allen		175
Lennie		75	Billy		17	Elizabeth		77	Anna		130
Lola		74	Blanch		111	Etta		50	Anna		14
Mariah		74	Callie		52	Etta Mae		33	Annie		7
Ronald		66	Carrie		16	Eula Emma		90	Annie		125
Roy		75	Claude		34	Eva		33	Annie		132
Ruby		74	Clyde		16	Florence Erleen		90	Arthur		179
Silas		75	Dolly		52	Frances		72	Bessie		179
Willis		75	Emma		52	Gladys		40	Betty		98
			Ethel		111	H. T. Dick		47	Betty		179
WIDNER			Eva		17	Henry		72	Beula		98
Curtis		9	Floyd		20	Iris		8	Beulah		134
Della		9	Floyd Jr.		20	James		32	Blanch		7
Dewey		9	Frances		20	James		72	Blanch		14
Gladys		9	Gladys		10	James		77	Bonnie		28
Sibert		9	Gladys		159	James Jr.		50	Boyd		132
Stewart		9	Hester		159	Jane		46	Bruce		179
Virginia		9	Holly		52	Jennie		46	Burnice		125
Walter		9	James		52	John		54	Callie		19
Walter		9	Joe		111	John		46	Callie		154
			Joel		137	Juanita		90	Carl		74
WILCOX			John		159	Karl		54	Carl		14
Gladys		168	Joseph		52	Kate		54	Carson		13
J. C.		168	Julia		159	Laura		88	Charlie		74
James		168	Katie		34	Lena		3	Charlotte		14
John		16	Lilly		111	Lewis		72	Clinton		28
Maggie		16	Mary		16	Lucille		46	Clyde		125
Marie		52	May Bell		111	Lucy Baugues		90	Cora		163
Ola Mae		52	Millard		159	M. R.		46	Coy		36
Ossie Rash		168	O. M.		14	Martha		64	Daniel		132
Ross		52	Odell		159	Mary		33	Dortha		130
			Oscar		10	Mary		46	E. D.		179

WILSON		WILSON		WILSON		WINTERS	
Earl	125	Joe	29	Pansy	74	Edward	69
Elizabeth	175	Joe	6	Pearl	179	Edward	69
Ellen	66	John	90	Pollie	3	Flora	90
Ellen	168	John	141	Polly	28	Ida	90
Ellwood	175	John	7	R. Clyde	36	James	69
Elmer	98	John	7	Ray	132	James	90
Emily	179	John	19	Richard	36	Jean	69
Emma	13	Joshua	98	Robert	3	John	69
Emma	19	Julia	28	Robert	11	Lenoir	11
Emogene	90	Junior	98	Robert	36	Mary	69
Ernest	8	Junior	132	Robert	36	Nell	69
Estel	74	Kate	7	Roby	175	Ollie	90
Eugene	163	Kermit	175	Rose	29	Pauline	90
Fate	98	King	163	Roy	3	R. Bert	69
Fay	179	Laura	7	Roy	130	Ruby	69
Frances	14	Laura	8	Ruby	3	Susan	69
Frankie	175	Lester	98	Ruby	66	Violet	69
Fred	28	Lewis	19	Ruby	134	Virginia	69
Fred	123	Liza	175	Ruth	90	William	90
Fred	132	Lizzie	37	Ruth	90	Willie Mac	69
Fred	175	Lola	174	Ruth	175		
Gar	179	Loretta	132	Sam	29	WISHON	
Gary	7	Louisa	74	Sarah	28	Walter	20
Geneva	11	Lucy	152	Sarah	36		
George	8	Lula	66	Shelburn	130	WOLFE	
George	37	LuTitia	36	Shelton	36	James	79
Georgia	28	Mable	14	Stacy	3		
Georgia	29	Mae	28	Stacy	172	WOOD	
Geraldine	90	Mamie	125	Tom	11	Alex	156
Geraldine	179	Marie	14	Tyler	14	Ida	156
Glen	179	Mark	14	Venia	175	Mollie	41
Grace	134	Martha	141	Viola	130	Myrtle	41
Ham	141	Martha	166	Virginia	28		
Harold	37	Mary	7	Virginia	36	WOODARD	
Hassie	98	Mary	14	Virginia	132	Alex	42
Hattie	7	Mary	28	W. A.	179	Alice	112
Hattie	28	Mary	98	Wade	179	Alice	113
Hazel	132	Mary	130	Wayne	13	Anice	112
Hazel	6	Mary Lou	98	Wayne	14	Anna	113
Helen	8	Mattie	28	William	174	Arda	112
Helen	37	Maude	179	William	22	Artanse	112
Hezekiah	29	Millard	165	William	74	Attie	113
Hobart	34	Milton	8	William	132	Bessie	113
Howard	172	Minnie	166	William	134	Blanch	104
Isaac	7	Nancy	29	William	166	Carl	42
Isaac	132	Nancy	175	William	168	Columbus	112
Iva	34	Nancy	11	William	179	Corsie	112
J. D.	132	Nannie	175	Wilta	37	Dan	113
J. T.	14	Nannie	175	Winnie	134	David	103
James	8	Nell	172	Worth	134	Earl	96
James	172	Nettie	74			Elliott	104
James	66	Newton	154	WINTERS		Emma	104
Jerry	7	Nora Elliott	7	Annie	11	Ernest	104
Jesse	74	Ollie	74	Bessie	69	Ernest	113
Jessie	11	Opal	179	Charles	90	Essie	42
Jessie	36	Oscar	6	Claude	90	Etta Mae	104

WOODARD

Frances	112
Georgia	113
Hassie	42
Honest	113
Isaac	112
James	104
John	113
Junie	103
Lillie	112
Lilly	42
Luther	42
Mae	96
Marie	113
Marion	112
Martha	113
Marvin	112
Mary	113
McKinley	113
Nat	113
Newton	113
Noah	112
Oneil	104
Oscar	113
Ransom	113
Roby	103
Ruth	113
Sam	113
Thomas	112
Tom	113
Verna	103
Wade	112
Walter	56

WOODS

Daniel	60
Dela	60
Earl	61
Emmaline	60
Etiola	61
Irene	61
John	40
Louise	61
Myrtle	61
Ralph	61
Richard	61

WORLEY

Boyd	129
Clifton Ted	129
Edward	129
Hutchinson	129
Jennie	129
Simon	129

WRIGHT

Alfred	148
C.M. (Mac)	65
Calvin	148
Caroline	149
Celia	151
David	149
Eleanor	65
Gertie	151
J. W. Jr.	151
James	149
Judith	148
Kyle	151
Laura	149
Lena	151
Letha Jane	151
Lura	149
Preston	151
Retha	151
Robert	148
Rosie	149
Ruby	151
Thomas	148
Vera	148
Viola	148
W. Clayton	65
William	149
William	151

WYATT

Calvin	140
Clinton	139
Elva	140
Hazle	140
Jacob	140
Susan	140

YORK

Catherine	64
George	64
Lindley Helen	64
Spurgeon	64